Musik aktiv erleben

Musikalische Spielideen für die pädagogische, sonderpädagogische und therapeutische Praxis

Von Björn Tischler und
Ruth Moroder-Tischler

Verlag Moritz Diesterweg
Frankfurt am Main

Zu den Autoren

Dr. Moroder-Tischler, Ruth, geb. 1951 in Brixen (Süd-Tirol/Italien). Klinische Psychologin/Psychotherapeutin BDP.
Studium der Psychologie und Pädagogik in Salzburg. Promotion (1978) mit musikpsychologischem Thema. Fortbildung in Musikalischer Sozial- und Heilpädagogik am Orff-Institut Salzburg.
6jährige Tätigkeit als Psychologin mit musiktherapeutischem Schwerpunkt im öffentlichen heilpädagogischen Dienst in Bozen (Süd-Tirol). Weiterbildung zur Gestalttherapeutin.
Seit 1985 Lehrbeauftragte am Heilpädagogischen Institut der Universität Kiel und an der Fachhochschule Sozialwesen Kiel für Musik- und Bewegungserziehung.
Fortbildungstätigkeit im musikalisch-heilpädagogischen und -therapeutischen Bereich in Deutschland, Italien, Österreich.

Dr. Tischler, Björn, geb. 1946 in Itzehoe. Oberstudienrat, Dipl.-Pädagoge.
Lehrerstudium (Französisch, Musik) in Bremen. 1. und 2. Lehramtsprüfung. Einjährige sonderpädagogische Tätigkeit mit geistig Behinderten in Süd-Frankreich (1969).
Sonderpädagogisches und erziehungswissenschaftliches Studium in Kiel und Bremen. Lehramtsprüfung für Lernbehinderten- und Verhaltensgestörtenpädagogik (1975). Diplom in Erziehungswissenschaften (1978), Promotion mit musiktherapeutischem Thema (1982).
3jährige Unterrichtstätigkeit als Sonderschullehrer in der Schule für Lernbehinderte. Musik-Lehrplan-Mitarbeit für diese Schulart in Schleswig-Holstein.
Derzeitige Tätigkeit im Bereich Musikerziehung/-therapie:
Sonderpädagoge an der Klinik für Kinder- und Jugendpsychiatrie der Universität Kiel,
Studienleiter in der (Sonderschul-)Lehreraus- und -fortbildung (IPTS Kiel),
Lehrbeauftragter am Heilpäd. Institut der Universität Kiel,
Fortbildungstätigkeit im gesamten Bundesgebiet, in Österreich, Italien.
Veröffentlichungen: Musik bei neurosegefährdeten Schülern. Bosse-Verlag, Regensburg 1983; Musik aktiv gestalten. Verlag Moritz Diesterweg, Frankfurt am Main 1994; diverse Fachartikel; zusammen mit Moroder-Tischler, Ruth: einfach tanzen. Balsies-Verlag, Kiel 1990; spielend tanzen. Balsies-Verlag, Kiel 1995.

Anschrift:
Eichkoppelweg 66, D-24119 Kronshagen bei Kiel
Tel.: 0431/54 21 49

Zu diesem Buch ist eine CD erhältlich (Best-Nr. 8723)

ISBN 3-425-03723-4

4. überarbeitete Auflage 1998

Umschlagentwurf: Atelier Krist/Böttcher, Frankfurt am Main
Satz und Notengrafik: Bibliomania GmbH, Frankfurt am Main
Druck: Zechnersche Buchdruckerei, Speyer
Bindung: C. Fikentscher, Darmstadt
Printed in Germany

Inhaltsverzeichnis

Vorwort 7

Einführung

1. Zum Inhalt 8
2. Erleben, Ganzheit, Elementares 8
3. Zum musikalisch-erlebnisorientierten Ansatz 9
4. Übergeordnete Zielsetzungen und Anwendungsbereiche 11
5. Empfehlungen zur Methodik 13
6. Zum Umgang mit den Praxisbeispielen 15

Erster Teil: Grundlagen

Musik mit der Stimme
1. Stimme und Sprache 17
2. Singen und Liedgestaltung 19

Musikhören
1. Musikbezogenes Hören (musikalische Elemente und Merkmale) . . . 22
2. Subjektbezogenes Hören (Entspannung und Imagination) 23
3. Darstellende Musik 25
4. Musik in der Umwelt 26

Musik mit Instrumenten
1. Spiel mit Instrumenten (Instrumentarium) 28
2. Spiel mit Klängen und Geräuschen (Improvisation) 29
3. Spiel mit Rhythmen 31
4. Spiel mit Tönen (elementares Musizieren) 33
5. Verklanglichung 35

Musik und Bewegung
1. Bewegungsspiel (Rhythmik) 36
2. Musikalisch-szenisches Spiel 37
3. Tanz 43

Musikmalen und Musikgrafik
1. Musikmalen 45
2. Musikgrafik (grafische Notation) 47

Zweiter Teil: Beispiele für die Praxis

	Seite	Altersstufe
Musik mit der Stimme		
1. Stimme und Sprache	49	
1 Spiele mit Stimme, Sprache, Atem	49	Ki
2 Bewegungsspiele mit der Stimme	50	alle
3 Sprachausdruck: Wir sprechen in verschiedenen Rollen	51	alle
4 Sprechzeichnen: Viele Elefanten	52	Ki
5 Sprechrhythmus: Musikant mit dem Computer	53	alle
2. Singen und Liedgestaltung	54	
6 Leise, leise	54	alle
7 Bei den Navaho-Indianern	56	Ki (Ju)
8 Die Yangtse-Schiffer	58	Ki (Ju)
9 Samba Lélé	60	alle
10 Die Karawane	62	alle
11 Weißer Rauch	64	Ju (Ki)
12 Rock-Musik	66	Ju (Ki)
13 Immer gleich im Rhythmus	68	alle
14 Ich erzähl euch eine Geschichte	69	alle
Musikhören		
1. Musikbezogenes Hören (musikalische Elemente und Merkmale)	70	
15 Tempo	70	alle
16 Klangdauer	71	alle
17 Klangstärke	72	alle
18 Klanghöhe	73	alle
19 Klangfarbe	74	alle
20 Welches Instrument erklingt?	74	alle
21 Strukturelles Musikhören: Kleine Kammermusik für 5 Bläser von P. Hindemith	76	alle
22 Spiel- und bewegungszentriertes Musikhören: Pachelbel-Kanon	78	alle
23 Assoziatives und rhythmisch-bewegungsorientiertes Musikhören: Bolero von M. Ravel	80	alle
2. Subjektbezogenes Hören (Entspannung und Imagination)	82	
24 Bewegungs- und entspannungsorientiertes Hören	82	alle
25 Musikalische Entspannungsgeschichte: Mubowe lernt trommeln	83	alle
26 Musikalische Phantasiereisen	85	alle
27 Ballmassage zu meditativer Musik	86	alle
3. Darstellende Musik	86	
28 Hören und Gestalten eines musikalischen Märchens: Die Schöne und das Tier von M. Ravel	86	Ki
29 Hören und Gestalten musikalischer Bilder: Bilder einer Ausstellung von M. Mussorgsky/M. Ravel	88	alle
4. Musik in der Umwelt	90	
30 Geräusche und Klänge aus der Umwelt	90	alle
31 Musik hier und anderswo	91	alle
32 Musik in der Werbung	95	alle

Musik mit Instrumenten

1. Spiel mit Instrumenten (Instrumentarium)	96	
33 Instrumente haben einen Namen	96	alle
34 Welche Instrumente gehören zusammen?	97	alle
35 Instrumentenkundliches Würfelspiel	98	alle
2. Spiel mit Klängen und Geräuschen (Improvisation)	100	
36 Signalspiele	100	alle
37 Dirigentenspiele	101	alle
38 Imitationsspiele	102	alle
39 Rundspiele	102	alle
40 Tutti-Solo/Duo-Spiele	103	alle
41 Gruppendynamische Spiele	104	alle
42 Reaktionsspiele	105	alle
43 Klangspiele: Klingende Planeten	106	alle
3. Spiel mit Rhythmen	107	
44 Einführung in das rhythmische Instrumentalspiel	107	alle
45 Rhythmische Sprechformeln: Geisterbeschwörung	108	alle
46 Rhythmische Sprechmotive: Die Roboter	109	alle
47 Rhythmusspiele	110	alle
4. Spiel mit Tönen (elementares Musizieren)	111	
48 Einführung in das Spiel mit Tönen: Tonspielereien	111	alle
49 Tonfolgen rhythmisch variieren: Tonleiterspiel	112	alle
50 Mehrstimmiges Musizieren: Rondo-Quod-Pop	113	alle
51 Musizieren von Folklore-Musik: Flamenco Alegre	114	alle
52 Musizieren von Volkstanz-Musik: Nebesko Kolo	115	alle
53 Musizieren und Improvisieren: La Bamba	116	alle
5. Verklanglichung	117	
54 Klangbilder	117	alle
55 Darstellende Improvisation: Maschinen	118	alle
56 Textverklanglichung und Parakomposition: Die Bootsfahrt/Die Moldau von F. Smetana	119	alle
57 Klangliche Darstellung von Gefühlen/Stimmungen	121	Ki (Ju)

Musik und Bewegung

1. Bewegungsspiel (Rhythmik)	122	
58 Gestaltung von Bewegungsarten: Die Movies	122	alle
59 Bewegungs- und Wahrnehmungsspiele mit Seilen	123	Ki
60 ... mit Stoffsäckchen	124	Ki
61 ... mit Reifen	125	Ki
62 ... mit Klanghölzern	126	alle
63 ... mit Luftballons	127	alle
2. Musikalisch-szenisches Spiel	128	
64 Pantomimische Einführungsspiele	128	alle
65 Themenzentrierte Situationsspiele	129	alle
66 Statischer Körperausdruck: Statuen darstellen	130	alle

67 Musikalisch-szenische Bewegungsgestaltung: Waldgeister und Stadtgespenster (Schwarzes Theater/Menschen-Schattentheater) . . . 131 Ki (Ju)
68 Musikalisch-szenisches Spielstück: Das Geschenk (Menschen-Schattentheater) . . . 132 alle
3. Tanz . . . 137
69 Tänze mit verschiedenen Materialien . . . 137 alle
70 Darstellende Tänze: Menschen und Tiere . . . 138 alle
71 Darstellende Tänze: Umwelt und Jahreszeit . . . 139 alle
72 Tänze zur Sensibilisierung einzelner Körperteile . . . 140 alle
73 Schrittänze . . . 141 alle
74 Meditationstänze . . . 143 alle

Musikmalen und Musikgrafik
1. Musikmalen . . . 144
75 Rhythmisches Musikmalen . . . 144 Ki (Ju)
76 Assoziatives Musikmalen . . . 145 alle
77 Musikalisch-themengebundenes Malen . . . 146 alle
78 Kommunikatives Musikmalen . . . 147 alle
2. Musikgrafik (grafische Notation) . . . 148
79 Spiel mit Instrumentensymbolen/-Zeichen . . . 148 Ki
80 Spiel mit grafischen Klangzeichen . . . 149 alle
81 Grafische Notation von Klängen und Geräuschen . . . 150 Ki
82 Grafische Notation von Musik: Computer- und Hexenzeichen . . . 151 alle

Anhang

Akkordgriffe für Gitarre . . . 152
Akkorde für Tasteninstrumente . . . 154
Materialausstattung und Bezugsquellen . . . 154
Musik vom Tonträger . . . 158
Literatur . . . 159

Vorwort

Das Vordringen von Wissenschaft und Technik hat unsere Lebensumwelt nicht nur positiv verändert, sondern auch zu besorgniserregenden Einengungen unseres Erfahrungsraums geführt.

Wo Wissen, Ökonomie, Rationalität, Normierung, Effektivität ... zu dominierenden Wertmaßstäben werden, wo „Erleben" zum Konsumgut degradiert wird, können sich kreative und emotionale Grundbedürfnisse nicht angemessen entfalten. Besonders betroffen sind Kinder und Jugendliche mit seelischen, sozialen und körperlichen Problemen oder Behinderungen.

Angesichts dieser Entwicklung ist bei der Erziehung von behinderten wie nicht-behinderten Kindern und Jugendlichen der Ruf nach einer stärkeren Gewichtung musischer Betätigung laut geworden.

Der aktive Umgang mit Musik kann hierbei einen wichtigen Beitrag leisten, wenn er auf das ganzheitlich-elementare Erleben von und durch Musik in Verbindung mit Sprache, Szene, Bewegung/Tanz und Malen ausgerichtet ist.

Dieser Sichtweise folgend lassen sich seelische, körperliche und geistige Kräfte gleichermaßen fördern sowie neue Handlungs- und Erfahrungsräume öffnen.

In diesem Sinne soll das vorliegende Buch als praxisbezogene, vor allem methodische Handreichung dienen, die durch ihren erlebnisorientierten, elementar-ganzheitlichen Ansatz und ihre umfassenden Anwendungsmöglichkeiten eine in der Fachliteratur noch bestehende Lücke im Schnittfeld von Pädagogik, Sonderpädagogik und Therapie füllt.

Man/frau möge dem/der Autor/in nachsehen, wenn der/die Leser/in nicht weiter in dieser männlich-weiblichen Darstellungsform angesprochen wird. Aus Gründen flüssigerer Lesbarkeit hat der/die Autor/in für sein/ihr Buch die traditionelle Schreibweise gewählt.

Das Buch wendet sich an (Musik-)Lehrer, Sonderschullehrer, Sozialpädagogen, Erzieher und (Musik-)Therapeuten, die im schulischen, sonder- bzw. heilpädagogischen oder therapeutischen Bereich tätig sind.

Die Hintergrundinformationen im ersten Teil des Buches sowie die daran anknüpfenden Praxisbeispiele im zweiten Teil sind so angelegt, daß eine Integration in vorhandene (Musik-)Lehrpläne der Primar- und Sekundarstufe I der Regelschule und Sonderschule ohne Schwierigkeiten möglich ist.

Ein besonderes Anliegen der Autoren ist in diesem Zusammenhang die Integration Behinderter und anderer Außenseiter, z. B. aus sozialen Randgruppen. Gerade für heterogene Gruppen bieten sich gemeinsame Aktivitäten an, die auf die emotionale Erlebnisfähigkeit ausgerichtet sind und von daher unterschiedliche musikalische, sprachliche und intellektuelle Voraussetzungen relativieren.

Im weiteren liefern die zahlreichen und ausführlich beschriebenen Spielideen auch vielfältige Anregungen für die psychoprophylaktische und -hygienische Arbeit in der Musiktherapie.

Dem Prinzip des Elementaren, d. h. dem Einfachen und Ursprünglichen folgend, werden bis auf wenige Ausnahmen keine oder nur geringe musikalische Kenntnisse vorausgesetzt.

In der vorliegenden 4. Auflage wurden weitere praxisbezogene Ergänzungen und Hinweise zu der zugehörigen Compact Disc vorgenommen.

Einführung

1. Zum Inhalt

Im Rahmen der Einführung werden zunächst die Leitbegriffe „Erleben", „Ganzheit" und „Elementares" als Grundlage des anschließend dargestellten musikalisch-erlebnisorientierten Ansatzes pädagogisch und psychologisch eingeordnet.

Der daran anknüpfenden Übersicht der übergeordneten Zielsetzungen und Anwendungsbereiche folgen Empfehlungen zu methodischen Fragen sowie Hinweise zum Umgang mit den Praxisbeispielen.

Der erste Teil des Buches informiert über Inhalt, pädagogische, sonderpädagogische und therapeutische Überlegungen, Ziele sowie Besonderheiten der einzelnen Praxisbereiche. Die spezielle Gliederung nach musikalischen Tätigkeitsmerkmalen geht aus dem Inhaltsverzeichnis hervor.

Der zweite Teil enthält die dazugehörigen (durchnumerierten) Praxisbeispiele. Sie beziehen sich auf kurzfristig durchzuführende Spiele, Stundeneinheiten oder längerfristige Projekte.

Im Anhang des Buches befindet sich eine Materialaufstellung mit Hinweisen zu Bezugsquellen von Instrumenten, Rhythmik- und szenischem Material sowie zu den Musikbeispielen.

Zur Instrumentalbegleitung von Liedern und Spielstücken ist eine Grifftabelle mit gebräuchlichen Gitarrenakkorden und eine entsprechende Übersicht für Tasteninstrumente dargestellt.

Im Literaturverzeichnis wird auf Fachpublikationen hingewiesen, die zur Vertiefung einzelner Praxisbereiche geeignet erscheinen.

2. Erleben, Ganzheit, Elementares

Erleben bezieht sich auf seelische Vorgänge „von besonderer Unmittelbarkeit, Emotionalität und relativer Einmaligkeit" (Kopp 1973, 55). Es ist gekennzeichnet durch „emotionale Tiefe, Aktualität, Subjektivität, sinnerschließende Intention, Bereitschaft zu Ausdruck und Gestaltung" (ebd.).

Die Bedeutung des Erlebens für die Entwicklung von Kindern und Jugendlichen im Rahmen von Erziehung und Therapie wurde schon in der Erlebnis- und Reformpädagogik der zwanziger Jahre dieses Jahrhunderts herausgestellt. Auch die wieder neu entdeckte Ganzheits- und Gestaltpsychologie rückt den Erlebensgehalt des Kindes in den Vordergrund (vgl. Hehlmann 1967, 181 u. 200f.).

Aus der Warnung heraus, zu sehr Irrationalität, Stimmungsmacherei, Gefühlsduselei und Schwärmerei Vorschub zu leisten, wurde dann mit dem Aufkommen naturwissenschaftlich geprägter Pädagogik und Psychologie der Forderung nach mehr „rationaler Sachlichkeit" Rechnung getragen. Auf diese Weise entstanden neue, zum Teil extreme und einseitige (verhaltensorientierte) Ansätze und Theorien, gewissermaßen mit umgekehrtem Vorzeichen.

Angesichts gegenwärtiger gesellschaftlicher Entwicklungen erfahren erlebnis- und ganzheitsorientierte Vorstellungen eine Reaktualisierung, jedoch nicht mehr in ihrer früheren Ausschließlichkeit. „So darf ... die Gefühlskomponente des Lehrens und Lernens nicht mißachtet werden, wenn der Mensch, die Person und ihre Bildung nicht zugunsten bloßer Funktionsfähigkeit in einer total gesteuerten Gesellschaft untergehen soll" (Kopp 1973, 56).

Im Spannungsfeld von Emotionalität und Rationalität kann vor allem über musische Tätigkeiten Raum zum Erleben, Nacherleben und Miterleben gegeben werden. Dabei setzt Erlebnisfähigkeit das Prinzip der Ganzheit voraus, die nicht auf „vordergründige Teilergebnisse, Teilziele oder -fertigkeiten, sondern auf die Entfaltung der körperlichen, geistigen, sozialen, ästhetischen ... Dispositionen im Gesamtzusammenhang der menschlichen Person abzielt" (Schön 1973, 79). Ganzheit in Pädagogik und Therapie „kann Hilfe für den modernen Menschen bedeuten, wenn pädagogische (und therapeutische, die Verf.) Maßnahmen ... auf die Ganzheit der menschlichen Person in einer ganzheitlich zu erfassenden Welt gerichtet sind" (ebd.).

Mit dem Elementaren werden Grundbereiche menschlicher Erfahrung und Erkenntnisse in ihrem Bezug zu Erziehung und Bildung auf einfache Art angesprochen.

Erleben, Ganzheit und Elementares bilden in diesem Sinne eine Einheit, aus der sich die Standortbestimmung des in diesem Buch dargestellten Ansatzes ableitet.

3. Zum musikalisch-erlebnisorientierten Ansatz

„Es geht darum, daß der Klang vom Menschen erlebt und nicht abstrakt wird. Dabei ist die Sprache das denkbar ungeeignetste Mittel, Musik zu beschreiben" (und zu verstehen). Diese sinngemäß zitierte Aussage des Dirigenten Sergiu Celibidache (vgl. Jhering 1988) charakterisiert treffend die Leitgedanken des vorliegenden Ansatzes.

Grundlegend ist das emotionale Erleben von und durch Musik und nicht ihre kognitive Versprachlichung. Damit soll jedoch deren Bedeutung im Rahmen musikorientierter Gespräche nicht abgestritten werden.

Zwei einander bedingende und sich ergänzende Zielsetzungen lassen sich hierbei unterscheiden. Während das Erleben von Musik sich auf die am Gegenstand Musik orientierte Wahrnehmung bezieht (musikbezogener Aspekt), rückt beim Erleben durch Musik diese mehr als Medium für die Eigenwahrnehmung in den Vordergrund (subjektbezogener Aspekt).

Musik ist Ziel und Mittel zugleich, wobei je nach Akzentuierung mehr musikpädagogische (Erleben von Musik), musiktherapeutische (Erleben durch Musik) oder sonderpädagogische Intentionen angesprochen werden, die beide Aspekte berühren.

Die dargestellten Praxisbeispiele sind so angelegt, daß sie nach dem jeweiligen Schwerpunkt entsprechend unterschiedlich ausgerichtet werden können. Im Vordergrund stehen Gruppenaktivitäten. So wird auch der Musik als sozialem Kommunikationsmittel Rechnung getragen, gerade auch im Hinblick auf die Integration Behinderter. Zahlreiche Spielideen sind nichtsdestoweniger auf Einzelsituationen übertragbar, die im sonderpädagogischen und therapeutischen Bereich mitunter unerläßlich sind.

Die als Einheit aufzufassende Verbindung von Musik, Sprache, Szene, Bewegung/Tanz und Malen entspricht einem ganzheitlichen Musikverständnis, dessen Bedeutung Carl Orff und Gunild Keetman in der am Orff-Institut Salzburg inzwischen weiterentwickelten elementaren Musik- und Bewegungserziehung herausgestellt haben.

Ein wesentlicher Gesichtspunkt des erlebnisorientierten Konzepts ist die Einbettung musikalischer Aktivitäten in anschauliche Situationen und Rahmenhandlungen. Damit wird formalistischen Übungen eine Absage erteilt zugunsten eines mehr spielerischen Ansatzes, dessen Absicht nicht nur darin besteht, „spielend zu lernen", sondern auch „spielen zu lernen" (Regner 1987).

Spiel und Arbeit bzw. Lernen sind keine Gegensätze. Spielen hat einen Eigenwert und eine tragende Funktion bei der Lebensbewältigung. Die Möglichkeit, über das Spiel psychische und soziale Konflikte zu lösen, ist aus der Spieltherapie bekannt. Viele der dargestellten Spielideen enthalten Themen, die auch für die Bearbeitung von Problemen und Konflikten z.B. im (musikalischen) Rollenspiel oder Gespräch aufgegriffen und vertieft werden können.

Darüber hinaus bedeutet Spiel aber auch Ausschalten aus der alltäglichen Beschäftigung (Storms 1979, 10). Hingebungsvoll spielen heißt genießen können. Genuß ist mit positivem Erleben gekoppelt und damit Grundlage seelischer Gesundheit. Durch den Aufbau positiven Erlebens über das musikalische Spiel sinkt nachweislich die Gefahr seelischer Erkrankungen oder Störungen (vgl. Lutz 1987). So dient der spielerische Umgang mit Musik auch der Psychoprophylaxe und -hygiene.

In diesem Zusammenhang ist das „Einfache" (Elementare) Ausgangspunkt und Ziel zugleich. Regners (1988) Aussage „Wir brauchen das Einfache, um das Vielfältige zu entdecken" haben wir uns daher zu eigen gemacht. Mit erhöhten musikalischen Anforderungen wird zwar bestimmten Leistungserwartungen entsprochen, die dem Wunsch nach Perfektion und ständig Neuem nachkommen; jedoch besteht hier die Gefahr, daß der Weg für das bewußte Erleben von und durch Musik versperrt wird. Wo immer neue und noch kompliziertere musikalische Techniken geübt und Höreindrücke bis ins letzte Detail analysiert werden, ohne daß eine emotionale Durchdringung und Setzung stattgefunden hat, verringern sich die Möglichkeiten emotionaler Selbstentfaltung und kreativer Eigengestaltung. Diese sind vor allem dort gegeben, wo die Erfahrung gemacht werden kann, daß Musik sich bereits mit sehr einfachen Mitteln spielerisch ausüben und gestalten läßt, ohne dabei notwendigerweise ihre Wertigkeit einzubüßen.

Voraussetzung, um sich auf Musik spielerisch einzulassen, ist die Bereitschaft, sich von Erfolgszwang und Zeitdruck zu lösen. Das gilt für Gruppenleiter und Teilnehmer. Unter diesem Gesichtspunkt erfordert das Erleben von und durch Musik immer auch Muße im Sinne spielerischen Genießens. Muse und Muße bedingen einander. Die hierbei angesprochene Notwendigkeit, sich der Musik hingeben zu können, mit der Musik sprichwörtlich „mitzugehen", ist allerdings deutlich zu trennen von einem „Sich-gehen-lassen", das einer Realitätsflucht mit der „Droge" Musik gleichkommt.

Auf der Grundlage dieser Überlegungen ist für das musikalische Spiel ein Rahmen, ein Bezugspunkt unerläßlich. Ohne Materialangebot, ohne Spielideen stehen Kreativität und Spiel im luftleeren Raum und können schnell in chaotischem, beziehungslosem „autistischen" Aktionismus enden. Es gilt, vorerst Strukturen anzubieten, die Sicherheit durch Orientierung vermitteln. Der Weg führt von der Imitation, dem elementarsten Lernprinzip überhaupt, also vom Vor-, Nach- und Mitmachen über das Verändern von Strukturen (Variation) zur eigenen freien Gestaltung. Dies heißt nicht, auf frühzeitige Spontaneität oder gewisse Freiräume verzichten zu müssen, die vor allem im therapeutischen „Setting" unentbehrlich sein können; wohl aber sollten Freiheit und Struktur (= Spielregeln) in angemessenem Gleichgewicht gehalten werden. Letztlich entscheiden auch hier Erfahrung, Intuition und Intention des Pädagogen oder Therapeuten mit der entsprechenden Gruppe und Einzelperson.

Die Praxisbeispiele, die hinsichtlich ihrer Umsetzbarkeit vielfach und mit sehr unterschiedlichen Zielgruppen erprobt worden sind, umfassen wesentliche musikalische Tätigkeitsfelder, erheben jedoch nicht den Anspruch eines Programms oder „Rezepts" für einen bestimmten Personenkreis. Sie dienen in erster Linie als exemplarische Anregung. So sind die ausführlich beschriebenen Durchführungsanleitungen, die besonders auch das methodische Vorgehen berücksichtigen, nicht starr, sondern als variierbare Ideenspender aufzufassen.

4. Übergeordnete Zielsetzungen und Anwendungsbereiche

Die unterschiedlichen Aspekte und Zusammenhänge der übergreifenden Zielsetzungen und Anwendungsbereiche lassen sich an folgendem Schaubild verdeutlichen:

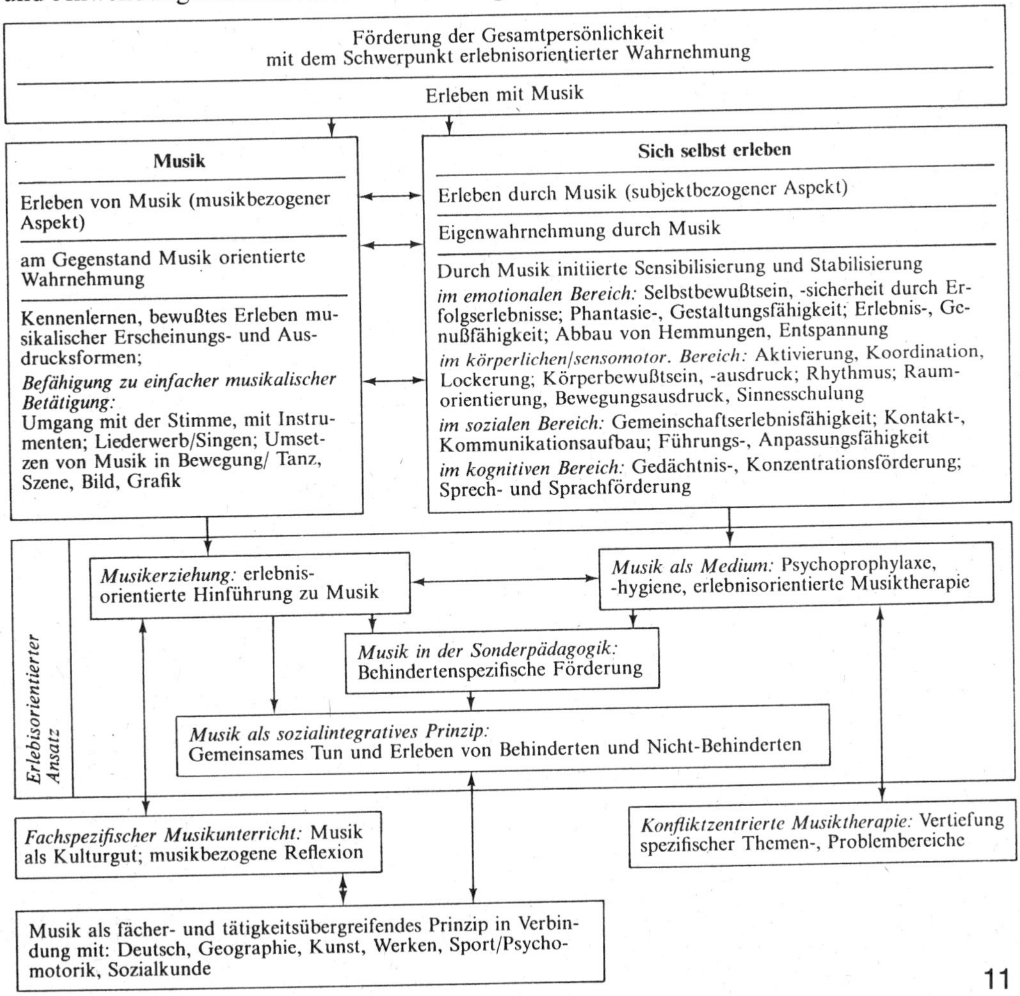

Aus dem Schaubild wird ersichtlich, daß der erlebnisorientierte Umgang mit Musik im Schnittfeld von Pädagogik, Sonderpädagogik und Therapie angesiedelt werden kann, also auf alle drei Bereiche übertragbar ist und darüber hinaus auch fächer- und tätigkeitsübergreifende Aktivitäten ermöglicht.

Der enge Bezug von Musikpädagogik und Musiktherapie ergibt sich aus dem Sachverhalt, daß die Musiktherapie sich einerseits musikpädagogischer Methoden und Inhalte bedient, andererseits aber auch der Musikpädagogik neue Impulse gibt, indem sie die Bedeutung subjektiver Erlebensweisen unterstreicht. Zu beachten ist in diesem Zusammenhang, daß viele musikalische Elemente oder Merkmale eine Entsprechung im allgemein-menschlichen und damit auch therapeutisch relevanten Bereich finden. So kann es darum gehen, seinen ‚Rhythmus' zu finden, sich einem ‚Tempo' anzupassen, außer ‚Form' zu sein, etwas zu verändern (‚variieren'), zu ‚improvisieren'. Musik kann gleichermaßen zu Themen hinführen und sich aus ihnen ergeben.

Ungeachtet beschriebener Gemeinsamkeiten gibt es auch musikalische Anwendungsbereiche, die von der Zielsetzung her deutlich zu trennen sind und im Rahmen unseres Ansatzes nicht behandelt werden. So ist es beispielsweise ein Unterschied, ob ein Schüler im fachspezifischen Musikunterricht lernen soll, sich kritisch mit Musik als Kulturgut auseinanderzusetzen, oder ob etwa beabsichtigt wird, mit einem neurotisch auffälligen Patienten im Rahmen einer Therapie seelische Probleme mit dem Mittel der Musik aufzuarbeiten. Zwischen diesen beiden Polen hat die Musik in der Sonderpädagogik ihren Standort und daran anknüpfend die sozial-integrative Pädagogik. Hierbei kommen sowohl musikerzieherische als auch musiktherapeutische Elemente zum Tragen.

Im Rahmen einer ganzheitlichen, kindgerechten Pädagogik wird Musikerziehung sich nicht nur auf die erlebnisorientierte Hinführung zur Musik beschränken, sondern die Musik gleichermaßen als Mittel zur Psychoprophylaxe und -hygiene nutzen. Unbestritten ist nämlich, daß eine ausgeglichene emotionale Befindlichkeit sich gerade auch auf die kognitive Lernfähigkeit positiv auswirkt. Dieser Aspekt spielt unter anderem dort eine Rolle, wo es um die Verhinderung von Sonderbeschulung, Verhaltens- und Leistungsproblemen geht. Die Therapie setzt dann ein, wenn Erziehung im Sinne der Entwicklung gesunder und vorhandener Teilanlagen versagt. Mit zunehmendem Störungsgrad verlassen wir die Ebene der Erziehung in Richtung Therapie. Die Übergänge sind fließend, wobei sich trotz jeweils unterschiedlich akzentuierter Zielsetzungen pädagogische und therapeutische Elemente berühren, durchdringen und ergänzen. Wichtiger als eine strenge Auslegung des in sich selbst schon weit gezweigten Pädagogik- und Therapiebegriffs erscheint uns eine pragmatische Sichtweise, derzufolge so weit wie möglich zu präzisieren ist, welche Ziele mit welchem Personenkreis in welchem institutionellen Rahmen mit welchen Methoden angestrebt werden.

Je mehr dabei der emotionale Bereich im Vordergrund steht, desto intensiver ist der Wirkungsgrad rezeptiv oder aktiv erlebter Musik. Gerade im Hinblick auf den hier dargestellten erlebnisorientierten Ansatz gilt es, sich stets zu vergegenwärtigen, daß Musik nicht auf jeden Menschen und zu jedem Zeitpunkt gleichartige Wirkungen ausübt. Von daher sollten die Spielideen der Praxisbeispiele an die situativen Gegebenheiten, das zugrundeliegende Handlungskonzept und die damit verbundenen Zielschwerpunkte flexibel angepaßt, variiert oder vertieft werden.

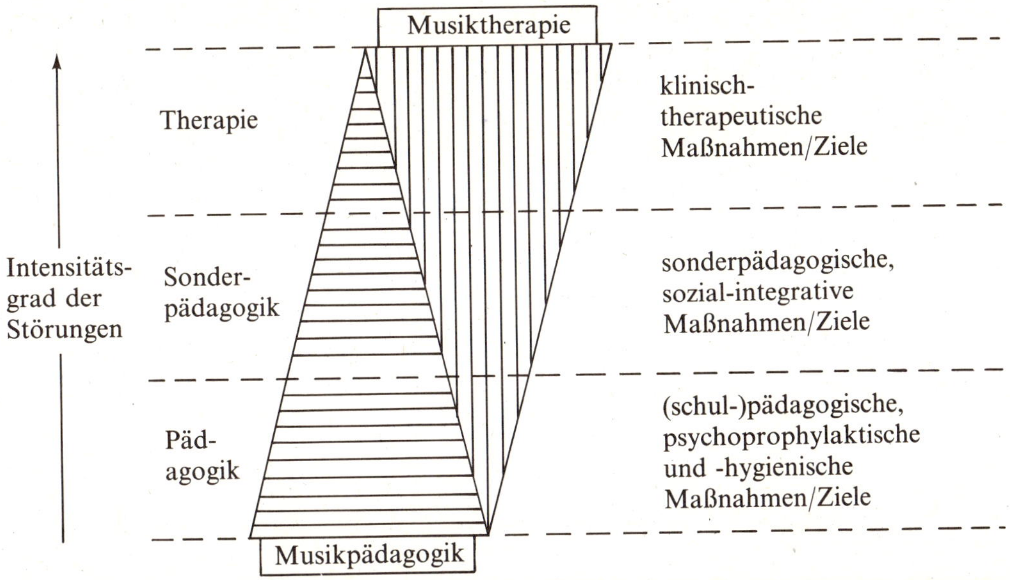

Erlebnisorientierter Umgang mit Musik im Schnittfeld von Pädagogik, Sonderpädagogik und Therapie (vgl. Tischler 1983, 93).

5. Empfehlungen zur Methodik

Die im folgenden aufgeführten methodischen Empfehlungen stellen eine auf praktischen Erfahrungen basierende Auswahl dar.

Gruppenleiter:
- Der Gruppenleiter führt die Gruppe, indem er ihr bestimmte Aufgaben, Anleitungen, Ideen, Impulse gibt bzw. aus der Gruppe aufgreift und weiterentwickeln läßt.
- Ein wesentliches sonderpädagogisches Prinzip ist die Imitation. Der Gruppenleiter macht etwas vor, die Teilnehmer vollziehen es spontan mit oder nach.
- Die Rolle des Gruppen- bzw. Spielleiters soll immer wieder an die Teilnehmer abgegeben werden, damit diese lernen, mit dem vorgegebenen Material selbständig und kreativ umzugehen.

Spielanleitungen:
- Die Spielanleitungen sollten kurz, klar, anschaulich, einfach sein und gegebenenfalls wiederholt werden.
- Alle neuen Begriffe, Gegebenheiten, Situationen, sollten erklärt und soweit wie möglich ganzheitlich dargestellt werden.
- Spielanleitungen sollten eindeutig Auskunft geben über Spielbeginn, Art der Tätigkeit (Freiraum und Begrenzung) und Spiel-Ende.
- Eine Spielregel darf nur auf der (musikalischen) Ebene durchbrochen werden, auf der die Spielidee beruht.

- Nicht-sprachliche Spielanleitungen steigern die Aufmerksamkeit. Es ist sehr wirkungsvoll, wenn aus dem Spiel selbst deutlich wird, was gemeint ist.
- Spiel und Spielanweisung sollen sich nicht vermischen: Entweder spielen oder sprechen bzw. erklären.
- Signalinstrumente (z.B. Becken) sollen konsequent zur Erhöhung der Aufmerksamkeit benutzt werden.

Spielideen, -formen:

- Ein Spiel ist erst durchführbar, wenn es (kognitiv) verstanden wird und die dazu notwendigen sozialen Regeln eingehalten werden können. Diese lassen sich aber auch selbst im Rahmen gruppendynamisch musikalischer Spiele üben.
- Die Spielideen sollen immer auf die Bedürfnisse der Gruppe abgestimmt sein hinsichtlich Alter, Art und Grad der Behinderung, Gruppenzusammensetzung.
- Die Spiele sollen nach Möglichkeit einen Bezug zur Erfahrungswelt der Teilnehmer aufweisen. Die thematische Einbettung von Spielen erleichtert dabei den Einstieg und trägt zu Veranschaulichung, besserem Verständnis und erhöhter Motivation bei.
- Was ankommt, ist immer das, was einem selbst Freude macht und von dem man überzeugt ist. Eigene Spontaneität und Engagement beeinflussen die Aufnahmebereitschaft der Teilnehmer positiv.
- Freiere und gebundene Spielformen sollen in ausgewogenem Verhältnis zueinander stehen. Der Freiraum für eigene kreative, improvisatorische Gestaltungen soll jedoch allmählich zunehmen.
- Auch freiere Spielformen bedürfen der Spielregeln. Freiheit heißt nicht „blinder Aktionismus“, sondern Gestaltung einer Grundidee.

Gruppe:

- Je größer die Gruppe, je labiler der soziale Gruppenhalt und die Psyche Einzelner ist, desto strukturierter soll ein Spiel sein.
- Wichtig ist der Wechsel von Gruppen-, Kleingruppen- und Einzelaktivität. Bei der Hinwendung zu Einzelnen sollte aber immer auch die gesamte Gruppe beschäftigt oder einbezogen sein.
- In sehr heterogenen, z.B. integrierten Gruppen mit Behinderten und Nicht-Behinderten, bedarf es der Differenzierung, so daß jeder seinem Anspruchsniveau entsprechend aktiviert werden kann. Das Eingehen auf Behinderte darf nicht eine Vernachlässigung oder Unterforderung des Nicht-Behinderten zur Folge haben.

Rollen, Funktionen in der Gruppe:

- Der Rollentausch hinsichtlich bestimmter Funktionen oder Tätigkeiten sollte auch zwischen den einzelnen Gruppenmitgliedern immer wieder vollzogen werden.
- Bei Zuweisungen oder Aufteilungen der Rollen sollte in der Regel zuerst die gesamte Gruppe die betreffende Tätigkeit ausführen, erst dann folgen einzelne Teilnehmer oder Kleingruppen. Hierbei erhält der Gruppenleiter gleichzeitig diagnostischen Einblick, ohne daß die Teilnehmer einzeln exponiert sind.

Wertung der Aktivitäten:

- Die musikalischen Aktivitäten sollen nicht unter Leistungsdruck stehen. „Richtig“ und „Falsch“ sind häufig vermeidbare Bewertungen. Wichtiger sind Spontaneität und Freude am eigenen und gemeinsamen Tun.

- Konkurrenz soll vermieden werden. Es gibt grundsätzlich nicht, von Ausnahmen abgesehen, „besser“ oder „schlechter“, sondern „der eine macht es so, der andere so“.

Stundenaufbau:
- Jede Stunde sollte nach Möglichkeit eine Einheit in sich darstellen.
- Wichtig sind Anfang und Ende einer Stunde, z. B. in Form eines gemeinsamen Moments für alle Gruppenmitglieder.
- Es bedarf stets eines ausgeglichenen Wechsels ruhiger und lebhafter Aktivitäten.
- Die Aktivitäten sollten abwechslungsreich sein, aber auf einer „Linie“ bleiben. Zuviel Neues verwirrt. Wiederholungen und methodische Varianten sind hingegen unerläßlich.
- Die Stunde selbst bedarf einer erkennbaren Struktur im Sinne einer Einstiegs- oder Einstimmungsphase, Gestaltungsphase und Abschlußphase (Ausklang).

Sozialform und Räumlichkeit:
- Grundlegende Sozialform ist der Sitzkreis (am Boden).
- Ein vom Mobiliar befreiter Raum lenkt weniger ab und erlaubt eine höhere methodische Flexibilität besonders hinsichtlich der Bewegung.
- Die visuelle Markierung des Sitzkreises, z. B. durch Klebeband, gewährleistet eine wichtige ordnende und strukturierende Orientierungshilfe, vor allem im Vor- und Grundschulbereich.

Material:
- Die Grundausstattung des Materials sollte möglichst breit angelegt sein (siehe Anhang); jedoch sollten immer nur so viele Materialien wie gerade nötig eingesetzt werden. Zu viele Materialien lenken vom Spiel ab.
- Material sollte in Zusammenhang mit einer Aufgabenstellung oder Spielidee angeboten werden.
- „Viel machen mit wenig Sachen“ wirkt sich fördernd auf Lern- und Phantasietätigkeit aus, gerade im Hinblick auf eine konsumorientierte „Wegwerf“-Mentalität.

6. Zum Umgang mit den Praxisbeispielen

Im Ersten Teil (Grundlagen) wird auf die einzelnen (durchnumerierten) Praxisbeispiele des Zweiten Teils verwiesen, die jeweils musikalischen Tätigkeitsbereichen zugeordnet sind.

Da die Praxisbeispiele immer auch tätigkeitsübergreifend konzipiert sind, können sie vielfach miteinander kombiniert werden.

Für schwerpunktmäßige Intensivierungen eines Themas befinden sich weiterführende Literaturhinweise an entsprechender Stelle im Ersten Teil bzw. im Literaturverzeichnis.

Die Auswahl der Praxisbeispiele richtet sich nach den jeweils zugrundeliegenden musikpädagogischen, sonderpädagogischen oder therapeutischen Zielsetzungen.

Die Altersangaben zu den einzelnen Spielen dienen lediglich als Richtlinien, wobei der Hinweis „Kinder“ die Altersstufe zwischen ca. 5/6–12 Jahren und „Jugendliche“ entsprechend ältere Teilnehmer umfaßt. Viele Spielideen eignen sich für jedes Alter. Lediglich die Art der Ansprache und Vermittlung sowie die thematische Einbettung müssen unter

Berücksichtigung der vorhandenen Fähigkeiten, Fertigkeiten und Interessen altersbezogen variiert werden.

Für längerfristige Planungen im pädagogischen Bereich bieten sich themenbezogene Projekte an. Ein Beispiel ist das musikalische Menschen-Schattentheater, das mit einer Aufführung abgeschlossen werden kann. Ein anderes Beispiel ist das Thema „Musikalische Weltreise", in das Lieder, Tänze, Musik und szenische Spiele verschiedener Länder und Kulturen einbezogen werden.

Die dazu beschriebenen Spielideen dienen vorwiegend der Intensivierung erlebnisorientierter Zugangsmöglichkeiten zu Musik. Sie erheben nicht den Anspruch einer differenzierten Darstellung oder Auseinandersetzung mit der angesprochenen (musikalischen) Kultur. Die Förderung musikalischer Fertigkeiten und Kenntnisse wie Rhythmus, Musizierpraxis, Instrumentenkunde, Lied- und Werkkenntnis läßt sich in derartige Vorhaben genau so integrieren wie sonderpädagogische oder therapeutische Absichten im emotionalen, motorischen und sozialen Bereich.

Die aufgeführten Materialien, die vielleicht nicht immer vorhanden sind, dienen lediglich als Anregung und Orientierungshilfe.

Erster Teil: Grundlagen

Musik mit der Stimme

Dieser Bereich umfaßt den spielerischen Umgang mit Stimme und Sprache sowie das Singen in Verbindung mit der Liedbegleitung und -gestaltung.

Der Umgang mit Stimme und Sprache beinhaltet die rhythmische und klangliche Gestaltung von Stimmgeräuschen und -lauten, Worten, Versen, Texten. Im weiteren geht es darum, Rhythmus und Atem als strukturierende Elemente der Sprache zu erleben und die verschiedenen Möglichkeiten und Wirkungen des Stimmausdrucks zu erfahren.

Das Singen bezieht sich auf den spielerisch-gestalterischen Umgang mit Liedern im Hinblick auf Rhythmus, Text, Form, Komposition, Begleitung, Arrangement, Handlung.

1. Stimme und Sprache

Die Stimme ist das unmittelbarste und wohl vielseitigste Instrument des Menschen, das außerdem jederzeit zur Verfügung steht. Sie ist klingendes Material, mit dem die verschiedensten Zustände und Vorgänge ausgedrückt werden können. Man denke nur an die zahlreichen vokalen Klangmöglichkeiten wie: murmeln, räuspern, seufzen, zischen, gurgeln, lachen, weinen, nuscheln, fauchen, schmatzen, prusten, brummen, quietschen, kichern, schreien u.a.

Die *Stimmgeräusche* lassen sich mit dem Mund als Komplex von Lippen, Zunge, Zähnen, Gaumen, Atem und Stimmbändern produzieren.

Die Stimme ist immer auch deutlicher Ausdruck seelischer Dispositionen. Sie ist die „am direktesten klingende Verbindung der eigenen inneren und äußeren Welt“ (Hegi 1986, 80). Klang und Führung der Stimme offenbaren wesentliche Anteile der eigenen Persönlichkeit, des eigenen Gefühlszustandes und der Beziehung zu einem Interaktionspartner.

„Indem (man) angeregt wird, die Stimme differenziert zu gebrauchen und über sie Mitteilung von sich selbst zu geben, wird (man) sensibilisiert für das, was einem in gleicher Weise von seinem Gegenüber dargeboten wird“ (Seidel 1976, 99).

Ist das Verhältnis zur eigenen Stimme gestört, so ist dies immer auch ein Zeichen für ein gestörtes Verhältnis zur psychischen Realität.

Die Stimme als unmittelbarer *Gefühlsausdruck* spielt nicht nur im Alltagsleben eine grundlegende Rolle; sie ist gerade in musisch-künstlerischen Bereichen wie Theater, Dichtkunst, (Vokal-)Musik ein wesentliches eigenständiges Stil- und Gestaltungsmittel. Die „Neue Musik“ liefert deutliche Beispiele für die Verwendung auch unkonventioneller Stimmgeräusche.

Spielerisch-gestalterische Funktionen der Stimme finden wir in allen Varianten [1], [2]*.

Einzellaute werden klanglich bearbeitet und assoziativ aufgeladen. Silben werden willkürlich miteinander verknüpft und bilden somit Phantasiewörter. Wörter werden wie-

* Diese Angaben beziehen sich auf die im zweiten Teil durchnumerierten Spielvorschläge.

derholt, gedehnt, verzerrt. Sätze werden schnell, leise, monoton ausgedrückt, wobei z. B. Worte vertauscht und Stimmgeräusche hinzugefügt werden (Seidel 1976, 98).

Durch die Kombination der einzelnen Stimm- und Sprachelemente eröffnen sich unzählige vokalmusikalische Gestaltungsmöglichkeiten. Diese lassen sich gleichzeitig sprachheilpädagogisch und -therapeutisch nutzen.

Dem Aufbau und der Schulung von *Sprechtechniken/Artikulation* kommt dabei im Hinblick auf das häufige Auftreten von Sprachstörungen und Verzögerungen der Sprachentwicklung erhöhte Bedeutung zu.

Davon abgesehen ist der differenzierte Gebrauch der Stimme ja überhaupt Voraussetzung für die Sprache. Um Sprache handhaben und zunehmend sicherer als Verständigungs- und Ausdrucksmittel einsetzen zu können, bietet sich der spielerische Umgang im Vorfeld des Verbal-Inhaltlichen an. Dadurch können zumindest ansatzweise Aussprachefehler korrigiert und eine verständliche Aussprache angebahnt werden.

Nicht zu unterschätzen sind auch die bei Kindern und Jugendlichen weit verbreiteten Stimmschäden, die durch falschen oder überstrapazierten Gebrauch der Stimme entstanden sind. Auch unter dieser Problematik dürften Stimmübungen und -spiele sinnvoll einsetzbar sein.

Wie wichtig ein differenzierter Umgang mit der Stimme ist, zeigt der Einfluß des Stimmklangs auf die inhaltsbezogene Sprache. Durch unterschiedliche Betonung, Führung, Ausdruck, Stärke, Lage der Stimme und mimische wie gestische Begleiterscheinungen kann dieselbe inhaltliche Aussage völlig unterschiedliche Bedeutung erlangen. Über den Stimmklang im weitesten Sinne wird ausgedrückt, wie eine Mitteilung aufgefaßt wird und werden soll. Das „Wie-etwas-gesagt-wird" bestimmt somit das „Was-gesagt-wird" [3].

Ein weiteres wichtiges sprachgestaltendes Merkmal ist der *Sprechrhythmus*, der Sprache in Sinneinheiten gliedert und den Redefluß erhalten hilft [4], [5].

Der Sprechrhythmus tritt am deutlichsten in der gebundenen Sprachform zutage. Das rhythmische Sprechen von Versen und Reimen etwa bietet dabei nicht nur für Stotterer, sondern für Sprachgehemmte überhaupt einen erleichternden Einstieg zum Sprechen.

Rhythmus in Verbindung mit der gebundenen Sprache bildet ein Sicherheit vermittelndes Gerüst. Je greifbarer, anschaulicher und einprägsamer dabei das sprachliche Material ist, desto bewußter kann es auch differenziert und erlebt werden. Der Sprechrhythmus ist schließlich auch ein wertvolles Hilfsmittel für das Singen (Einübung von Liedtexten, Melodieanbahnung über Sprechgesang) wie für das rhythmische Instrumentalspiel.

Grundlegend ist in diesem Zusammenhang die *Atmung*, die mit dem Sprechrhythmus gut koordiniert sein muß. Für den Umgang mit der Stimme bedarf es einer ausgeglichenen und erweiterten Atemtechnik: „Einen vollen Klang ermöglicht ... nur eine Atmung, die Bauch und Brust in gegenseitiger Ablösung einbezieht und dadurch den ganzen Körper in wellenartige Atmungsbewegung bringt. Die Bauchatmung ist die Atmung des Ruhens, der Innerlichkeit ... Wir brauchen sie vor allem für die Begleitung, Unterstützung und Verstärkung tieferer Gefühle ... [25]. Die Brustatmung ist die Atmung der erhöhten Energie, der Unruhe, des Ausagierens und der Kraft [1], [2]. Wir brauchen sie für die Unterstützung von hoher Erregung und großer körperlicher Anstrengung" (Hegi 1986, 87).

Zusammenfassend kann der Einsatz von Stimme, Atem, Sprache unter folgenden Aspekten und Zielsetzungen erfolgen:
– Artikulationsschulung, Stimmbildung (sprachtechnischer Aspekt)
– gefühlsbezogenes Ausdrucksmittel (emotionaler Aspekt)

– klanglich-musikalisches Gestaltungsmittel (sprachtechnischer und musikalischer Aspekt).

Je mehr stimmliche Äußerungen auf ihre Klang- und Ausdrucksmöglichkeiten bezogen werden, sich also vom Sprachinhalt lösen, desto mehr offenbart sich der Gefühlsbereich und desto stärker werden die Ausdruckshemmungen.

Um so wichtiger ist die methodische Aufbereitung, indem die Aufmerksamkeit weniger auf die Stimme selbst als vielmehr auf ein Spielgeschehen oder bestimmte Medien gelenkt wird. Medien haben eine neutralisierende „Katalysator"-Funktion: die stimmliche Äußerung wird weniger direkt und somit weniger angstbesetzt. Geeignete Medien sind z.B.: Geräte zur Stimmverfremdung (Mikrofon, Verstärker, Echo-, Hall- und andere Effekte), Requisiten (Masken, Verkleidungen), Musik- und Geräuschinstrumente zur Untermalung des Stimmausdrucks, Rhythmusinstrumente zur Begleitung rhythmischen Sprechens.

2. Singen und Liedgestaltung

Das *Singen* ist dem Menschen grundsätzlich von klein auf vertraut als naturgegebene, musikalisch unmittelbar verfügbare und daher naheliegende Möglichkeit musikalischer Betätigung. Es „ist eine primär auf Kommunikation hin angelegte Verlebendigung sprachlicher Aussage, die Ausdruck bildet für individuelle, gruppenspezifische und allgemeinmenschliche Grundbefindlichkeiten und Intentionen" (Lemmermann 1977, 187).

Singen kann als lustbetonte Tätigkeit emotional helfen, als Entlastung, Ablenkung oder Kompensation seelisch befreien. Es kann Ausdruck eines Mitteilungsbedürfnisses sein, z.B. in Form von Zuwendung, Identifikation, Protest. Singen kann in der Gruppe Zugehörigkeits- und Geborgenheitsgefühl vermitteln und dadurch einen günstigen Einfluß auf das soziale Klima ausüben. Singen kann ein Mittel zur Einstimmung oder zum Ausklang sein.

Wichtig ist die Berücksichtigung der heute veränderten Singgewohnheiten von Kindern und Jugendlichen. Bedingt durch die Verbreitung technischer Medien und die Internationalisierung unserer (musikalischen) Umwelt ist die früher zentrale Stellung des traditionellen Volksliedes zugunsten einer stärkeren Liedpluralität weitgehend verloren gegangen (vgl. die Liederhefte des Student für Europa 1980–86). Dies hat Konsequenzen für die Liedauswahl:

„Keine ausgewogene Instanz kann mehr verbindlich angeben, welche Lieder heute gelernt und geübt werden sollen. Nur noch in einer konkreten ... Gruppensituation kann entschieden werden, welches Lied ... einer bestimmten Lern- oder Anwendungssituation gerecht wird" (Küntzel, zit. nach Lemmermann 1977, 195).

Außer Frage steht, daß Singen ein Ausdrucks- und Kommunikationsmittel vieler, aber nicht aller Menschen ist (Lemmermann 1977, 192). Die durchaus anzutreffende Abneigung gegen das Singen ist zu einem großen Teil auf sozialisationsbedingte Barrieren zurückzuführen. Aber auch persönlichkeitsspezifische Einflüsse, altersbedingte Hemmungen sowie stimmphysiologische Probleme vor allem bei Jugendlichen können eine Rolle spielen.

Ein wichtiges Kriterium für die Singbereitschaft ist der Realitätsbezug eines Liedes zum Adressaten. Damit ist nicht nur die konkrete Realität gemeint. Realität beinhaltet ebenso Phantasie und Vorstellungskraft. Diese Ebene wird bei Liedern angesprochen, die „Spielraum und Regeln für ... Ausdrucks-, Darstellungs- und Bewegungsbedürfnisse bieten"

(Amrhein 1983, 98). Unter diesem Gesichtspunkt erfährt das Lied eine wesentliche Funktion nicht nur als überliefertes Kulturgut, sondern vor allem als gestaltbares, veränderbares und damit lebendiges Spielmaterial.

Je nach Eigenart eines Liedes und (sonder-)pädagogischer oder therapeutischer Intention gibt es verschiedene Ebenen und Schwerpunkte, von denen aus ein spielerisch-gestalterischer Einstieg, eine Festigung oder erweiternde Differenzierung vorgenommen werden kann.

Ausgangspunkt kann die Melodie sein, die z. B. in verschiedenen stimmlichen Variationen gesungen wird [6] und auch für stimmbildnerische Zwecke wie Intervallsingen (Dreiklang) nutzbar ist [7].

Der Rhythmus eines Liedes kann mit Hilfe von Klanggesten aufgegriffen [7], [9], [10], durch Füllen von Pausen akzentuiert [6], [9] oder mit rhythmisch-untermalenden Körperbewegungen gestützt werden [8], [13], [14].

Der Liedtext kann primär auf die artikulatorische Ebene ausgerichtet sein und dabei auch sprachheilpädagogisch eingesetzt werden [7], [8], [10]. Ebenso läßt sich die Bedeutungsfunktion eines Liedtextes hervorheben, indem der Liedinhalt in den Vordergrund rückt [6], [11], [14].

Wo die Liedform, der Liedaufbau als gestaltbares Merkmal aufgegriffen wird, bieten sich mehrteilige Lieder an, deren Strophen- und Refrainteile z. B. unterschiedlich begleitet werden können. Das vielfach in der Rock-Musik verwendete „Blues-Schema" verdeutlicht den harmonischen Aufbau eines Liedes [12].

Ein grundlegendes Element der Liedgestaltung ist die Liedkomposition selbst. Spielerische Kreativität wird dort angesprochen, wo Lieder neu textiert, aktualisiert, stimmlich verfremdet werden [6], [12], [14].

Grundsätzlich gilt es, die Singfähigkeiten und das Alter der Gruppenmitglieder sorgfältig zu berücksichtigen. So sollte man nach unserer Auffassung z. B. mit geistig-behinderten Jugendlichen nicht Kinderlieder singen, nur weil diese ihrem Singvermögen entsprechen. Vor allem aus sonderpädagogischer Sicht sollten Lieder altersangemessen, einprägsam und überschaubar sein. Gegebenenfalls sind melodische, rhythmische oder textliche Vereinfachungen oder Veränderungen sinnvoll, ja notwendig.

Eine elementare Gestaltungsmöglichkeit von Liedern ist durch die *Liedbegleitung* gegeben.

Die ureigenste Form *rhythmischer Liedbegleitung* ist der Umgang mit körpereigenen Instrumenten. Dazu zählen Klanggesten wie Klatschen, Patschen, Schnipsen, Stampfen. Sie stellen unmittelbare körperliche Ausdrucksmöglichkeiten dar und bringen im wahrsten Sinne des Wortes „Bewegung" ins Singen. Bei Behinderten kann der Einsatz von Klanggesten dazu beitragen, Bewegungs- und Koordinationsstörungen entgegenzuwirken.

Rhythmusinstrumente zum Schlagen, Schütteln oder Reiben haben im allgemeinen einen sehr hohen Aufforderungscharakter und sind von daher ein geeignetes Motivationsmittel. Sie können aber auch vom Singen ablenken und die Gestaltung auf lautes „Krachmachen" reduzieren. Hier gilt es, entsprechende vorbereitende Instrumentalspiele einzuschieben und einen Freiraum zum Ausprobieren zu geben (siehe Kapitel „Musik mit Instrumenten").

Häufig wird im Rahmen der rhythmischen Liedbegleitung die Melodie rhythmisiert [9], [10]. Das Spielen einer von der Melodie losgelösten rhythmischen (Ostinato-)Figur fällt in der Regel schwerer, wenn man einmal vom einfachen Grundschlag („im Takt spielen") absieht. Kompliziertere rhythmische Liedbegleitungen sollten deshalb isoliert spielerisch erarbeitet werden (siehe Kapitel „Spiel mit Rhythmen").

Durch die *harmonische Liedbegleitung* wird das Singen melodisch gestützt und klanglich, gerade auch im Hinblick auf Mehrstimmigkeit, bereichert [9].

Die elementarste Form ist die Ostinato-Begleitung, die aus der ständigen Wiederholung einer bestimmten Tonfolge besteht. Zahlreiche Kinderlieder, aber auch Kanons, fernöstliche, afrikanische und andere Lieder lassen sich in diesem Sinne bereits mit einem einfachen Bordun begleiten, der sich aus dem ersten (Grundton) und dem fünften Ton (Quinte) der zugrundeliegenden Harmonie zusammensetzt. Denkbar ist hierbei auch der Einsatz einer auf den entsprechenden Akkord umgestimmten Gitarre, deren Leersaiten dann nur angeschlagen oder gezupft werden müssen [7], [8], [10] (siehe auch Anhang).

Lieder mit mehreren Harmonien können arbeitsteilig begleitet werden, indem z.B. jeweils ein harmonischer Abschnitt einem Spieler zugeordnet wird [12]. Sofern die Begleitung aus einer überschaubaren, klar strukturierten Tonfolge besteht, kann sie auch ohne größere Schwierigkeiten von einem einzelnen Spieler realisiert werden [6], [9], [11], [12].

Grundsätzlich sollte die Liedbegleitung so einfach wie möglich sein. Es ist besser, auf eine Instrumentalbegleitung zu verzichten, als durch zu komplizierte Formen den Spieler einseitig zu fordern und von der Singtätigkeit abzulenken. Hierbei ist die Differenzierung mitunter unumgänglich. Spieler, die Schwierigkeiten haben, das Tempo einzuhalten, oder die ganz einfach überfordert sind, können für freie instrumentale Vor- und Zwischenspiele eingesetzt werden (vgl. Meyer 1985).

In keinem Fall sollte das Singen durch die Instrumentalbegleitung übertönt werden. Daher ist es sinnvoll, (im Rollentausch) immer nur einen Teil der Gruppe spielen, den anderen singen zu lassen.

Ein wichtiges Element der Liedgestaltung ist das Liedarrangement, das besonders auch Vorschlägen, Ideen und Fertigkeiten der einzelnen Spieler Rechnung tragen sollte. Spielerische Abwechslung, Steigerung und Abbau im Sinne eines musikalischen Spannungsbogens können durch Arrangements erreicht werden. Eine einfache, übersichtliche Struktur sollte dabei jedoch erhalten bleiben. Das Lied „Samba Lélé" [9], aus dessen Text das instrumentale Arrangement unmittelbar hervorgeht, liefert ein sehr anschauliches Beispiel.

Durch die Einbettung von Liedern in einen spielerischen Handlungsrahmen eröffnen sich vielfältige, mit der Singtätigkeit kombinierbare und über diese hinausweisende Handlungsmöglichkeiten. Dazu zählen:

- Tanzgestaltung [7], [8], [10]
- Bewegungsgestaltung [6], [8], [13], [14]
- szenische Gestaltung [7], [8], [10]
- stimmliche Gestaltung [6], [8]
- rhythmische Gestaltung [6], [9], [10], [14]
- Verklanglichungen [10]
- Musizieren [7], [11]
- Instrumentalimprovisationen [8], [10], [12]
- Gespräch/(musikalisches) Rollenspiel durch Vertiefung von bei der Liedgestaltung angesprochenen Themen, auch unter therapeutischen Gesichtspunkten [6], [7], [11].

Musikhören

Musikhören heißt, die Aufmerksamkeit bewußt der Musik zuzuwenden und den Eindruck, den sie hinterläßt, in verschiedener Weise wirken zu lassen.
Dies kann geschehen über das

- musikbezogene Hören, das auf die Wahrnehmung musikalischer Elemente und Merkmale ausgerichtet ist;
- subjektbezogene Hören, das der Entspannung und der Auslösung individueller Assoziationen dient;
- Hören Darstellender Musik, die sich auf einen konkreten Inhalt bezieht;
- Hören verschiedener Musikarten in situations- und gesellschaftsspezifischen Zusammenhängen.

Im Sinne aktiven Hörens wird das musikalische Hörerlebnis wesentlich unterstützt und intensiviert durch die Verbindung mit anderen spielerisch durchgeführten musikalischen Tätigkeiten.

1. Musikbezogenes Hören (musikalische Elemente und Merkmale)

Die durch die Medien ermöglichte Allgegenwart und Endlosigkeit von Musik hat in erheblichem Maße Hörgewohnheiten und Rezeptionsweisen einseitig beeinflußt. So bleibt Musik vielfach ein gar nicht mehr bewußt wahrgenommener „unaufdringlicher Background", eine „Klangtapete" (Amrhein 1983, 45ff.).

Aus diesem Tatbestand leitet sich als vordringliche Aufgabe ab, Musik als etwas Eigenständiges, als Gestalt, als Form, als Aussage wieder ins Bewußtsein zu bringen.

Je differenzierter und gerichteter Bereitschaft und Fähigkeit zum Hören sind, desto besser ist die Voraussetzung für intensives Musikerleben. Durch die Konzentration auf einzelne *musikalische Elemente* (Parameter) wie Tempo [15], Klangdauer [16], Klangstärke [17], Klanghöhe [18], Klangfarbe [19] und Merkmale wie Instrumentierung [20], Form/Aufbau [21], Motiv/Thema [22], Rhythmus und Dynamik [23] kann Musik nicht nur verstehbarer und damit erlebbarer gemacht werden; es wird zugleich die auditive Wahrnehmung sensibilisiert und gefördert. Angesichts der heutigen akustischen Reizüberflutung wird damit ein grundlegendes (sonder-)pädagogisches und therapeutisches Ziel angesprochen.

Über das spielerische Mit- und Nachvollziehen musikalischer Verläufe läßt sich verdeutlichen, daß Musik mehr als nur die Summe ihrer Einzelelemente ist [21], [22], [23]. Erst wenn diese eine Form erhalten, also nach bestimmten Prinzipien und Regeln zusammenwirken, entsteht Musik als ganzheitliche Gestalt.

Ein einseitig auf Einzelelemente ausgerichteter analytischer Zugang zu Musik birgt zweifellos die Gefahr in sich, das ganzheitliche, emotionale Erleben von Musik zu beeinträchtigen. Dies gilt in um so stärkerem Maße, als musikalische Begegnung auf das Verbalisieren ausgerichtet ist. So unerläßlich verbal reflektierende Auseinandersetzungen aus musikpädagogischer Sicht auch sein mögen, sie haben schon so manchem die Freude an bestimmter Musik oder gar am Musikunterricht überhaupt verleidet.

Grundlegend wichtig erscheint uns ein spielerisch-handlungsorientierter Zugang zu Musik im Sinne *aktiven Hörens*. Musikalische Verläufe können beispielsweise über Raum- und Bewegungsformen [22], [23], pantomimisch-szenische Darstellungen [21] oder Malen (siehe Kapitel „Musikmalen") auch ohne übertriebene verbale Analysen und Reflexionen bewußt und erlebbar gemacht werden.

Bei einem derartig spielerischen Zugang zu Musikwerken oder -stücken bleibt das musikalische Erlebnis bei gleichzeitiger bewußter Wahrnehmung musikalischer Elemente und Merkmale erhalten. Das Charakteristische von Musik ist ja gerade, daß sie das ausdrückt, was Sprache nicht auszudrücken vermag. Eine Rückführung, d.h. eine Übersetzung von Musik in Sprache, muß notgedrungen zu einem Verlust der ursprünglichen musikalischen Aussage führen. Erinnert sei an die in der Einführung zitierte Aussage des Dirigenten Sergiu Celibidache: „Die Sprache ist das denkbar ungeeignetste Mittel, Musik zu beschreiben.“ Es gibt zahlreiche Menschen, die sehr intensiv und bewußt Musik erleben, ohne dies in Worten ausdrücken zu können. Dies gilt besonders auch für viele Behinderte.

Wenn Musik ganzheitlich erlebt werden soll, so kann man sich nicht von vornherein nur auf die Behandlung musikalischer Kriterien beschränken. Jede, auch die sogenannte absolute Musik ruft mehr oder weniger stark außermusikalische Bilder, Gefühle und Assoziationen hervor. Die Übergänge zur Darstellenden (Programm-)Musik sind von daher mitunter fließend [23].

Viele Kinder und Jugendliche sind überfordert, wenn es darum geht, Musik über einen längeren Zeitraum bewußt und gezielt zu hören. Mangelnde Konzentration und damit einherlaufende Unlust beeinträchtigen das Hörverhalten mitunter erheblich. Daher sollen die Hörbeispiele grundsätzlich der Aufmerksamkeitsspanne der Hörer angepaßt sein. Eine bereits angesprochene Möglichkeit, die Aufmerksamkeitsspanne für das Musikhören zu erweitern, ist durch eine Verbindung mit Bewegungs-, Instrumental-, szenischen Spielen oder Musikmalen gegeben.

Aus unserer Sicht ist nicht die Vermittlung möglichst vieler musikalischer Elemente und Merkmale vorrangig. Wichtiger als der Umfang musikalischer (Er-)Kenntnisse ist der Zugang und die Einstellung zum Musikhören. Dies gilt besonders für Musik, die auch über bisherige Hörgewohnheiten hinausgeht. In diesem Sinne dienen die dargestellten Praxisbeispiele als exemplarische Anregung.

2. Subjektbezogenes Hören (Entspannung und Imagination)

Daß Musik auch ein geeignetes Medium der Entspannung sowie zum Hervorrufen phantasieanregender und gefühlsintensiver Vorstellungen sein kann, ist nicht nur aus der Musiktherapie bekannt; jeder wird in mehr oder weniger starkem Maße schon Erfahrungen in dieser Richtung gemacht haben.

Dabei gilt es jedoch zu berücksichtigen, daß Musik sehr unterschiedlich empfunden und bewertet werden kann. Verantwortlich dafür sind individuell verschiedene musikalische Einstellungen und Vorlieben sowie damit zusammenhängende Hörerfahrungen und -erwartungen. Diesen muß bei der Musikauswahl Rechnung getragen werden. Allzu vertraute Musik kann z.B. schon einseitig emotional und assoziativ besetzt sein, so daß das Wahrnehmungsfeld bereits eingeengt und relativ fixiert ist. Aus diesem Grund sollte die ausgewählte Musik in der Regel auch innovative, d.h. neue und unbekannte Elemente enthalten. Ob dabei nun eine eher dynamisch und klanglich kontrastarme oder kontrastreiche Musik verwendet wird, hängt natürlich auch davon ab, inwieweit z.B. mehr entspannungs- oder affektauslösende Absichten im Vordergrund stehen.

In jedem Fall müssen die situativen und habituellen außermusikalischen Einflußmöglichkeiten beachtet werden. Dazu zählen seelisch-körperliche Befindlichkeit, räumliche und institutionelle Gegebenheiten, Zeit(raum), vorher abgelaufene belastende oder entspannende, ruhige oder bewegte Tätigkeiten, Zusammensetzung der Gruppe, soziale Beziehungen u.a.

Musikalische Wirkungen sind also nicht allein auf Musik zurückzuführen, sondern einer Reihe verschiedener Einflußgrößen ausgesetzt. Da man diese höchstens annähernd in den Griff bekommen kann, ist ein zum Teil immer noch propagierter „pharmakologischer" Einsatz von Musik illusorisch (vgl. Gembris 1985). Es gibt keine Musik, die völlig vorhersagbare Effekte erzielt, wohl aber Musik, die unter bestimmten Bedingungen besser oder schlechter für ein spezifisches Ziel, etwa im Rahmen der Entspannung, geeignet ist.

Die Bedeutung der Entspannung mit Musik wird ersichtlich angesichts der bei vielen Kindern und Jugendlichen anzutreffenden Probleme wie geringe Aufmerksamkeitsspanne, motorische Unruhe, körperliche Verspannung (vgl. auch Teml 1991).

Entspannung ist ein mehrschichtiges Phänomen. Es kann damit ein Prozeß (sich entspannen) oder ein Zustand (entspannt sein) gemeint sein.

Zu unterscheiden ist im weiteren zwischen körperlicher Entspannung (z.B. Nachlassen von Muskelanspannungen oder anderen Aktivierungszuständen) und psychischer Entspannung (z.B. Verminderung unangenehmer, belastender Gedanken, Gefühle). Beide Entspannungsarten müssen nicht unbedingt gleich stark auftreten, können aber einander beeinflussen.

Entspannung kann sich schließlich auch auf das Dynamisch-Ausagierende (ekstatische Ebene) oder auf das Statisch-Ruhige (meditative Ebene) beziehen.

Ein wesentliches Moment für den Verlauf von Entspannungsprozessen ist die Umschaltung der Aufmerksamkeit und die Art der Tätigkeit, die im Rahmen der Entspannung ausgeführt wird. Die Musik erfüllt dabei die Funktion eines Aufmerksamkeitsobjekts, das der Veränderung und nach Möglichkeit Erweiterung des Wahrnehmungsfeldes dient.

Eine besondere Rolle spielt hier das methodisch-didaktische Handlungskonzept, das z.B. mehr übungsbezogen, dynamisch-offen, konzentrativ-direktiv oder assoziativ-frei ausgerichtet sein kann.

Die Bereitschaft, sich auf bestimmte Entspannungspraktiken einzulassen, ist bei vielen Kindern und Jugendlichen nicht von vornherein vorhanden. Daher erweist sich ein Einstieg als förderlich, bei dem die Teilnehmer selbst aktiv sind, etwa im Rahmen entspannungsorientierter *Bewegungs- und Klangspiele* [24], [43]. Geeignet sind auch ganzkörperliche, musikalisch-rhythmisch unterstützte Pendelbewegungen, vergleichbar dem Wiegen des Kleinkindes, die unter eine bestimmte Thematik wie z.B. „Bäume schaukeln" gestellt werden können [75].

Körperliche Lockerung ist in hohem Maße auch über den *Tanz* möglich [74]. Der Entspannung dienlich ist dabei ein Wechsel von Bewegung und Ruhe [60] [72].

Ein weiteres entspannungsorientiertes Tätigkeitsfeld ist das *Musikmalen*, sei es mehr im rhythmisch-körperlichen [75] oder emotional-assoziativen Sinne [76].

Eine spezielle Entspannungsmöglichkeit bietet die *Massage*, die jedoch bereits stärker in die körperliche Intimsphäre dringt und daher oft abgeblockt wird. Aus diesem Grund ist anstelle der massierenden Hände der Einsatz distanzschaffender Medien wie Bälle, Kugeln, Luftballons sinnvoll. Sie werden über den Körper oder einzelne (weniger intime) Körperteile gerollt [27] [62] [63]. Eine wichtige Funktion hat dabei ruhige Hintergrundmusik, da sie von eigenen körperlichen Hemmungen ablenkt, dem Massierenden und Massierten eine ruhige Atmosphäre vermittelt, störende Nebengeräusche auffängt, durch Ein- und

Ausblenden auf Anfang und Ende der Entspannungsphase vorbereitet, ohne daß verbale Ankündigungen notwendig sind.

Entspannungs- und imaginative Prozesse können besonders gut über musikalisch untermalte *Geschichten* in Gang gesetzt werden. Hier ist bei vielen Kindern und Jugendlichen die Hörbereitschaft und Aufnahmefähigkeit am größten. „Das Vorgelesenbekommen bedeutet für den Zuhörer ... eine emotionale Zuwendung, die durch das anschließende Gespräch über die Erfahrungen, Erlebnisse und Gefühle während der Geschichte noch vertieft wird. Dieses gemeinsame ‚Erleben' bringt Menschen einander ein Stück näher" (Müller 1983, 7).

Märchen, Phantasie- und Abenteuergeschichten können nicht nur unterhalten, Emotionen wecken und die Phantasie anregen, sondern auch Ruhe vermitteln (vgl. Müller 1985). Man denke nur an die Gute-Nacht-Geschichten. Durch die Einbeziehung von Musik lassen sich Entspannungs- und imaginative Prozesse unterstützen, beschleunigen und intensivieren.

Die musikalisch untermalten Geschichten sollten zunächst in solchem Maße Spannungsbögen aufweisen, daß die Hörbereitschaft erhalten bleibt [25]. Dabei können anfangs eher kurze, später auch längere Sprechpausen eingeschoben werden, in denen die Musik allein „weiter erzählt". Dadurch wird der Vorstellungsrahmen geöffnet und schafft vermehrt Raum für eigene, individuelle Vorstellungen, Assoziationen und Gefühle. Auch hervorgerufene Traurigkeit, Weinen, Gereiztheit kann seelisch entlastend sein, wenn sie ausbrechen darf und darüber gesprochen wird.

Musikalische *Phantasiereisen* (vgl. Müller 1983), die nur noch ansatzweise vorgegebene Situationen, Bilder oder Handlungen enthalten, können schließlich Ausgangspunkt für das freie, assoziative und entspannende Musikhören sein [26]. Im Vordergrund steht hier die Eigenwahrnehmung, das Sich-selbst-Erleben. Gleichzeitig wird aber auch die Wahrnehmung mehr oder weniger bewußt auf die Musik gerichtet und damit eine Vertiefung des Musikerlebens (Erleben von Musik) erreicht.

3. Darstellende Musik

Darstellende Musik, auch als Programmusik, Erzählende, Beschreibende, Malende Musik bezeichnet, bezieht sich „auf alle außermusikalischen Situationen, Zustände, Ideen und Handlungen, die mit musikalischen Mitteln dargestellt werden können" (Sievritts 1980, 1). Diese Mittel reichen von der Verwendung bestimmter Melodien, Motive, Harmonien, Tonskalen bis zu Klangfarben und Rhythmen.

Je nachdem dabei mehr die realistische Illustration außermusikalischer Phänomene oder mehr eine Charakterisierung von Stimmungen im Vordergrund steht, unterscheidet man zwischen *Tonmalerei* und *Tonsymbolik*. Erstere verweist auf Gegenständliches aus der Umwelt, auf die naturalistische Imitation akustischer Erscheinungen wie z.B. Eisenbahn-, Maschinengeräusche, Tierstimmen, Glockengeläut. Tonsymbolik läßt sich als musikalische Widerspiegelung ausgelöster Affekte umschreiben. Mit musikalischen Mitteln werden bestimmte Gefühle, Personen, Charaktere, Gedanken, Bilder symbolisiert.

Die Grenzen zu sogenannter absoluter Musik sind fließend, zumal nahezu jede Musik irgendwelche außermusikalischen Assoziationen hervorrufen kann [23]. In der Darstellenden Musik im engeren Sinne treten die subjektiven Assoziationen des Hörers jedoch zugunsten vom Komponisten unterlegter Vorstellungen zurück. Diese können durch Hinweise, Erklärungen oder auch nur durch den Titel eines Werkes gegeben sein. Dadurch soll der Hörer von vornherein auf die kompositorisch gemeinte Thematik eingestellt werden.

Die Darstellende Musik ist für die Anbahnung aktiven Hörens und als Grundlage des Werkhörens sehr geeignet. Durch ihre Anschaulichkeit kommt sie dem gegenständlich-konkreten Denken von Kindern entgegen. Jugendlichen kann der Zugang zu Musik, die über bisherige Hörgewohnheiten hinausgeht, über außermusikalische Vorstellungen erleichtert werden.

Das Ziel, eine positive affektive Bereitschaft und Einstellung zum Hören zu ermöglichen und damit die musikalische Erlebnisfähigkeit zu intensivieren, ist besonders über Themen zu erreichen, die das Zuhören und die Eigenaktivität gleichermaßen umfassen. Daß Darstellende Musik nicht nur hörend erfahren werden kann oder muß, sagt schon die Bezeichnung. Hier liegt die Verbindung von Hören und szenischem Spiel nahe [28], [29]. Auch die Umschreibung als Erzählende oder Malende Musik verweist auf Verknüpfungsmöglichkeiten mit anderen Tätigkeiten wie Musikmalen [77], grafische Notation und Verklanglichungen [82], über die die Vorstellungen eines Komponisten auf elementarer Ebene visuell oder klanglich mit- und nachvollzogen werden können. Die Übergänge vom Musikhören zu anderen musikalischen Tätigkeitsfeldern sind also fließend.

Die Darstellende Musik bietet zahlreiche Möglichkeiten, an altersgemäße Vorerfahrungen, etwa aus der Märchen- [28] oder realen Umwelt [29], [56] anzuknüpfen. Schwerpunktmäßig geht es hier darum, eine vom Komponisten thematisch vorgegebene Musik in ihrer abgeschlossenen Form und Ganzheit hörend und spielerisch zu erleben, wobei auch eigene Deutungen einbezogen werden können [56].

4. Musik in der Umwelt

Voraussetzung jeglichen Musikhörens ist die auditive Wahrnehmungsfähigkeit, die ihre Anfänge bereits in der vorgeburtlichen Phase hat. Nach der Geburt werden mit dem Wahrnehmen und Erkennen von Geräuschen und Klängen aus der Umgebung beim Kleinkind erste Weichen für den späteren Bezug zur akustischen Umwelt im allgemeinen und zur Musik im speziellen gestellt. Die während der weiteren Entwicklung gesammelten Höreindrücke prägen in zunehmendem Maße Hörfähigkeit und Einstellung zu akustischen Erscheinungen.

Betrachtet man in diesem Zusammenhang die Flut der akustischen Reize, die allein im Laufe eines Tages, ja selbst nachts, verarbeitet werden müssen, so werden die Negativfolgen unmittelbar deutlich. Problematisch ist nicht nur die uns ständig berieselnde Klangtapete, auf die bereits in einem anderen Zusammenhang hingewiesen wurde (siehe Kapitel „Musikbezogenes Hören"); auch der uns umgebende Lärm kann zum „Akustik-Streß" (Vogel 1980, 6) werden. Das „Überangebot an akustischen Reizen kann den Zerfall der auditiven Wahrnehmung in Form einer Übersättigung zur Folge haben ..." (Vogel 1980, 7). Diesem Phänomen entgegenzutreten ist ein grundlegendes (sonder-)pädagogisches und therapeutisches Ziel. Es kann über die Sensibilisierung der auditiven Perzeption unserer akustischen Umwelt erreicht werden. „Hören heißt, sehr bewußt an der Umwelt teilhaben" (ebd.).

Ausgangspunkt ist daher die uns direkt umgebende *akustische Umwelt* [30]. „Auch Verkehrsgeräusche können für das Ohr mehr sein als nur die Kulisse störenden Lärms"

(Breckoff u.a. 1971, 6). Wenn Umweltgeräusche bewußt wahrgenommen, d.h. „hörenswert“ gemacht werden, „dann ist für die Aufmerksamkeitshaltung auch ein erster ästhetischer Wert gewonnen, das Differenzieren und Beurteilen akustischer Phänomene“ (ebd.). Auf dieser Ebene ist auch ein Zugang zur Tonmalerei im Rahmen Darstellender Musik denkbar (vgl. Kapitel „Darstellende Musik“).

Unsere akustische Umwelt besteht nun nicht nur aus Natur- und technisch erzeugten Geräuschen, sondern eben auch aus Musik. Sie ist integrativer Bestandteil unseres Lebens, im Positiven wie im Negativen. Je nach Ort, Zeit und Anlaß werden wir mit den verschiedensten *Arten von Musik* konfrontiert. Dazu zählen die Popmusik in der Discothek und im Radio, das Rock-Konzert auf der Wiese, die Marschmusik einer Blaskapelle bei einem Umzug ebenso wie das Sinfonie-Orchester im Konzertsaal oder das Orgelspiel in der Kirche.

Die Begegnung mit verschiedenen Musikarten gibt einen Einblick in die verschiedenen Funktionen, Merkmale und besonders auch *außermusikalischen Begleiterscheinungen*, die uns einen Zugang zu gesellschaftstypischen Eigenheiten eröffnen [31].

Der Zusammenhang zwischen Musik und kulturellem Leben spiegelt sich in hohem Maße in der Volksmusik einzelner Regionen und Länder wider. Die Auseinandersetzung mit fremdländischer Musik kann nicht nur angesichts eines internationalen musikalischen „Einheitsbreis“ eine musikalische Erlebnisbereicherung sein, die völlig neue Klangwelten eröffnet. Je größer die Kenntnis, je intensiver das Erleben anderer Musikkulturen ist, desto mehr ist man imstande, einseitige und starre musikalische Verhaltensweisen zu durchbrechen. Sich für Neues, Fremdes öffnen ist ein wichtiges therapeutisches Ziel, das auch im Sinne eines Toleranztrainings eine wichtige soziale Funktion haben kann. Dieser Aspekt ist gerade im Hinblick auf Gruppen mit ausländischen Kindern und Jugendlichen bedeutsam.

Die uns hierzulande täglich berieselnde Musik orientiert sich zum größten Teil an einseitigen Hörgewohnheiten und verstärkt diese noch. Ein besonders prägnantes Beispiel hierfür liefert die *Musik in der Werbung*. Charakteristisch ist die Verwendung zielgruppengerichteter musikalischer Stereotypien. Hier lassen sich musikalische Funktionen und Wirkungsweisen unmittelbar einsichtig und einer kritischen Auseinandersetzung zugänglich machen. Die zahlreichen verschiedenartigen Möglichkeiten, Musik in der Werbung einzusetzen, sowie der enge Bezug von Werbemusik und realer Umwelt bilden eine geeignete Grundlage musikalischer Aktivierung. Was vertraut ist, wird leichter angenommen. Die häufig einfachen Mittel, die Kürze und Überschaubarkeit von Werbespots als grundlegende Kriterien können schließlich direkt im Hinblick auf die Förderung musikalischer Kreativität und bewußter Wahrnehmung genutzt werden. Dazu zählt etwa das Erfinden und Erstellen eigener Werbespots [32]. Wie für die anderen Bereiche des Musikhörens gilt ebenso hier das Primat aktiv-handelnden Umgangs mit Musik. Hören bedeutet nicht nur rezeptives Verhalten, sondern ist stets eingebettet in tätigkeitsbezogene Spiel- und Rahmenhandlungen, etwa in Verbindung mit Instrumental-, szenischem oder Bewegungsspiel.

Musik mit Instrumenten

Der Bereich Musik mit Instrumenten beinhaltet das spielerische Kennenlernen und experimentelle Erproben elementarer Instrumente. Der Umgang mit Instrumenten umfaßt das improvisatorische Spiel mit Klängen und Geräuschen, das Spielen von Rhythmen, das Musizieren einfacher Spielstücke sowie Verklanglichungen von Bildern, Situationen, Texten.

1. Spiel mit Instrumenten (Instrumentarium)

Musikinstrumente bestehen bereits seit frühester Menschheitsgeschichte. Die Vielzahl der bis in die Gegenwart vorkommenden Klangerzeuger ist nahezu unüberschaubar.

Ungeachtet der Unterschiede zwischen einzelnen Instrumenten sind immer auch Gemeinsamkeiten oder Ähnlichkeiten auszumachen. Diese werden deutlich, wenn man die Instrumente nach bestimmten Gesichtspunkten einteilt und unter Beachtung spezifischer Merkmale zusammenfaßt. Mögliche Formen der Gruppierung sind z. B.:

- Art der Schallerzeugung (Spielweise): Zupf-, Streich-, Schüttelinstrumente u. a.
- Material der Schallerzeugung: Holz-, Fell-, Metallinstrumente u. a.
- Länge des Ausschwingungsvorgangs: kurz-, lang klingende Instrumente
- Bestimmbarkeit der Tonhöhe: Instrumente mit und ohne Bestimmbarkeit
- physikalische Eigenschaften: selbstklingende, Blas-, elektronische u. a. Instrumente
- musikalische Funktionen: Melodie-, Rhythmus-, Effekt- u. a. Instrumente.

Einfluß auf den Klang können dabei haben:

- Mittel/Art der Bespielung: Finger, Hand, Bogen, Schlegel u. a.
- Ort der Bespielung: Kante, Boden, Rand u. a.
- Art/Größe des Resonanzkörpers/Verstärkers: Holzkasten, Metallzylinder u. a.

Derartige Schematisierungen sollten allerdings nicht (theoretisch) überstrapaziert werden, sondern lediglich Anhaltspunkt für das praktische Erproben, Experimentieren, Vergleichen, Gestalten mit Instrumenten sein. Im Vordergrund steht der eigentätige Umgang mit vorhandenen Instrumenten. Das schließt auch das Kennenlernen der Instrumentennamen und das taktile Identifizieren von Instrumenten ein [33].

Sinnvoll ist auch der Einsatz selbstgebauter Instrumente. Durch das eigene Herstellen von einfachen Klangerzeugern lassen sich die jeweils charakteristischen Klangeigenschaften und -wirkungen sowie Funktionsweisen und Spieltechniken unmittelbar und konkret verdeutlichen. Darüber hinaus kann damit gleichzeitig das vorhandene Instrumentarium ergänzt und spielerisch eingesetzt werden (siehe auch Anhang).

Die entsprechende Fachliteratur liefert ausführliche und einfache Bauanleitungen für den Instrumentenbau (vgl. Warskulat 1978; Martini 1993).

Instrumente, die nur über einen Tonträger und Abbildungen verfügbar sind, sollten im Rahmen aktiven Hörens in Verbindung mit Spielhandlungen veranschaulicht werden [20], [21]. Zu diesen Instrumenten zählen gleichermaßen Orchester-, Folklore- und elektronische Instrumente.

Das vorrangige Ziel besteht allerdings nicht in der Vermittlung möglichst umfassenden instrumentalkundlichen Wissens, sondern in der Bereitstellung von Situationen, in denen Instrumente klanglich hinsichtlich ihrer Wirkungen, Unterschiede, Gemeinsamkeiten erfahren und wahrgenommen werden können [34], [35].

Zu den ursprünglichsten Instrumenten überhaupt zählen Schlag- und Schüttelinstrumente. Die Möglichkeit, auf einfachste Weise Klänge zu erzeugen, der unmittelbare Bezug zur körperlichen Bewegung und die Nähe zum Rhythmus treffen hier zusammen. Daher sind Schlag- und Schüttelinstrumente prädestiniert für das elementare Instrumentalspiel. Geeignet sind neben den melodisch einsetzbaren Stabspielen Xylophon, Metallophon und Glockenspiel verschiedenste Rhythmus- und Effektinstrumente, besonders auch aus dem asiatischen, afrikanischen und südamerikanischen Raum (vgl. Keemss 1986).

Äußerst vielseitig verwendbar ist die Trommel, sowohl im musikpädagogischen (vgl. Friedemann 1971; 1973; 1983) als auch im musiktherapeutischen Bereich (vgl. Meyberg 1989).

Eine detaillierte Auflistung zahlreicher elementar spielbarer Instrumente befindet sich im Anhang.

2. Spiel mit Klängen und Geräuschen (Improvisation)

Das Spiel mit Klängen und Geräuschen bezieht sich auf metrisch und tonal ungebundenen, improvisatorischen Umgang mit Klang- oder Geräuscherzeugern. Es läßt einen relativ hohen spielerischen Freiraum zu, erfordert jedoch das Einhalten von Spielregeln, die im Rahmen der Spiele immer auch gleichzeitig mitgeübt oder selbst thematisiert werden. Spielregeln, die nicht nur für das reproduktive Musizieren eine unentbehrliche Grundlage sind, sondern auch für die instrumentale Gruppenimprovisation, legen den Rahmen zwischen Freiheit und Begrenzung fest. Die dafür geltenden Kriterien sind in der Einleitung im Kapitel „Empfehlungen zur Methodik" näher erläutert.

Das Spiel mit Klängen und Geräuschen ist über den musikbezogenen Wert hinaus sonderpädagogisch und therapeutisch bedeutsam, weil es

- keine besonderen spieltechnischen Fertigkeiten voraussetzt;
- den Spieltrieb schnell und stark reizt;
- Spontaneität zuläßt, so daß Hemmungen und Überlegenmüssen leichter überwindbar sind;
- überschaubare Formen anbietet, aber auch Entwicklungen offen läßt;
- Entspannung und Spaß, aber auch Konzentration fördert;
- auf Kommunikation/Interaktion ausgerichtet ist und soziales Lernen fördert;
- zu kreativer Eigentätigkeit animiert (Aktion), aber auch Anpassung an die Gruppe erfordert (Reaktion).

Zu den grundlegendsten Spielformen zählen *Signalspiele* [36]. Sie enthalten die elementarsten Verhaltensregeln für jeglichen Umgang mit Instrumenten. Im Vordergrund steht die Wahrnehmung und Differenzierung von Signalen als Zeichen für Spielanfang und -ende. Wichtig können in diesem Zusammenhang sogenannte „Schweigesignale" (z.B. Becken-, Triangel-, Gongklang) sein. Sie gewährleisten nicht nur die notwendige Disziplin bei sehr lebhaften und in ihrem sozialen Verhalten schwierigen Teilnehmern, sondern sie ermöglichen auch ein „kurzes, vorheriges Austoben auf Instrumenten, ohne daß danach alles drunter und drüber geht" (Friedemann 1971, 16). Verschiedene Signalformen sollten auch von den Teilnehmern selbst ausprobiert sowie auf ihre Wirkung und Eignung hin überprüft werden.

Dirigentenspiele [37] beinhalten das Führen und Folgen anhand von Gesten oder bestimmten Zeichen. Sie beziehen sich unmittelbar auf die Spieldurchführung. Wichtige

Voraussetzung, um eine Gruppe zu führen, sind Sparsamkeit, Eindeutigkeit, Einfachheit und Vorbereitung der einzelnen Dirigierbewegungen. Der Gruppenleiter sollte unter Berücksichtigung dieser Kriterien zunächst beispielhafte Modelle geben, da Kinder und Jugendliche anfänglich dazu neigen, sich und die anderen mit zu komplizierten, nicht mehr nachvollziehbaren Dirigierformen zu überfordern. Die Dirigentenfunktion sollte besonders auch den Zurückhaltenden, Gehemmten und sozialen Außenseitern einer Gruppe übertragen werden. Das Gefühl, eine Gruppe führen zu können, erhöht in hohem Maße das Selbstwertgefühl. Geübt wird mit dem Dirigieren gleichzeitig die bewußte Beherrschung einzelner Körperteile.

Das in den *Imitationsspielen* [38] vorherrschende Prinzip des Vor- und Nachmachens zählt zu den elementaren Lehr- und Lernprinzipien, die auch in anderen (musikalischen) Bereichen zum Tragen kommen [47]. Es fördert nicht nur die Wahrnehmung und Anpassung über das Nachmachen, sondern ist durch das eigene Vormachen auch Basis für Kreativität und für die Fähigkeit, sich selbst und die anderen angemessen einzuschätzen. Es entsteht nämlich wie bei den Dirigentenspielen leicht die Tendenz, sich beim Vormachen etwas so Schwieriges auszudenken, was mitunter sogar nicht einmal man selbst, geschweige denn die Gruppe, reproduzieren kann. Daher ist es sinnvoll, eine zu imitierende Idee, z. B. das Vor- und Nachspielen eines musikalischen Motivs, zweimal hintereinander in der gleichen Form vorstellen und dann von den anderen wiederholen zu lassen. Das Vormachen sollte in der Regel zunächst vom Gruppenleiter ausgehen. Er stellt das „Material", die Grundidee bereit, die dann erweitert und variiert werden kann. Dadurch erhalten die Teilnehmer Sicherheit und Orientierungshilfen im Hinblick auf Eigengestaltungen.

Beim *Rundspiel* [39] wird die Reihenfolge der Spieleinsätze durch die kreisförmige Sitzordnung und die Richtung – im oder gegen Uhrzeigersinn – festgelegt. Angesprochen wird hier die Fähigkeit, eine bestimmte Reihenfolge einzuhalten und warten zu können, bis man selbst an der Reihe ist. Der jeweilige Spieleinsatz wird nicht verbal über Zeichen oder Gesten vorgegeben, sondern muß eigenständig aus dem musikalischen Verlauf heraus wahrgenommen werden. Es kommt immer wieder vor, daß einzelne Teilnehmer während ihres solistischen Einsatzes die Zeit vergessen, weiter spielen und die anderen somit warten und unruhig werden lassen. Daher sollte man zunächst, wie bei den Imitationsspielen, einfache strukturierte Motive vorgeben, aus denen Anfang und Ende deutlich hervorgehen. Diese Motive werden dann der Reihe nach von jedem einzeln nachgespielt und im weiteren auch variiert. Darauf aufbauend lassen sich schließlich Improvisationsspiele durchführen, bei denen z. B. jeder sich mit eigenen Klangfolgen auf seinem Instrument vorstellt. Im übrigen bieten Rundspiele auch wertvolle diagnostische Einblicke in die musikalischen Fertigkeiten und Verhaltensweisen der einzelnen Teilnehmer.

Beim *Tutti-Solo-* oder *Tutti-Duo-Spiel* wechseln sich ein oder zwei Spieler ständig mit dem gemeinsamen Spiel aller Teilnehmer (= Tutti) ab [40]. Während beim Rundspiel, vor allem in größeren Gruppen, jeder auf seinen solistischen Einsatz längere Zeit warten muß, wird bei dieser Spielform zwischendurch immer wieder die ganze Gruppe aktiviert. Die Tutti-Solo-Spielform findet auch in der (klassischen) Musik, z. B. als Rondo, Anwendung und läßt sich von daher auch für das strukturelle Musikhören nutzen [21]. Das Tutti-Duo-Spiel ist besonders für instrumentale Dialoge geeignet und daher von hoher sozial-kommunikativer Bedeutung.

Bei *gruppendynamischen* [41] und *Reaktionsspielen* [42] liegt der Schwerpunkt noch stärker im Bereich von Kommunikation und Interaktion. Klangerleben und -wirkung, auch im meditativ-entspannenden Sinne, stehen bei den *Klangspielen* [43] im Vordergrund.

Die zu diesem Praxisfeld dargestellten Spielformen können mit beliebigen Klang- und Geräuscherzeugern durchgeführt werden. Sinnvoll ist aber auch der Einsatz gleichartiger Instrumente, die eine stärkere Konzentration auf das Spiel erlauben und einer Materialüberflutung entgegentreten. Die Instrumente sollten im Hinblick auf ihren improvisatorischen Umgang variantenreiches Spiel ermöglichen und dem Bewegungsdrang der Teilnehmer entgegenkommen. Sehr geeignet sind Trommeln (vgl. Friedemann 1973; Meyberg 1989). Diese sollten sich bequem zwischen die Beine klemmen und somit beidhändig spielen lassen können. Damit wird gleichzeitig die Bewegungskoordination geschult.

Beim Einsatz unterschiedlicher Instrumente sollte man konsequent dafür sorgen, daß diese auch immer wieder ausgetauscht werden.

Instrumente, die einmal ausgeteilt sind, werden meist auch ohne Aufforderung sofort benutzt. Um nicht gleich das lustbetonte Ausprobieren abzuwürgen, ist es ratsam, bereits vor dem Austeilen der Instrumente die Spielregel anzusagen. Man kann aber ebenso das spontane Spiel der Teilnehmer mit spielerisch-musikalischen Mitteln aufgreifen und auf dieser Ebene das „Krachmachen“ in strukturiertere Bahnen lenken [36] (Gestisches Signal).

3. Spiel mit Rhythmen

Rhythmen begegnen wir in allen Lebensbereichen: Tag – Nacht, Leben – Tod, Ebbe – Flut, Lauf der Gestirne. Auch der Mensch ist durchdrungen von Rhythmen. Dazu zählen Herzschlag/Puls, Atem-, Bewegungs-, Sprachrhythmus.

Der enge Zusammenhang von Körper, Sprache und Rhythmus wird besonders deutlich in der Musik verschiedenster Naturvölker. In weiten Teilen Asiens, Afrikas und Südamerikas lassen sich auch heutzutage noch derartige Beobachtungen machen. Charakteristisch ist dabei die Eingebundenheit von musikalischem Rhythmus in Sprache und Singen sowie Bewegung und Tanz. Rhythmische Motive beruhen vielfach auf Sprachformeln. Entsprechendes gilt für die rhythmische Bewegung und den Tanz.

Dieses ganzheitliche Verständnis von musikalischem Rhythmus hat unmittelbare Konsequenzen für das Erlernen instrumental gespielter Rhythmen. Sie werden gleichermaßen über Sprache und Körper in Form ständiger (ritueller) Wiederholung verinnerlicht. Der Rhythmus wird ein Teil des „Selbst“, ein Teil von Seele, Geist und Körper, aus dem er gewissermaßen wieder herausfließt und auf dem Instrument zum Ausdruck gebracht wird [25].

In unserer Musikkultur herrscht oft eine Trennung von instrumentalem Rhythmusspiel, Bewegung und Sprache vor. Das Erfassen von Rhythmen über das Zählen ist ein prägnantes Beispiel für einen eher kognitiv-intellektuellen Vorgang. Der Rhythmus mag so vielleicht technisch perfekt erlernt, aber nicht notwendigerweise auch gelebt und erlebt werden, so daß Körper und Seele mitschwingen.

Flatischler (1984, 65) berichtet in diesem Zusammenhang über seine Erfahrungen mit einem indischen Tablameister: „Die einzige Orientierung, die mir manchmal blieb, war das Zählen der Grundschläge ... Doch kaum entdeckte Mohamed Ahmed Khan mein Zählen, lachte er und spottete: ‚Why you don't use a computer?‘“ Daß sich hierzulande viele Menschen als rhythmisch-musikalisch unsicher und gehemmt erleben, hängt sicherlich auch mit dem Störfaktor „Intellekt" zusammen, der vorhandene natürliche Grundfähigkeiten in diesem Bereich abblockt.

Eine wichtige Voraussetzung für ein sicheres rhythmisches Fundament ist die ständige Wiederholung, wie sie beim längeren *Ostinato-Spiel* praktiziert wird. Dazu gehört die Bereitschaft und die Fähigkeit, das Verlangen nach ständig Neuem und das Gefühl von Langeweile zu überwinden, das sich häufig zu Anfang einstellt. Der Lernende sollte nicht daran gemessen werden, wie schnell es ihm gelingt, einen oder möglichst viele, gar komplizierte Rhythmen zu spielen; wichtiger ist die Fähigkeit, einen noch so einfachen Rhythmus längere Zeit durchzuhalten, bei ihm zu bleiben, d.h. sich völlig, auch körperlich auf ihn einzulassen. Auf dieser Ebene ist das ganzheitliche Erleben von Rhythmus ein bedeutsames pädagogisches und therapeutisches Ziel.

Loos (1986, 174) stellt zu Recht heraus, daß der Rhythmus mit seiner ordnenden Kraft in sich bereits ein Therapeutikum darstellt. Je einfacher der Rhythmus ist, desto mehr kann er als Gerüst fungieren, das Sicherheit vermittelt und auch Sinnbild und Grundlage gemeinsamer Gruppenaktivität sein kann. Eigenrhythmus, Eigentempo, Rhythmus- und Temposchwankungen, Gruppenrhythmus und Gruppentempo spielen hier im musikalischen und psychologischen Sinne eine zentrale Rolle.

Für das gemeinsame Rhythmusspiel ist ein einheitliches zeitliches Grundmaß (Grundschlag, Beat) die Basis, vergleichbar unserem Pulsschlag. Diesen „Puls" oder „Beat" gilt es zunächst unter Einbeziehung von Sprache, Bewegung und Atmung herzustellen und auch an sich selbst zu erfahren [25]. Das Gehen nach eingängiger, rhythmusbetonter Musik (vom Tonträger) kann eine hilfreiche Stütze für das Aufnehmen des „Beats" sein [44]. „Das Gehen ... ist eine Rhythmusübung unseres täglichen Lebens. Alle Grundformen von Rhythmus lassen sich in seinem Fluß darstellen" (Flatischler 1984, 97). Die Nähe zum Tanz wird hier besonders deutlich.

Ein wesentliches rhythmisches Element ist der Gegenschlag (Off-Beat), der in der „zeitlichen Mitte" zwischen den Grundschlägen und -schritten liegt [45].

Jeder Grundschlag kann eine bestimmte Anzahl von Unterteilungsschlägen enthalten, jedem Grundschritt können entsprechende Unterteilungsschläge zugeordnet werden. Durch das Spielen oder Weglassen von Grund-, Gegen- oder Unterteilungsschlägen lassen sich rhythmische Motive aufbauen [45].

Der Grundschlag soll in jedem Fall körperlich gespürt werden.

Um beim rhythmischen Instrumentalspiel Bewegung und Rhythmus in Fluß zu halten, soll die Spielhand auch in rhythmische Pausen hineingeschlagen werden, jedoch an eine kaum oder nicht hörbare Stelle, z.B. auf den Unterarm beim Spiel mit Kuhglocken.

Bevor Rhythmen auf (Körper-)Instrumente übertragen werden, sollten sie sprachlich mit Hilfe von Silben, Wörtern und Sätzen erfaßt werden [45], [46].

Das simultane Spiel verschiedener rhythmischer Motive setzt voraus, daß diese selbständig und sicher beherrscht werden.

Zur Belebung und Motivierung rhythmischen Spiels bieten sich verschiedenste Rahmenhandlungen [45], [46] und Spielformen an [47] (siehe auch Kapitel „Spiele mit Klängen und Geräuschen").

Der Umgang mit Rhythmen läßt sich auch mit anderen musikalischen Tätigkeiten verbinden. Dazu zählen der Umgang mit der Stimme [4], [5], das Singen [13], [14], die Liedbegleitung [9], [10], das Hören [23], die Bewegungsgestaltung [58] und das Tanzen (siehe Kapitel „Tanz" und entsprechende Praxisbeispiele).

4. Spiel mit Tönen (elementares Musizieren)

Das Spiel mit Tönen bezieht sich auf den elementaren Umgang mit Melodieinstrumenten, jedoch auch unter Einbeziehung rhythmischer Begleitung. Im Vordergrund steht das *Musizieren* einfacher, leicht und ohne Notenkenntnisse erlernbarer Musikstücke auf der Grundlage eines vorgegebenen Tonsystems. Hierzu zählt ebenso die Melodiebegleitung von Liedern und Spielstücken auf tonaler und rhythmischer Ebene. Ein weiterer Bereich betrifft die tonale Improvisation, die sich hier auf einen begrenzten Tonvorrat innerhalb eines überschaubaren harmonisch gebundenen Gefüges beschränkt.

Voraussetzung zum instrumentalen Ensemblespiel ist das Einhalten metrisch-rhythmischer und harmonischer Gesetzmäßigkeiten. Diese bedingen nicht nur spezifische rhythmisch-musikalische Grundfertigkeiten, sondern auch die Fähigkeit, Töne einer bestimmten Abfolge aufzufinden und zu spielen. Dazu bedarf es geeigneter Methoden und Vereinfachungen, so daß auch Behinderte und musikalisch weniger Geübte zu Erfolgserlebnissen gelangen können.

Das notwendige rhythmische Fundament läßt sich bereits vorher im Rahmen rhythmischer Instrumentalspiele legen (vgl. Kapitel „Spiel mit Rhythmen"). Das Spiel mit verschiedenen Tönen muß dann auf einfachster Stufe ansetzen. Dazu eignen sich Übungen mit einem oder wenigen Tönen, die anfangs noch von einem gemeinsamen Metrum gelöst sein können [48]. Geeignet sind hierzu Stabspiele wie Xylophon oder Metallophon, deren Klangplatten sich herausnehmen lassen, und Klingende Stäbe, die jeweils nur einen Ton haben, sich aber beliebig zusammenstellen lassen.

Das metrisch gebundene Melodiespiel kann über das Vor- und Nachspielen kleiner Motive mit ausgewählten Tönen eingeführt werden [48]. Hierbei wird gleichzeitig die auditive Wahrnehmungsfähigkeit geschult.

Weitere methodische Hilfen beim Erlernen von Spielstücken sind über Markierungen entsprechender Töne, z. B. auf Tasteninstrumenten möglich. Auf das Herausnehmen von Klangplatten bei Stabspielen wurde bereits hingewiesen. Es sollte jedoch nur in Ausnahmefällen als vorübergehende Hilfestellung verstanden werden. Eine visuelle Gedächtnisstütze bietet schließlich die Notierung der Tonfolgen in Buchstabenform (an der Tafel).

Die Spielstücke selbst verlangen einen einfachen melodischen und rhythmischen Aufbau. Dazu zählen Tonfolgen mit gleichen Notenwerten, die sich lediglich aus Auf- und Abwärtsbewegungen zusammensetzen, also keine wesentlichen Tonsprünge aufweisen [49], [51], [11]. Weiterführend lassen sich dann rhythmische Variationen und Differenzierungen vornehmen [49].

Da in jeder Gruppe von unterschiedlichen musikalischen Voraussetzungen auszugehen ist, bedarf es stets auch verschiedenster Differenzierungsmaßnahmen. So wird man einen geübten Spieler mitunter eine kompliziertere Melodie allein spielen und vielleicht sogar improvisatorisch ausgestalten lassen können, während die Mitspieler eine einfache Begleitung dazu ausführen [52]. In diesem Zusammenhang sollten insbesondere die Kinder und Jugendlichen Möglichkeiten zur Aktivierung erhalten, die bereits instrumentale Vorkenntnisse mitbringen.

Einzelne Teilnehmer, die wie viele schwerer Behinderte beim metrisch-harmonischen Instrumentalspiel überfordert sind, sollten in jedem Fall miteinbezogen werden. Dies kann geschehen durch das Übernehmen (freier) instrumentaler Vor-, Zwischen- und Nachspiele, selbst wenn es sich nur um das Setzen von Anfang und Ende mit einem einfachen Klangsignal handelt. Denkbar ist auch das Spielen musikalischer Akzente an bestimmten oder frei gewählten Stellen. Der möglichst sparsame Einsatz von Effektinstrumenten bietet sich hier an [51].

Eine wesentliche Möglichkeit, differenziertere Musikstücke auch Behinderten zugänglich zu machen, besteht im arbeitsteiligen Verfahren [12]. Jeder übernimmt jeweils nur einen Melodieabschnitt. Bei dieser Methode wird vor allem Aufmerksamkeit und Konzentration gefordert, zum richtigen Zeitpunkt einzusetzen. Dem Dirigieren des Gruppenleiters kommt hierbei eine wichtige stützende Funktion zu. Arbeitsteilig gespielte Musikstücke machen den Teilnehmern auf sehr anschauliche Weise deutlich, wie aus Einzelelementen eine ganzheitliche Gestalt, ein Ergebnis entstehen kann. Jeder trägt mit seinem Element seinen Teil bei. Einer ist auf den anderen angewiesen. Diese Erfahrung ist auch unter sozialem Aspekt sehr bedeutsam.

Das metrisch-harmonisch gebundene *Improvisieren* bietet sich vor allem im Rahmen begrenzter Tonskalen an, wobei kein Harmoniewechsel notwendig ist, also frei gespielt werden kann, ohne daß es „falsch“ klingt. Die von einem Teilnehmer improvisierten Tonfolgen lassen sich mit einem *melodischen* und rhythmischen *Ostinato* begleiten, z. B.:
- halbtonlose Pentatonik: *C*–D–E–*G*–A oder *E*–G–A–*H*–D [8], [48]
- Tonskalen mit Halbtonschritten:
  E–Fis–G–B–*H* („arabisch“) [10], [48]; Variante: *E*–F–Gis–A–*H*
  E–F–G–*H*–C („balinesisch“) [48]
- Blues-Skala mit Harmoniewechsel nach Blues-Schema:
  D–F–G–As–[A]–C (D-Dur) / A–C–D–Es–[E]–G (A-Dur) / C–Es–F–Ges–[G]–B (C-Dur) [12]

Ein wesentlicher Schwerpunkt elementaren Musizierens und Improvisierens liegt beim *Arrangement*. Durch die verschiedenen Gestaltungsmöglichkeiten können selbst kurze, einfache Spielstücke ausgebaut werden [50]. Hierbei sollte immer auch auf Ideen und Vorschläge der Teilnehmer zurückgegriffen werden. Das Zusammen- und Wechselspiel unterschiedlicher Melodie- und Rhythmusinstrumente bietet weitere unzählige Varianten [53].

Zur Erweiterung des Klangspektrums und als wichtige harmonisch-rhythmische Stütze eignen sich Begleitinstrumente wie Gitarre, Auto-Harp (siehe Anhang), Klavier oder elektronische Tasteninstrumente (Keyboards). Bei Musikstücken mit nur einer oder zwei Harmonien können eventuell auch einzelne Teilnehmer die Begleitfunktion auf derartigen Instrumenten übernehmen [52], [7].

Die elementare Musizierpraxis bietet sich als Betätigungsfeld nicht nur an, weil sie musikalischen Gewohnheiten und Erwartungen entgegenkommt und damit eine wichtige Motivationsbasis ist; Musizieren vermittelt darüber hinaus in hohem Maße ein Gemeinschafts- und Klangerlebnis, ähnlich wie beim Singen. Dieses läßt sich erweitern über das Mitspielen zu Musik vom Tonträger [22].

Die musikalische Perfektion ist aus unserer Sicht nebensächlich. Jedoch sollten Voraussetzungen gegeben sein oder geschaffen werden, die ein für die Teilnehmer befriedigendes Klangprodukt ermöglichen, als Grundlage des Erlebens von und mit Musik.

Hinsichtlich der Auswahl von Spielstücken eignet sich die Pop-Musik genauso wie die Folklore [52], [53] oder klassische Musik [22], sofern auch der Mut zu Vereinfachungen, Veränderungen und vielleicht auch kleinen Eigenkompositionen besteht [50].

5. Verklanglichung

Verklanglichungen beinhalten instrumentale, aber auch vokale Nachahmungen und Darstellungen inhaltsbezogener Vorstellungen, denen z. B. Bilder, Texte, Verse, Begriffe, Situationen oder Handlungen zugrunde liegen.

Wesentliches Ziel ist es, visuelle, sprachliche, (szenisch-)bewegungsorientierte und musikalische Aussagen mit einfachen musikalischen Mitteln klanglich umzusetzen, zu veranschaulichen, zu akzentuieren und nachzuempfinden.

Zu unterscheiden sind Verklanglichungen im Sinne

- akustischer Nachahmung von real Hörbarem, z. B. Regen, Donner, Eisenbahn, Tierstimmen
- akustischer Darstellung von real nur Sichtbarem, wie Sterne, Sonne, Haus, Glas, Nebel, Blumen, Farben
- akustischer Darstellung von Abstrakt-Begrifflichem, vor allem bezüglich von Gefühlen, Stimmungen, Empfindungen, z. B. Kälte, Wärme, Freude, Trauer, Wut, Einsamkeit, Geselligkeit, Morgenstimmung.

Ein weiteres Unterscheidungsmerkmal betrifft

- musikalische Illustrationen als Untermalung von Text-, Bildvorlagen, Handlungsabläufen u. a.
- musikalische Gestaltungen, die bereits einen zusammenhängenden, in sich geschlossenen Aufbau, eine Form, eine Entwicklung aufweisen und auch mit rein musikalischen Mitteln ein sinnvolles Ganzes ergeben.

Aus diesen Gesichtspunkten der Einteilung ergeben sich verschiedene Spielansätze.

Das Imitieren, Erraten und Erfinden von Klangbildern, die in der Realität hörbar oder nur sichtbar sind oder mehr den abstrakten Bereich betreffen, zielt auf die Förderung von Phantasie, Vorstellungskraft und Wahrnehmungsfähigkeit ab [54].

Bei der *instrumentalen Illustration* von Texten [56] (Textverklanglichung) sind die Klangaktionen an einem Sprecher orientiert. Sie treten an vereinbarten Stellen in Sprechpausen oder während des Sprechens selbst als Untermalung auf (vgl. Schwarting 1976). Hier geht es um das Umsetzen sprachbezogener Aussagen in Klänge und Geräusche. Angesprochen ist vor allem die Förderung von Textverständnis, Texterlebnis und Vorstellungsvermögen.

In diesem Rahmen lassen sich auch Liedtexte sprachlich und inhaltlich einführen und verdeutlichen [10].

Die Verklanglichung im Sinne *darstellender Improvisation* bezieht sich auf die instrumentale oder vokale textungebundene Klangdarstellung von Situationen oder Szenen [55]. Hier ergeben sich Anknüpfungspunkte zu Bewegungs- und szenischen Spielen (vgl. Kapitel „Bewegungsspiel"; „Musikalisch-szenisches Spiel").

Bei der musikalischen Gestaltung Darstellender Musik (*Parakomposition*) werden mit vereinfachten Mitteln charakteristische inhaltsbezogene Merkmale und Verläufe klanglich nachvollzogen [56], [28], [29]. Diese Art der Verklanglichung weist einen direkten Bezug zum Musikhören auf und kann auch in Zusammenhang mit der grafischen Notation [82] eingesetzt werden (vgl. Neuhäuser 1975).

Verklanglichungen bieten nicht nur aufgrund ihrer zahlreichen Verbindungsmöglichkeiten mit anderen musikalischen Betätigungen ein weites Aktivierungsfeld; da sie nicht von vornherein spezifische musikalische Fertigkeiten voraussetzen, lassen sie sich auch sofort, ohne langes Üben einsetzen. Der inhaltsbezogene Charakter von Verklanglichungen kommt dabei den konkreten Denk- und Erlebensweisen von Kindern, besonders von Lern- und Geistigbehinderten entgegen.

Eine vor allem therapeutisch zentrale Rolle spielt die klangliche Darstellung von Gefühlen, Empfindungen und Stimmungen [57].

Musik und Bewegung

Die Bedeutung des Bewegungsbereichs liegt in seinem Bezug zur Körperwahrnehmung und zum Körperausdruck in Verbindung mit dem körperlichen Erleben von Musik.

In Bewegungsspielen, die an die Rhythmik angelehnt sind, steht das Zusammenspiel von Zeit, Raum, Kraft und Form im Vordergrund.

Darstellende Bewegungsspiele beinhalten szenische Gestaltungen, die musikalisch über Instrumentalspiel oder Musik vom Tonträger unterstützt werden (musikalisch-szenisches Spiel).

Der Tanz umfaßt gebundene und freie Bewegungs- und Schrittarten in verschiedenen Raumformen.

1. Bewegungsspiel (Rhythmik)

Musik und Bewegung miteinander zu verknüpfen scheint ein Urbedürfnis des Menschen zu sein, das in besonders ausgeprägter Form bei Naturvölkern, aber auch in unserem Kulturkreis zu beobachten ist und sich wohl am deutlichsten beim Kleinkind äußert.

Die Möglichkeiten, über Musik und Bewegung auch (sonder-)pädagogisch und therapeutisch wirksam werden zu können, sind sehr vielfältig. Dabei hat vor allem die *Rhythmik* grundlegende Anstöße gegeben. Im Vordergrund stehen Wahrnehmung und Bewegung unter dem Aspekt von Zeit, Raum, Kraft und Form (Krimm – von Fischer 1974):

Das Element *Zeit* bezieht sich auf die bewußte Wahrnehmung zeitlicher Abläufe. Erst wenn die Zeitmaße im richtigen Verhältnis zum menschlichen Organismus stehen, sind körperliche Lockerheit, Beweglichkeit, Koordination, Präzision, Gleichgewicht und Geschicklichkeit möglich. Das Wiederfinden von Eigenrhythmus und Eigentempo ist dabei Voraussetzung für die zeitliche Anpassung. Hier zeigt sich auch der enge Bezug zur Musik, die eine wichtige Orientierungshilfe und Stütze für das körperliche und psychische Zeiterleben sein kann.

Der Aspekt *Raum* beinhaltet die Wahrnehmung, Orientierung und Bewegung in der unmittelbaren Umgebung mit ihren spezifischen Gegebenheiten. Jede Bewegung steht in Beziehung zum Raum, dessen Grenzen, Beschränkungen und Menschen. Durch die Förderung der Raumbeziehung entwickelt sich innere Sicherheit. Durch Sicherheit im Raum werden wiederum Bewegungen ausgeglichener und dynamischer. Dieser Sachverhalt läßt sich besonders für den Tanz nutzen, wie auch umgekehrt der Tanz grundlegende Raumerfahrungen vermittelt. Ebenso beim darstellenden Spiel ist der Raum von Bedeutung. Angesprochen wird dabei die Fähigkeit, sich im Raum frei zu bewegen, einen Raum für sich in Anspruch zu nehmen, einen Raum zu teilen.

Während Zeit und Raum uns stets – auch ohne unser Bewußtsein – umgeben, ist die *Kraft* ein Element, das aus uns herauskommt. Der Krafteinsatz muß von uns selbst geleistet werden, körperlich wie geistig-seelisch.

Die Dynamik, als Ausdruck von Kraft, läßt sich vor allem durch lustbetonte Spiele steigern. Dadurch können sich Bewegung und gestaltende Kräfte nicht nur freier entwickeln, sondern auch Erfolgserlebnisse und damit Selbstbestätigung einstellen. Hier wird wieder die Beziehung zum darstellenden Spiel und Tanz deutlich.

Die *Form* als ordnendes Element ist „überall in der Bewegung und dem Spiel, wo der rhythmische Ausgleich vorhanden ist ... Form ergibt sich, wo die Kraft im richtigen Verhältnis zu Zeit und Raum steht. Diese Form führt ... zu Sicherheit und Ruhe. Formlosigkeit ... schafft Unruhe und Unaufmerksamkeit“ (Krimm – von Fischer 1974, 16).

Das Erleben von Zeit, Raum, Kraft und Form kann in verschiedenen *Übungsformen* entwickelt und intensiviert werden (vgl. Krimm – von Fischer 1974):

Ordnungsübungen betreffen die Ordnung in sich selbst (Sammlung, Konzentration), die Ordnung in der Zeit (Ordnung von Bewegungsabläufen), die Ordnung im Raum (Anpassung an räumliche Gegebenheiten, an die Gruppe), Ordnung in den Dingen (ordnender Umgang mit Geräten) und die Ordnung in der Sprache (Sprachrhythmus).

Sensomotorische Übungen sind ausgerichtet auf die Konzentration im auditiven Bereich (akustische Eindrücke aufnehmen, verarbeiten, merken, in Bewegung umsetzen), im visuellen Bereich (visuelle Zeichen verstehen, in Bewegung umsetzen), im kinästhetischen Bereich (Bewegungsimpulse dosieren, gezielt einsetzen, Bewegungen gleichzeitig ausführen) und im taktilen Bereich (Körper, Gegenstände taktil wahrnehmen, erfassen).

Begriffsbildungsübungen beziehen sich auf den auditiven Bereich (laut, leise, hell, dunkel), den visuellen Bereich (Farben, Formen, Körperteile), den taktilen Bereich (rund, glatt, warm) und den kinästhetischen Bereich (heben, senken).

Soziale Übungen umfassen den kommunikativen Bereich. Dabei geht es um das miteinander- oder nebeneinander-Tun, um Führen und Folgen, um Vor- und Nachmachen, um Respektieren von Regeln u.a.

Phantasieübungen sprechen alle kreativen Tätigkeiten an (mit Geräten, Körper gestalten, erfinden, formen).

Über die Einbindung dieser miteinander zu verknüpfenden Übungsformen in spielerische, themenbezogene Rahmenhandlungen lassen sich Bewegungshemmungen leichter überwinden und Bewegungsmotivation herstellen (vgl. auch Müller u.a. 1981).

Auf dieser Grundlage kann eine gezielte Förderung von Bewegungs- und Körperausdruck geleistet werden [58]. Die Konzentration auf die spielerische Handlung wirkt dabei als schützender Katalysator.

Diese Funktion hat auch das *Rhythmik-Material*, das aufgrund seiner Einfachheit zudem zur (Bewegungs-)Gestaltung und Phantasiebildung geradezu herausfordert. Gebräuchliche Rhythmikmaterialien sind z. B. Seile [59] (vgl. Geißler 1990), mit verschiedenem Material gefüllte Stoffsäckchen [60], [15]–[19], Reifen [61], Holzstäbe/Klanghölzer [62], Luftballons [63], Bälle/Kugeln [15]–[19], japanische Papierbälle [24]. Weitere Materialhinweise befinden sich im Anhang.

2. Musikalisch-szenisches Spiel

Musikalisch-szenisches Spiel bezieht sich auf das Darstellen von Situationen und Handlungen unter Einbeziehung musikalischer Mittel. Je nach Schwerpunkt und Zielsetzung ist es mehr Rollenspiel oder liegt mehr im Bereich des Körperausdrucks.

Beim *Rollenspiel* steht die erlebnismäßige Identifizierung im Vordergrund. Durch die

Übernahme bestimmter Rollen werden Möglichkeiten der Identifikation gegeben, die ein wichtiger Entwicklungsschritt auf dem Weg zur eigenen Identität sind. Das handelnde Spiel bewirkt dabei eine Sensibilisierung im sozial-kommunikativen und emotionalen Bereich (vgl. Seidel/Meyer 1982). Von daher eignet es sich auch für die therapeutische Bearbeitung individueller und zwischenmenschlicher Konflikte und Probleme (vgl. Schumacher/Schäfer 1984).

Das szenische Spiel betrifft ebenso den Bereich von *Körper- und Bewegungsausdruck* (vgl. Keysell 1975). Darstellende Bewegungsgestaltung wird gleichermaßen körperbezogene Ausdrucksgestaltung. Angesichts der gerade bei vielen Behinderten mehr oder weniger stark vorhandenen Defizite im Äußerungsvermögen, die oft Grund für gestörte Gefühlszustände sind, erweist sich das szenische Spiel als unentbehrliches sonderpädagogisches und therapeutisches Mittel. Eben weil das Darstellen in so erheblichem Maße seelisch lösen und befreien kann, sollte es entsprechend genutzt und eingesetzt werden.

Der unmittelbare Zusammenhang zwischen szenischem Spiel und Musik wird besonders deutlich bei Spielliedern [8], darstellenden Tänzen [70], [71], im Rahmen Darstellender Musik [28], [29] und Verklanglichung [56]. Szenisches Spiel bietet daher nicht nur eine ideale Zugangsmöglichkeit zu den verschiedensten musikalischen Aktivitäten, sondern umgekehrt vermag auch die Musik das Spiel zu stimulieren. Musik fördert Spielintensität, Spielgestaltung, Bewegungsausdruck und -freude. Musik kann ebenso wie Requisiten ein wichtiges Medium zur Überwindung von Hemmschwellen sein.

Materialien wie Masken, Hüte, Tücher sowie diverse Kleidungsstücke und Gebrauchsgegenstände aus dem Alltag sollten als Requisiten allerdings nur andeutenden Charakter haben, da sie bei übertriebenem Einsatz zu sehr die Aufmerksamkeit auf sich ziehen und damit vom Spielgeschehen wegführen können.

Als Einstieg in das szenische Spiel bieten sich zunächst Übungen des handlungsbezogenen dynamischen [64], [67] und statischen [66] Körperausdrucks an. Diese Übungen dienen der Bewußtmachung und Schulung von Mimik, Gestik, Haltung und Bewegung im Rahmen nicht-verbaler Kommunikation. Der Gruppenleiter gewinnt hier gleichzeitig diagnostische Einblicke, die für die weiterführende Arbeit, z.B. bei der Rollenverteilung, von großem Nutzen sein können.

Themenzentrierte *Situationsspiele* [65] geben erste Gelegenheit, kleine Szenen aus dem Stegreif zu spielen. Die kurzen Vorbereitungen können sowohl gemeinsam als auch in Kleingruppen getroffen werden. Je ungeübter, jünger oder behinderter die Teilnehmer sind, desto mehr bedarf es strukturierender Hilfen hinsichtlich des Handlungsablaufs und Medieneinsatzes.

Die Durchführung szenischer *Spielstücke* [68] bieten sich für längerfristige Projekte an (vgl. Keller 1975). Eine wichtige Rolle spielt hierbei die Auswahl der Spielvorlagen sowohl im Hinblick auf die szenische Umsetzung als auch bezüglich der akustisch-musikalischen Gestaltung oder Untermalung. In der Regel müssen auf die Gruppe zugeschnittene Änderungen, Kürzungen oder Vereinfachungen der Spielvorlagen vorgenommen werden. Dabei sollen in jedem Fall auch Gestaltungsideen der Teilnehmer berücksichtigt werden. Dies gilt vor allem für problemorientierte und gruppenspezifische Themen im therapeutischen Rahmen.

Bei größeren Vorhaben, die sich auch für Aufführungen eignen, sollten zunächst nur einzelne Abschnitte gespielt werden. Für viele Kinder und Behinderte ist es unerläßlich, sich auf eine kleine überschaubare Einheit konzentrieren zu können.

Rollen werden anfangs gemeinsam ausprobiert, so daß danach jeder für sich und auch der Spielleiter beurteilen kann, wer für eine bestimmte Rolle in Frage kommt. Entscheidend ist dabei nicht der künstlerisch-darstellerische Aspekt, sondern die Bereitschaft, sich auf eine Rolle auch emotional einzulassen.

Besonders im sonderpädagogischen Bereich (vgl. Aissen-Crewett 1988) kann es sinnvoll sein, daß der Spielleiter die Sprecherfunktion übernimmt. In seine Erzählung sind die Spielanweisungen eingebettet. Dies hat den Vorteil, auf unvorhergesehene Situationen reagieren zu können, ohne daß der Spielfluß unterbrochen wird oder verloren geht. Langes Einüben von Rollentexten erübrigt sich.
Die Sprache der Spieler läßt sich so auf einzelne Wörter oder Sätze beschränken, die als direkte Rede in die Erzählung eingeschoben werden. Vor allem bei Teilnehmern, deren Sprach- und Merkfähigkeit eingeschränkt ist, bietet es sich an, abschnittweise vor- und dann nachsprechen zu lassen. Dies stört keineswegs das Spielgeschehen.

Indem die inhaltsbezogene Sprache für den Spieler in den Hintergrund tritt, kann er sich mehr auf die non-verbalen, körperbezogenen Ausdrucksweisen konzentrieren.

Eine wichtige Funktion hat die Musik. Sie kann die Spielatmosphäre verstärken und das Spielerlebnis intensivieren. Geeignet ist Musik vom Tonträger jeglicher Gattung. Allerdings erfordert es nicht nur Sorgfalt, Zeit und Mühe, passende Musikbeispiele zu finden; es muß auch die Dauer zusammengeschnittener Musik hinsichtlich der entsprechenden Szenenabschnitte vorher ermessen werden. In jedem Fall gibt die Musik strukturierende Hilfen für das Spiel, wenn dabei auch weniger Freiraum für spontane Improvisationen, zumindest im zeitlichen Sinne, vorhanden ist. Dies heißt, daß eine Szene so lange gespielt werden muß, wie die dazugehörige Musik erklingt.

Eine andere Möglichkeit, Musik einzusetzen, ist durch den Einsatz von Instrumenten gegeben. Hierbei werden von einigen Teilnehmern die Spiel- und Bewegungsaktionen klanglich begleitet oder untermalt. Musik und Szene stehen dabei in unmittelbarem kommunikativen Bezug. Dies erweitert den individuell-schöpferischen Freiraum, setzt aber bereits erhöhte Fähigkeiten bei den Instrumentalisten voraus. Oft ist auch eine Kombination von Musik vom Tonträger und aktivem Instrumentalspiel sinnvoll.

Eine Sonderform des musikalisch-szenischen Spiels ist das *Menschen-Schattentheater* (vgl. Canacakis u.a. 1986).

Hierbei wird über einen Scheinwerfer, der am Boden des hinteren Bühnenbereichs aufgestellt ist, der Schatten des Spielers auf einen durchscheinenden Vorhang abgebildet. Weil der Spieler somit weniger direkt dem Zuschauer gegenüber exponiert ist, können eigene Hemmungen in der Regel schnell überwunden werden. Die Möglichkeiten, faszinierende Wirkungen zu erzielen, tun ein übriges, Spieler aller Altersstufen zu motivieren und zu aktivieren. Darüber hinaus kann man den psychologischen Wert ermessen, wenn man sich z.B. einen kleinen, schüchternen Teilnehmer vorstellt, der seinen Schatten auf dem Vorhang groß werden läßt.

Für Organisation und Technik ist folgendes zu beachten:

Als Material wird ein ca. 3 × 6 m großer Vorhang benötigt; geeignet sind Nesselstoff oder (zusammengenähte) Bettlaken.

Einige Meter hinter dem Vorhang auf der Bühne wird ein Scheinwerfer in Bodenhöhe aufgestellt. Denkbar ist auch der Einsatz von Dia- oder Overhead-Projektoren, mit denen gleichzeitig Kulisseneffekte erzielt werden können.

Die Größe des Spielbereichs hängt von den räumlichen Möglichkeiten und natürlich von der Lage der Lichtquelle ab. Wo diese am günstigsten aufzustellen ist, muß durch Ausprobieren festgestellt werden. Der Spielbereich sollte dabei jedoch mindestens 1–2 m tief sein (siehe Abbildung).

Je weiter sich ein Spieler vom Vorhang in Richtung Lichtquelle begibt, desto größer wird sein Schatten. Die Begrenzung des Spielbereichs (äußerste Spiellinie) muß dort erfolgen, wo der ganze Körper als Schatten auf dem Vorhang noch sichtbar ist.

Damit während des Spiels die Schattengröße gleich bleibt, bewegt man sich jeweils immer nur auf einer festgelegten Spiellinie in gleichem Abstand zum Vorhang. Erfahrungsgemäß wird dies beim Spiel häufig vergessen. Die Spiellinien sollten deshalb z.B. mit Klebeband (Tesa-Krepp) markiert werden. Durch das Spielen auf verschiedenen Spiellinien können besondere Wirkungen von großen (Riese) und kleinen Personen (Zwerg) erzielt werden.

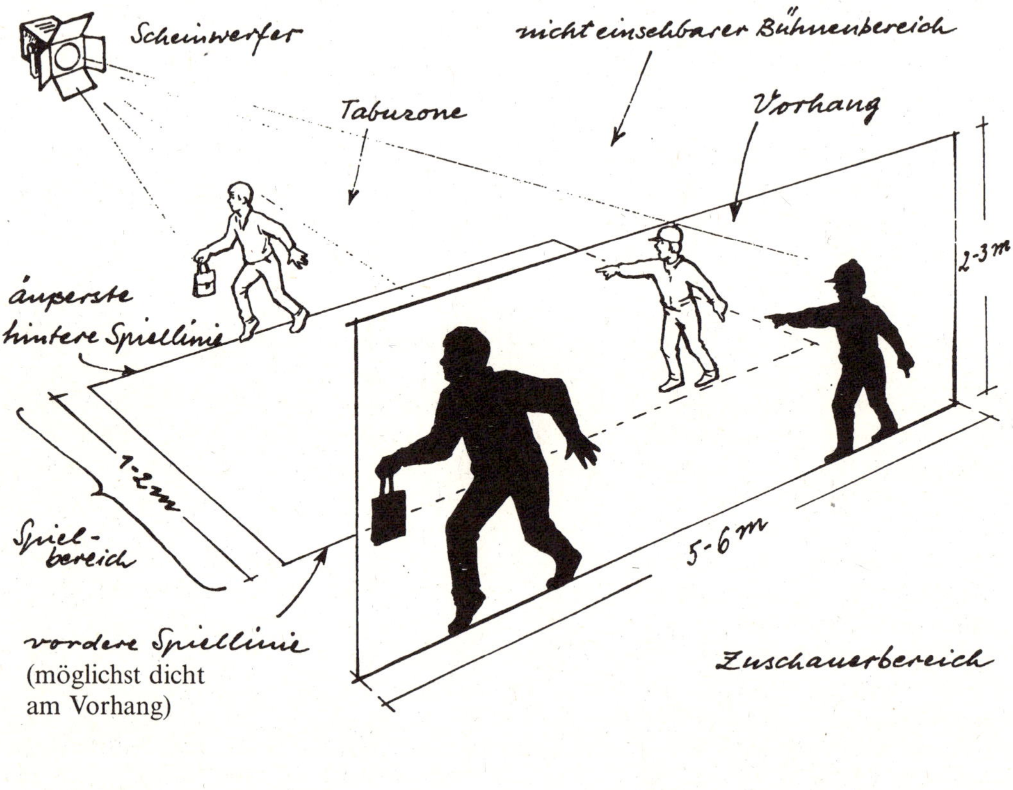

Menschen-Schattentheater: räumliche Darstellung mit zwei Spielern, von denen einer sich genau auf der äußersten hinteren, der andere auf der vorderen Spiellinie befindet.

In keinem Fall darf die „Tabuzone" betreten werden, da sonst übergroße, abgeschnittene Schatten entstehen, es sei denn, man beabsichtige einen solchen Effekt. Wichtig ist die Kennzeichnung der gesamten „Tabuzone".

Um eine gewisse Dynamik des Spiels und die Aufmerksamkeit der Zuschauer zu erhalten, sollte nach Möglichkeit mindestens immer ein Schatten auf dem Vorhang zu sehen sein. Zu beachten ist auch, daß die Spieler in der Regel nebeneinander agieren; stehen sie hintereinander, geht der eine Schatten in den anderen über.

Da man als Spieler seinen Schatten immer sehen kann, sind jederzeit Bewegungs- und Standortkorrekturen möglich.

Bevor nun kleine Szenen [65], Bewegungsgestaltungen [67] oder größere Spielstücke [68] durchgeführt werden, sollten die Teilnehmer Gelegenheit haben, sich mit dem neuen Medium vertraut zu machen. Einer nach dem anderen geht z.B. in einer selbst gewählten oder vorgegebenen Rolle [64] als Schattenfigur zu bewegungsstimulierender Musik über die Bühne. Diese wird dann gleich wieder verlassen, um als Zuschauer vor dem Vorhang auch die eigentliche Wirkung des Schattentheaters erleben zu können.

Zum Schattentheater gehört der Spieler wie der Zuschauer, dessen Rolle keineswegs passiv sein muß. Der Zuschauer läßt sich in das Spielgeschehen einbeziehen, indem er etwa die sich bewegenden Schatten auf einem Instrument begleitet, d.h. Bewegung, Ausdruck, Situation oder Spielatmosphäre in Klänge und Geräusche umsetzt. Über den Tonträger eingesetzte Musik eignet sich ebenfalls, eventuell auch in Kombination mit eigenen Klanggestaltungen (siehe oben).

Eine weitere Variante des szenischen Spiels ist das *Schwarze Theater* (vgl. Reinhardt 1991). Hier werden auf schwarzem Hintergrund weiße oder farbig leuchtende (fluoreszierende) Objekte und Körperteile durch ultraviolettes Schwarzlicht hervorgehoben. Die schwarz oder möglichst dunkel gekleidete Spielerperson ist bis auf die entsprechend leuchtenden Körperteile nicht oder kaum sichtbar. Dies hat Vorteile, wie sie beim Menschen-Schattentheater bereits beschrieben worden sind.

Auch beim Schwarzen Theater lassen sich durch Musik und Requisiten Hemmungen leichter überwinden. Imponierende Wirkungen werden mit sehr einfachen Mitteln und Bewegungen erzielt. Der Material- und Organisationsaufwand ist allerdings etwas größer als beim Schattentheater.

Der Spielraum (ca. 6 × 3 m) wird vollständig schwarz ausgekleidet (Wände, Boden, Decke). Beschränkt man sich auf die Wände, sind die Spieler leichter sichtbar. Am ehesten kann man auf die Deckenauskleidung verzichten, die zudem den größten technischen Aufwand erfordert.

Zur Auskleidung des Spielraums eignet sich schwarzer Futterstoff oder wesentlich preisgünstigere feste, schwarze Plastikfolie (Polyäthylenfolie), die sonst als Abdeckplane für Bau, Garten o.a. benutzt wird. Mit dieser Folie kann im Gegensatz zum Futterstoff auch der Boden ausgelegt werden.

Vorn an der Spielrampe liegen zwei Schwarzlichtröhren in üblichen Fassungen für Neonröhren links und rechts am Boden, dabei möglichst nicht sichtbar für die Zuschauer. Bei den Schwarzlichtröhren handelt es sich um das als harmlos geltende UV-Licht vom Typ A (z.B. 15 Watt/45 cm lang oder 18 Watt/60 cm lang). Die Fassungen müssen mit einem schwarzen Verbindungskabel versehen werden, das in der Regel nachträglich einzubauen ist.

Der Zuschauerraum muß völlig abgedunkelt sein. Die hervorzuhebenden Körperteile

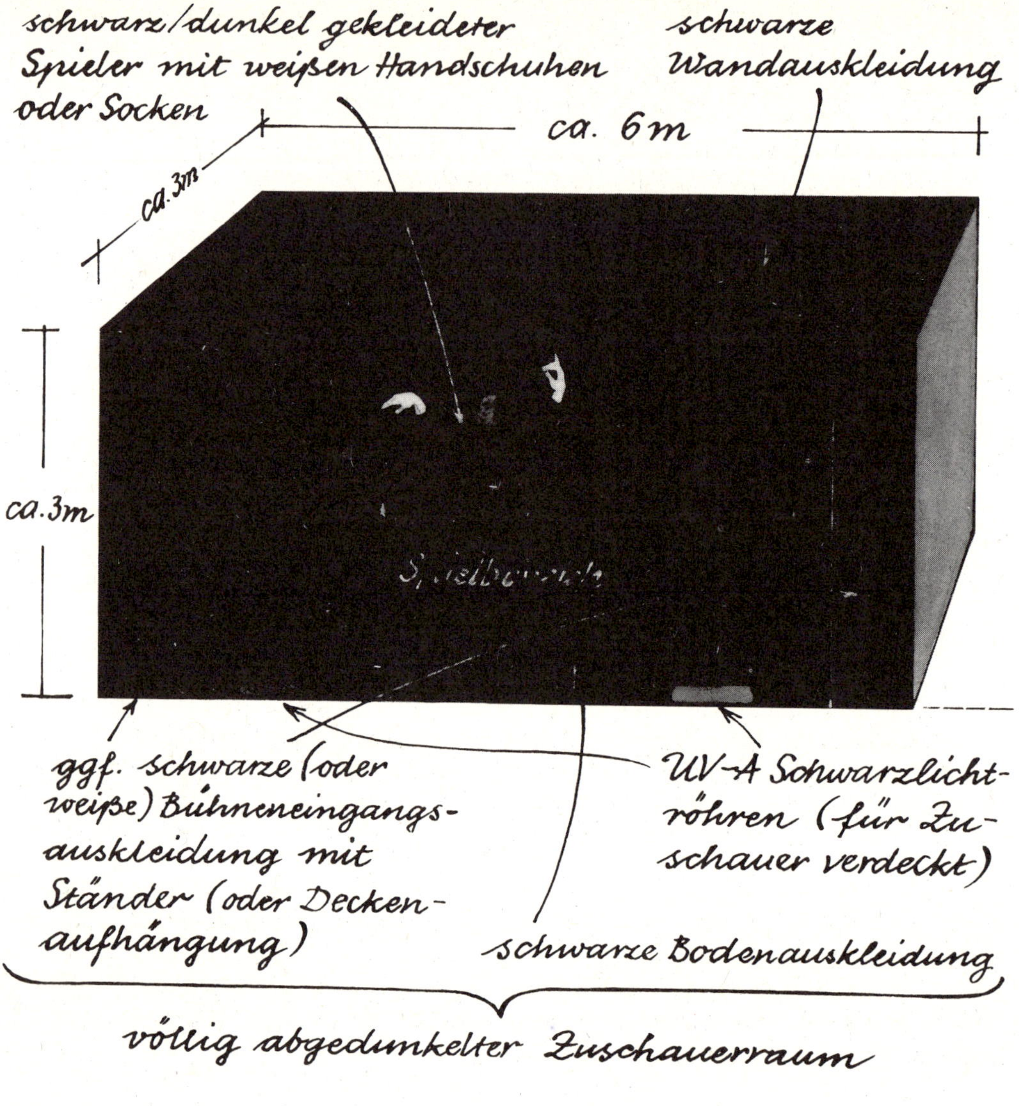

Schwarzes Theater: räumliche Darstellung.

und Gegenstände können mit weißer oder bunter fluoreszierender Leuchtfarbe angemalt werden. Weiße und fluoreszierend-farbige Kleidungsstücke, vor allem aus Kunstfaser, erzielen ebenfalls hohe Leuchteffekte. Geeignet sind z. B. weiße „Theater“-Handschuhe, Socken, Hemden, T-Shirts. Sonstige fluoreszierende Materialien wie Plastikbänder, Modeschmuck, (mit Wasser abwaschbares) Haarfärbemittel, Gesichtsfarben, Konfetti, Stoffe, Tücher findet man in Kaufhäusern oder im Fachhandel (siehe Anhang).

Das Schwarze Theater läßt sich auch mit dem „normalen“ szenischen Spiel verknüpfen.

Dies heißt: Es werden nur für bestimmte Szenen Effekte des Schwarzen Theaters eingesetzt. Das Schwarzlicht kann die ganze Zeit über leuchten. Sobald normales Licht eingeschaltet wird, erlischt die Wirkung. Sehr geeignet sind in diesem Zusammenhang Dimmer, die das allmähliche Überführen in die „magische Zauberwelt" des Schwarzen Theaters ermöglichen.

Wie beim Menschen-Schattentheater sind auch hier zunächst Einführungsspiele [64] notwendig, bevor man über Situationsspiele [65] und Bewegungsgestaltungen [67] ein längeres Spielstück aufführt [68].

3. Tanz

Der Tanz gehört zu den elementaren Lebensäußerungen des Menschen. Er scheint wie das Spiel ein Urbedürfnis zu sein, wobei Körper, Verstand und Gefühl gleichermaßen angesprochen werden. Über das Tanzen erfahren wir grundlegende Beziehungen zu uns selbst, zum Mitmenschen, zu Raum, Kraft, Zeit und Form. Durch die rhythmisch-musikalischen Komponenten löst das Tanzen unmittelbar Bewegungen aus und stimuliert die Bewegungsfreude. Die Musik trägt dazu bei, die Bewegungsabläufe zu ordnen und fließender werden zu lassen.

Der Tanz erweist sich von daher als geeignetes Mittel, gestörte Bewegungsabläufe positiv zu beeinflussen, eine gesunde Beziehung zum eigenen Körper zu vermitteln und das rhythmisch-musikalische Empfinden zu fördern (vgl. Gaß-Tutt 1972/1978; Maruhn 1986; Lander/Zohner 1988; Zimmer 1988).

Der Mangel an Anregungen, sich durch seinen Körper auszudrücken, ist vielerorts zu beobachten. Dadurch verkümmert nicht nur die Bewegungslust, sondern es treten mit zunehmendem Alter auch psychische Barrieren auf, die motorische Verspannungen und Störungen in erheblichem Maße begünstigen. Hier bietet der Tanz zahlreiche Möglichkeiten der emotionalen und motorischen Auflockerung. Voraussetzung jedoch ist, daß spielerische Momente dominieren und die Verbindung von Musik und Bewegung nicht vordergründig als Übungselement empfunden wird (vgl. Meyerholz/Reichle-Ernst 1992).

Die Tanzmotivation wird erhöht durch die Einbeziehung von Medien wie Instrumente, Tücher, Bänder [69]. In dem Maße, wie die Aufmerksamkeit auf diese Medien gelenkt wird, reduzieren sich Bewegungshemmungen. Sinnvoll ist dabei auch die Einbettung von Tänzen in konkrete Situationen oder Rahmenbedingungen. Bei diesen *szenischen Ausdruckstänzen* [70], [71] spielt das Erlernen von Tanzschritten eine untergeordnete Rolle. Im Vordergrund steht das ganzheitliche Tanzerlebnis. Dieses kann sich auf die eigene Person, die Gruppe oder auf einen Partner beziehen, mit dem auf tänzerischer Ebene kommuniziert wird.

Die hier zum Tragen kommende körperliche Verinnerlichung von Rhythmus und Musik kann durch das Tanzen mit nur einzelnen Körperteilen intensiviert werden [72].

Tänze, die ein sofortiges Mittun erlauben, haben den Vorteil, daß auf lange Erklärungen und Vorübungen verzichtet werden kann. Dies ist in der Einstiegsphase sowie im sonderpädagogischen und therapeutischen Bereich sehr wichtig.

Bei *Imitationstänzen* [72] werden einfache, sich wiederholende rhythmische Bewegungsfolgen vorgemacht, die simultan mitvollzogen werden. Ein größerer individueller Freiraum, der auch eigene Gestaltungsmöglichkeiten zuläßt, ist bei *Improvisationstänzen* gegeben [72]. Je offener sich der Einzelne dabei bewegungsmäßig darstellt, desto mehr offenbart er sich allerdings auch den anderen, desto mehr Auskunft gibt er über seinen Körper-

und Gefühlsbereich. Das Sich-Öffnen ruft mitunter starke Ängste hervor, die sich in Zurückhaltung, Verweigerung, Aggressivität oder Albernheit äußern können. Deshalb ist es notwendig, strukturierende Hilfen zu geben. Für Kinder, die sich schon eher unbefangen bewegen als etwa pubertierende Jugendliche, haben klare Rahmenbedingungen eine unmittelbare sozialpsychologische Bedeutung. Der Rahmen als Strukturhilfe erleichtert die Einordnung in die Gruppe im Sinne gemeinsamen Gestaltens und Erlebens. Für gehemmte Jugendliche bietet eine Struktur wichtige Orientierungshilfe. Auch der freie Tanz braucht also einen Rahmen, der allerdings so beschaffen sein sollte, daß er sich motivierend auf die Spontaneität auswirken kann. Geeignet scheint in diesem Sinne die Kombination von gebundenem und freiem Tanz [69], [72].

Schrittänze erfordern oft schon längere Lernprozesse und Ausdauer. Die dabei möglicherweise entstehenden Frustrationen werden in der Regel durch das nachhaltige Erfolgserlebnis („Ich habe es geschafft. Ich kann es!“) aufgehoben. Wesentlich ist jedoch das auf die Gruppe zugeschnittene Vorgehen in kleinsten Schritten, im wahrsten Sinne des Wortes.

Einfache, sich ständig wiederholende Schrittkombinationen können bereits Grundlage einer Tanzgestaltung sein, die sich z. B. für einen meditativen Rahmen anbietet [74].

Mit elementaren Schrittarten und Raumformen lassen sich im weiteren zahlreiche *Volks- und Poptänze* durchführen [73]. Dabei sollte man sich weder vor Vereinfachungen traditioneller Tänze noch vor der Erstellung eigener Tanzgestaltungen scheuen.

Viele einfach gegliederte Musikstücke aus dem Folklore- und Pop-Bereich eignen sich für Tanzgestaltungen, so besonders die zweiteilige AB-Form, bei der Strophe und Refrain abwechseln. Jedem Teil kann eine bestimmte Schrittkombination und Raumform zugeordnet werden, z. B.:

Teil A: auf Kreisbahn gegen Uhrzeigersinn hüpfen,
Teil B: am Platz mit Klanggesten Musik begleiten.

Weitere Differenzierungen können durch beliebige Variationen vorgenommen werden, bei denen man besonders auch die Teilnehmer selbst einbeziehen sollte.

Auch wenn die Tanzerziehung eine Sensibilisierung für kulturelle Werte beinhaltet, etwa beim Volkstanz, bedeutet dies noch längst nicht, einen Tanz unbedingt in seiner Ursprungsform vermitteln oder gar wegen seiner Kompliziertheit auf ihn verzichten zu müssen. Tänze leben nicht allein durch ihre originale Überlieferung. Sie leben nur in dem Maße, wie sie erlebt werden, d. h. einen emotionalen Bezug zu der entsprechenden Person herstellen können. Dies gilt genau so für das Volkslied, ja für alle kulturellen Werte und Ausdrucksformen.

Gerade der Volkstanz hat immer wieder Veränderungen erfahren, die ungeachtet der Tradition stets auch Spiegel einer bestimmten Zeitepoche sind. Warum soll man deshalb z. B. Behinderten den Zugang zu Tänzen verwehren, nur weil sie zu kompliziert sind? Reichen nicht bestimmte typische Elemente eines Tanzes aus, um sich damit identifizieren zu können und einen Einblick in die vielfältigen Erscheinungsformen von Tänzen zu erhalten? [69] (Flamenco-Tanz). Letztlich ist die mit dem Tanzen verbundene mehr musikpädagogische, sonderpädagogische (vgl. Fallak 1988) oder therapeutische Zielsetzung entscheidend.

Aus sozialpsychologischer Sicht kommt eine besonders gemeinschaftsfördernde Funktion dem *Kreistanz* zu [73] (Nebesko Kolo). Der Kreis ist eine sehr ursprüngliche Form menschlicher Interaktion, dessen Bedeutung im Vermitteln von Zugehörigkeitsgefühl und Sicherheit in einer geordneten Struktur liegt. Der Einzelne ist in der Gruppe aufgehoben und nicht exponiert. Ungeschicklichkeiten und Unsicherheiten können in der Kreisform leicht aufgefangen werden.

Die beim Kreistanz übliche Handfassung erweist sich bei Jugendlichen, besonders bei Jungen mitunter als problematisch. Für diese Altersstufe bieten sich auch Tänze in freier Raumaufstellung an [73] (Pop-Tanz).

Grundsätzlich lassen sich alle Tänze wie Kinder-, Sing-, Volks-, Disco-, klassischer oder moderner Tanz einsetzen, wobei dem *Meditationstanz* durch seine Vermittlung von Ruhe eine spezifisch therapeutische Funktion zukommt [74] (vgl. auch Lander/Zohner 1987; Soltmann 1989).

Bei der Musik- und Tanzauswahl muß den Bedürfnissen und Fähigkeiten der Gruppe Rechnung getragen werden. Dennoch gibt es immer auch Kinder oder Jugendliche, die das Tanzen, zumindest anfangs, völlig verweigern. Diese Teilnehmer sollten trotzdem miteinbezogen werden, indem sie z.B. das Tanzen mit einem Rhythmusinstrument begleiten.

Ein Tanz muß allerdings nicht in jedem Fall als solcher angekündigt werden. Die Themenstellung an sich [9] (Samba-Umzug) oder die für den Tanz erforderlichen Anweisungen reichen oft schon aus, um tänzerisch aktiv werden zu können, ohne daß dabei der bei einigen Kindern oder Jugendlichen möglicherweise negativ besetzte Begriff „Tanz" überhaupt ausgesprochen werden muß.

Musikmalen und Musikgrafik

Musikmalen und Musikgrafik fixieren auditive Eindrücke visuell. Während das Musikmalen simultan während des Hörvorgangs verläuft und eher subjektive Empfindungen aufzeichnet, bezieht sich die Musikgrafik (grafische Notation) mehr auf spezifische musikalische Merkmale wie Instrumentierung, Klangverläufe u.a.

1. Musikmalen

Das Musikmalen (Malen mit und nach Musik) umfaßt verschiedene therapeutisch, diagnostisch, aber auch musikpädagogisch anwendbare Methoden, die je nach Zielsetzung rhythmisch-motorisch, assoziativ, musikalisch-themengebunden oder kommunikativ ausgerichtet sind (vgl. auch Seidel 1976, 125ff.; Niemeyer 1990).

Beim *freien rhythmischen Musikmalen* [75] werden synchron mit dem Rhythmus der Musik Linien in beliebigen Formen gemalt, die auch unter eine Thematik gestellt werden können, wie z.B. „Schlittschuhläufer" oder „Vögel gleiten durch die Luft". Im Vordergrund stehen hierbei motorische Lockerung, Bewegungsrhythmus, Erfassen des musikalischen Rhythmus, Koordination, Lösung und Befreiung von Hemmungen, Abreaktion, Konzentration und Entspannung. Vor allem unter dem Gesichtspunkt der Koordination erweist sich das beidhändige Malen als wichtig.

Beim *gebundenen rhythmischen Musikmalen* [75] werden bestimmte Formen wie Kreis, Oval, Acht im Rhythmus der Musik gemalt. Das ganzheitliche Erfassen und Erleben spezifischer Formen kann besonders gut für die Schreiberziehung mit Behinderten genutzt werden. Angesprochen sind dabei auch das Körpergefühl für Haltung und Strichführung sowie der Bewegungsablauf von Arm, Handgelenk und Fingern. Aus therapeutischer Sicht hat das Malen festgelegter Formen eine seelisch ordnende Wirkung. Die Gleichförmigkeit der Armbewegungen kann zu Ruhe und Entspannung führen.

Eine Sonderform des gebundenen rhythmischen Musikmalens ist das *Sprechzeichnen* [75], [4]. Hier wird die Musik durch rhythmisches Sprechen oder Singen von Reimen ersetzt. Vor allem für sprachgestörte Kinder können auf diesem Weg Sprech- und Bewegungsmotorik, Redefluß, Sprechen in Sinneinheiten und damit zusammenhängende Atmung gefördert werden.

Beim freien *assoziativen Musikmalen* [76] wird unter der Einwirkung von Musik gegenständlich oder abstrakt gemalt. Dabei geht es nicht um das Herstellen eines Bezuges von Musik oder Rhythmus und Bild, sondern um die durch die Musik subjektiv ausgelösten Assoziationen und Gefühle. Das Ziel besteht hier in der Förderung der Erlebnisfähigkeit, Phantasie, ganzheitlicher Wahrnehmung und Ausdrucksfähigkeit. Die Kombination von Musikrezeption und assoziativem Malen ist besonders für Kinder und Jugendliche geeignet, die in ihrer verbalen Ausdrucksfähigkeit stark eingeschränkt sind.

Für den Therapeuten bieten sich dabei wertvolle diagnostische Hinweise. Dies gilt in noch stärkerem Maße für das assoziative Malen zu konfliktreicher Musik, die stärker der Bewußtmachung von Gefühlen und Problemen dient. Über „harmonische" Musik lassen sich positive Emotionen auslösen, die seelische Kraft für die Auseinandersetzung mit Konflikten geben können.

Das *musikalisch-themengebundene Malen* [77] ist mehr auf die Musik selbst gerichtet. Um den Bezug zwischen musikalischem und bildlichem Ausdruck herstellen zu können, ist es hilfreich, ein Thema vorzugeben, das ein bewußtes und gerichtetes Hören erleichtert. Subjektive Interpretationsmöglichkeiten der Musik können und sollen damit nicht ausgeschlossen sein.

Das *kommunikative Musikmalen* [78] ist partnerzentriert. Dabei kann der Schwerpunkt auf die freie Interaktion oder auf das Führen und Folgen gelegt werden. Letzteres ist ein geeignetes Mittel zur Förderung visuell-motorischer Konzentration.

Wichtig für das Musikmalen sind vorbereitende Übungen oder Spiele, die der emotionalen oder thematischen Einstimmung dienen. Die Wirkung des Musikmalens kann sonst sehr schnell erlöschen oder gar nicht erst zum Tragen kommen.

So bieten sich beispielsweise für das rhythmische Musikmalen zunächst Tänze oder Bewegungsgestaltungen an, um von der ganzkörperlichen Ebene über Teilkörperbewegungen (in die Luft „malen"; dirigieren) zum Malen zu gelangen.

Beim gegenständlichen Malen kann ein Situationsrahmen über Gespräche, Erlebnisse, Geschichten, Erzählungen, szenische (Rollen-)Spiele hergestellt werden.

Für das kommunikative Musikmalen eignen sich zur Vorbereitung Dialoge auf Instrumenten oder Spiele des Führens und Folgens aus dem Bereich der Rhythmik.

Bei der Auswertung der gemalten Bilder sollte jeder die Möglichkeit haben, sich zu äußern. Notwendig ist jedoch die Beschränkung der Aussage auf die Beschreibung des Bildes und dabei empfundener Gefühle. Psychologische Deutungen sind aus unserer Sicht ausgebildeten Analytikern vorbehalten. Dessen ungeachtet können wir mitunter wertvolle diagnostische Hinweise durch die Bilder erhalten.

Das grundlegende *Material* für das Musikmalen besteht aus Malgeräten wie Fingerfarben, Wachs-, Kohle-, Bunt-, Filz- oder Aquarellstiften. Als Malfläche bieten sich die sehr praktischen und billigen Tapetenrollen (Rückseiten) an. Aber auch festes Kartonpapier (ab 40 × 60 cm) eignet sich. Die Malfläche muß, vor allem beim rhythmischen Malen, gut befestigt sein, z.B. mit Klebeband.

12. Musikgrafik (grafische Notation)

Über die grafische Notation läßt sich auf sehr anschauliche Weise vermitteln, daß visuelle Zeichen den Verlauf und Ausdruck von Musik festhalten und umgekehrt in Musik umgesetzt werden können. Der Zusammenhang von Klang und Zeichen bietet darüber hinaus eine Hilfe bei der Anbahnung und Entwicklung eines Zeichenverständnisses.

Die grafische Notation ist im Gegensatz zu der wesentlich abstrakteren traditionellen Notation weitgehend analoger Natur. Dies heißt: Sie hat eine grundsätzliche Ähnlichkeitsbeziehung zu dem Gegenstand (Musik, Klänge), für den sie steht. Aufgrund der Dinghaftigkeit und des sehr hohen Konkretisierungsgrades erweist sich die grafische Notation als sehr geeignet in der Arbeit mit Behinderten. Verglichen mit der traditionellen Notation weist sie zudem weniger Eindeutigkeit und Verbindlichkeit auf. Durch die damit gewonnene Freiheit des Interpreten werden die Möglichkeiten des sofortigen improvisatorischen Mittuns erhöht, ohne daß besondere musikalische Voraussetzungen und Kenntnisse gegeben sein müssen.

Die grafische Notation ist einsetzbar im Rahmen der Fixierung (Komposition), der Wiedergabe (Reproduktion) und des Hörens (Rezeption) von Klängen und Klangfolgen. Dabei lassen sich sowohl fest vereinbarte als auch individuell erdachte Zeichen verwenden. Diese sollten sich zunächst nur auf einzelne Klänge oder eindeutige und kurze Klangkomplexe beziehen [81].

Ein differenzierter Umgang mit der grafischen Notation erfordert die Unterscheidung von *Instrumentenzeichen* [79] und *Klangzeichen* [80].

Zeichen, die für ein Instrument stehen, können auf einer unmittelbar konkreten Stufe durch das Instrument selbst (z.B. Hochhalten einer Rassel = Zeichen für das Spiel aller Rasseln) dargestellt werden oder über Instrumententeile als Stellvertreter für Instrumente(ngruppen). Das Klangplättchen eines Glockenspiels repräsentiert alle langklingenden Metallinstrumente. Ein nächster Schritt ist die Abbildung von Instrumenten(gruppen) in Form abstrahierter Symbole/Piktogramme.

Instrumentenzeichen sagen noch nichts über die Art aus, wie gespielt werden soll. Hierzu werden Klangzeichen benötigt, die sich nach den musikalischen Parametern wie Klangstärke, Klangdichte, Tempo, Klanghöhe und verschiedenen Klangarten wie Glissando (Gleitklang) oder Tremolo (Bewegungsklang) differenzieren lassen (vgl. Neuhäuser 1975).

Die Anordnung von grafischen Zeichen macht Aussagen über den Zeitpunkt und die Zeitdauer des Spieleinsatzes. Instrumente können nacheinander oder gleichzeitig (zusammen) gespielt werden. In diesem Zusammenhang lassen sich bereits einfache kleine *Klangpartituren* erstellen [79], [80].

Das Lesen grafischer Partituren ist eine wichtige Hilfe beim musikorientierten Hören. Sie dienen der visuellen Veranschaulichung bestimmter musikalischer Merkmale und Strukturen. Durch das Vorwegbetrachten einer Klanggrafik kann ein erster Bekanntheitsgrad mit einem Musikstück geschaffen werden. Es handelt sich hierbei um ein „antizipierendes Hören“. Die dadurch sich einstellenden Hörerwartungen erlauben ein bewußteres, gerichteteres Wahrnehmen und Erleben von Musik. Dies gilt gleichermaßen für das Mitlesen einer Klanggrafik während des Hörvorgangs [21], [82].

Zum bewußten Nachvollziehen eines Musikstückes oder -werkes bieten sich auch *Parakompositionen* an. Dies heißt: Es wird mit elementaren, einfachen Mitteln versucht, etwas vom Charakter her Ähnliches vor oder nach dem Hören zu notieren und zu reproduzieren [82].

Die grafische Notation während eines Hörvorgangs rückt bereits in die Nähe des Musikmalens [82].

Auch im Rahmen von Bild- oder Textverklanglichungen läßt sich die grafische Notation sinnvoll einsetzen (vgl. Kapitel „Verklanglichung").

Das Mitspielen nach graphischen Zeichen zu Musik vom Tonträger ist eine weitere Möglichkeit, Kinder und Jugendliche an Musikwerke/-stücke jeder Gattung heranzuführen (vgl. Reihe „Musik zum Mitmachen", Verlag Moritz Diesterweg, Frankfurt am Main).

Zweiter Teil: Beispiele für die Praxis

Spiele mit Stimme, Sprache, Atem

1

Für wen: vorwiegend Kinder
Material: verschiedenfarbige Bälle oder Kugeln

Dirigentenspiele

① Jeder denkt sich ein Geräusch mit der Stimme aus. Ein Dirigent bestimmt durch Gesten, wann welches Geräusch einsetzt und aufhört. Die Stimmgeräusche können auch thematisiert werden, z.B. Tierlaute, Maschinengeräusche.
② Alle Teilnehmer produzieren gleichzeitig beliebige Geräusche. Der Gruppenleiter greift einzelne Geräusche heraus und läßt sie von den Gruppenmitgliedern übernehmen.
③ Weiterführend werden bestimmte Stimmgeräusche mehreren Kleingruppen zugeordnet bzw. von diesen selbst ausgedacht. Der Dirigent zeigt mit Gesten an, welche Gruppe ihr Geräusch darstellt, wobei Differenzierungen hinsichtlich Länge, Lautstärke, Tonfall, Rhythmisierung vorgenommen werden können.
Variante: An die Stelle der Stimmgeräusche treten Sprachlaute, Phantasiewörter, Atemgeräusche.

Rundspiel

Stimm- oder Atemgeräusche werden (mit geschlossenen Augen) im Kreis weitergegeben. Mögliche Thematisierung: Ein Zug fährt. Man hört das Fauchen der Lokomotive.
2. Beispiel: Eine summende Fliege, deren Flugbahn mit dem Zeigefinger nachgezeichnet wird.
Erweiterung für geübte und größere Gruppen: Zwei Geräusche setzen gleichzeitig an zwei Stellen des Kreises ein und werden in dieselbe Richtung weitergegeben. Mögliche Thematisierung: Zwei Züge fahren. Holt einer den anderen ein?

Reaktionsspiel

Die am Boden im Kreis hockenden Teilnehmer rollen sich einen Ball oder eine Kugel zu. Immer wenn der Empfänger den Ball/die Kugel gerade greift, rufen alle eine vereinbarte Sprechsilbe, z.B. „tack".
Erweiterung: Wie oben, jedoch mit verschiedenfarbigen Bällen oder Kugeln, wobei jeder Farbe eine bestimmte Sprechsilbe zugeordnet und jeweils nur vom Empfänger laut gerufen wird, z.B. blau = tack, rot = tock, gelb = tick (aus der Rhythmik).

Wer spielt die erste Geige?

Eine Person macht verschiedene Stimmgeräusche vor (z. B. Nachahmung von Instrumenten), die jeweils simultan imitiert werden. Ein nicht informiertes Gruppenmitglied soll dann erkennen, wer die Stimmgeräusche vorgibt.

Bewegungsspiele mit der Stimme

Für wen: alle Altersstufen
Material: beliebige Gegenstände, Teppichfliesen

Gegenstände suchen

Ein Teilnehmer soll einen Gegenstand mit stimmlicher Unterstützung der Gruppe suchen. Je näher/weiter entfernt der Suchende vom Gegenstand ist, desto lauter/leiser werden die (vorher vereinbarten) Stimmgeräusche produziert.

Stimmgeräusche abgeben

Die Teilnehmer stehen als „Trolle" im „nächtlichen Wald", ein Stimmgeräusch machend, d.h. frei im Raum mit geschlossenen Augen. Ein Troll geht (mit geöffneten Augen) durch den Wald und bleibt nach einer Weile bei einem anderen Troll stehen, der nun seinerseits mit dem gleichen oder einem neuen Stimmgeräusch durch den Wald geht. Wer sein Stimmgeräusch abgegeben hat, setzt sich an entsprechendem Platz hin und schließt wieder die Augen.
Für ältere Teilnehmer bieten sich altersgemäße thematische Einbettungen an, z.B. Wesen von einem fremden Stern.
Erweiterung: Mit zwei Stimmgeräuschen, die gleichzeitig erklingen.

Stimmgeräusche ausfindig machen

Die Teilnehmer stehen verteilt im Raum und machen ein bestimmtes Stimmgeräusch, bis auf einen, dessen Geräusch sich deutlich von den anderen abhebt und von einem weiteren Teilnehmer „blind" ausfindig gemacht werden soll. Mögliche Thematisierung: Jemand sucht nachts seine Katze. Im Wald hört man das Rauschen der Bäume (und andere Geräusche).

Teppich mit Stimmgeräuschen

Es werden mehrere Teppichfliesen zu einem Teppichrechteck zusammengestellt. Jeder Teilnehmer ordnet ein beliebiges Stimmgeräusch einer Fliese zu. Ein Teilnehmer betritt nun eine Fliese nach der anderen in beliebiger Reihenfolge, wobei immer derjenige sein Stimmgeräusch produziert, dessen Fliese gerade berührt wird. Es entsteht so ein kleines Musikstück mit Stimmen, das durch rhythmisches Gehen entsprechend rhythmisiert werden kann.
Erweiterung: Dieses Spiel kann auch mit zwei Teilnehmern gleichzeitig durchgeführt werden, etwa als Duett (gleichzeitig) oder Dialog (nacheinander).
1. Variante mit Sprachlauten: An die Stelle der Stimmgeräusche treten Silben, die zu einem (Phantasie-)Wort zusammenkomponiert werden können.
2. Variante mit vorgegebenen Silben/Wörtern/Sätzen: Den einzelnen Teppichfliesen werden bestimmte Wörter oder Wortsilben zugeordnet, die in einer bestimmten Reihenfolge einen sinnvollen Satz ergeben.

Sprachausdruck: Wir sprechen in verschiedenen Rollen

Für wen: alle Altersstufen
Material: – beliebiger kurzer Text
– ggf. verschiedene Requisiten

Einzelnen Teilnehmern wird jeweils der gleiche Text gegeben, der in einer bestimmten Rolle (z. B. als Nachrichtensprecher, Reporter, Roboter, Spion, diktierender Chef) in einer bestimmten Stimmung (z. B. fröhlich, traurig, müde, wütend, hektisch, ängstlich) oder für eine bestimmte Zielgruppe (z. B. als Werbetext für Kinder, Jugendliche, Hausfrau, Familie, Autofan) vorgetragen werden soll. Um sich möglichst gut in eine Rolle hineinversetzen zu können, bietet sich auch die Verwendung von Requisiten an.
Textbeispiel:
Die Sonne strahlt und der Himmel ist blau. Müde ruht er sich aus. Da sieht er etwas in der Sonne glänzen: Ein Stück Gold! Er hebt es auf, schwingt sich auf sein Pferd und reitet wie der Wind über Stock und Stein. Er weiß, was er zu tun hat ...
Erweiterung: Der Text wird weiter „gesponnen".
1. Variante: Der Stimmausdruck tritt noch stärker bei Texten in den Vordergrund, wo ein unmittelbarer Sinnzusammenhang (Inhalt) fehlt:
Beispiel: Mero wieder ma, aber wehlen ist schi schi mauren ...
2. Variante (auch für nicht lesegeübte Teilnehmer): Anstelle eines Textes werden Zahlen gelesen oder gesprochen.
Beispiel: 33 – 425 – 1980 – 47 – 11 – 1 – 4 – 99 – 0 – 0 – 7.
3. Variante: Der Vortrag wird als Ratespiel durchgeführt. Die Zuhörer müssen bezogen auf eine engere Auswahl raten, in welcher Rolle/Stimmung/für welche Zielgruppe gesprochen wurde.
4. Variante: Zwei oder mehrere Teilnehmer unterhalten sich in einer spontan ausgedachten Phantasie- oder Zahlensprache.
5. Variante: Die Phantasie- oder Zahlensprache wird begrenzt auf ein Wort/eine Silbe/Vokale/Konsonanten/eine Zahl/gerade Zahlen.
Erweiterung: Ein Teilnehmer darf auf beliebig gestellte Fragen in seiner Phantasie- oder Zahlensprache nicht mit bestimmten Lauten (z. B. „k") oder Zahlen (z. B. ungerade Zahlen) innerhalb eines festgelegten Zeitraums antworten.

Sprechzeichnen: Viele Elefanten

Für wen: jüngere Kinder

Material:
- 1 Pauke oder hängendes Becken
- Musik zur Darstellung verschiedener Tiere, z. B. „Tierzirkus" → CD 1–5
- Musik zur Entspannung, z. B. von Deuter, Kitaro
- Tapetenrolle/festes Papier, Wachsmalstifte, Tesakrepp
- 1 Triangel oder Zymbel
- ggf. Requisiten für den „Häuptling"
- Trommeln in Teilnehmerzahl

Als Grundlage rhythmischen Sprechens, ggf. auch Singens dient folgender Text:
„Viele Elefanten (wilde Tiger, kleine Affen, schnelle Pferde, große Bären)
suchen ein Versteck,
schleichen in die Hütte,
der Häuptling jagt sie weg!"

① Die Teilnehmer gehen im Kreis, den Text sprechend oder singend, und machen dazu die entsprechenden Tierbewegungen. Dann schleichen sie zur Kreismitte (= Hütte), wo ein Teilnehmer (= Häuptling) alle mit einem kräftigen Pauken- oder Beckenschlag bei „weg" davon jagt, usw.

② Der „Häuptling" erzählt sein Erlebnis mit den Tieren seinem Stamm auf den Trommeln: Dazu sprechen/singen alle wieder den Text und zeichnen den Weg auf dem Fell ihrer Trommel mit den Fingern mit: zunächst in Kreisform, dann zur Fellmitte; bei „weg" wird kräftig auf die Trommel geschlagen.

③ Die Tiergeschichte wird aufgemalt: Zunächst malt jeder auf seine Blattmitte eine kleine Hütte. Anschließend wird während des rhythmischen Sprechens/Singens um die Hütte herumgemalt (Kreislinien), dann langsam eine Linie zur Hütte hin und schließlich ein schneller, kräftiger Strich über den Kreisrand hinaus („weg"!).

④ Bei jedem neuen Tier wird der farbige Wachsmalstift in eine Richtung weitergegeben. Die Teilnehmer denken sich weitere Tiere aus: z. B. viele wilde Katzen, viele Krokodile ...

⑤ Bewegung und Entspannung: Alle bewegen sich auf der Kreisbahn rhythmisch zur Musik („Tierzirkus") und stellen dabei die einzelnen Tiere dar: Elefant – Tiger – Affe – Pferd – Bär.

Dann sind alle Tiere müde und legen sich irgendwo (in ausreichendem Abstand zum nächsten) schlafen. Dazu erklingt ruhige, meditative Musik. Die schließlich nacheinander mit einem Triangel, einer Zymbel o.a. geweckten Tiere setzen sich dann wieder in den Kreis.

Sprechrhythmus: Musikant mit dem Computer

Für wen: alle Altersstufen
Material: – verschiedene Rhythmusinstrumente
– ggf. Xylophon/elektronische Tasteninstrumente; → CD 6

In Anlehnung an das Musikstück „Taschenrechner" von der Pop-Gruppe „Kraftwerk" wird folgender Text rhythmisch und klanglich gestaltet:

Rhythmisch-monotoner Sprechgesang: (Solist – Wiederholung alle)	Instrumentalspiel: (Stab-/Tasteninstrumente)
Musikant mit dem Computer	Pause
Co – Computer, Co – Computer	rhythmische Wiederholung eines Tones
Bin der Musikant mit dem Computer in der Hand	freie Improvisation
Ich addiere und addiere	Tonfolge aufwärts
Subtrahiere, subtrahiere	Tonfolge abwärts
Kontrolliere, kontrolliere	Ostinato mit 2 Tönen
Komponiere, komponiere	melodisches Motiv
Wenn ich diese Tasten drück, spielt ein kleines Musikstück	kurze, einfache Melodie
Kommt einmal der falsche Druck, geht das ganze Ding kaputt	freie Improvisation (evtl. Scheppergeräusche)

Instrumentalbegleitung (Ostinato)

Gitarre/Tasteninstrument

Xylophon

Rhythmusinstrument 1

Rhythmusinstrument 2

Erweiterung: Rhythmisch-klangliche Gestaltung von Sprechversen, Reimen, Gedichten, improvisierten Sätzen, Wörtern. Durch Wiederholung, Wortzerstückelung, Stimmvariationen kann die Sprache rhythmisiert werden. Mögliche Gestaltungsidee: Ein Solist (oder zwei Solisten im Dialog) improvisiert sprechsingend, während die anderen das rhythmische Korsett in Form instrumentalen Ostinato-Spiels bilden.

Singen und Liedgestaltung

6

Leise, leise

Für wen: alle Altersstufen

Material: – verschiedene Rhythmus-/Effektinstrumente
– Xylophon für Liedbegleitung

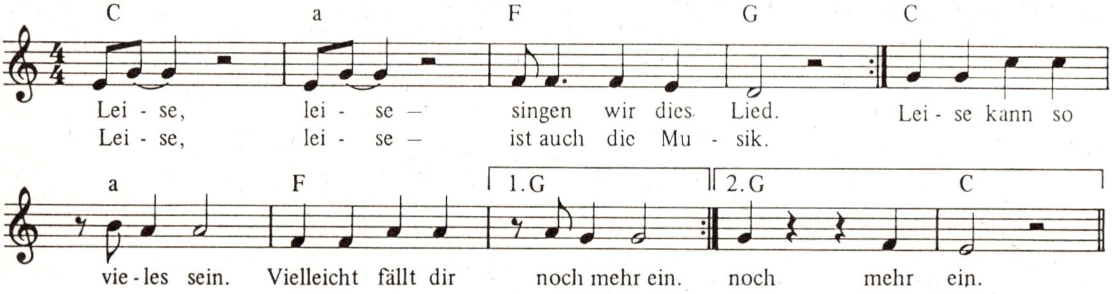

1 Leise, leise – singen wir dies Lied.
Leise, leise – ist auch die Musik.
Leise kann so vieles sein.
Vielleicht fällt dir noch mehr ein.
2 Lauter, lauter ...
3 Ganz laut, ganz laut ...

4 Rhythmus, Rhythmus – ist in diesem Lied.
Rhythmus, Rhythmus – ist auch in Musik.
5 Töne, Töne – sind in diesem Lied
Töne, Töne – sind auch in Musik.
6 Stimmen, Stimmen ...

7 Traurig, traurig – singen wir dies Lied ...
8 Fröhlich, fröhlich ...
9 Ärger, Ärger – ist in diesem Lied ...
10 Ängste, Ängste – sind in diesem Lied ...
11 Wünsche, Wünsche ...

12 Stille, Stille – ist in diesem Lied.
Stille, Stille – ist auch in Musik.
Stille kann so vieles sein,
Laß sie nur in dich hinein.

Mel/Text: B. Tischler.

Liedbegleitung

Xylophon

Gestaltungsidee

Das Lied wird dem Textinhalt entsprechend leise, lauter, ganz laut usw. gesungen. Nach jeder Strophe äußern sich oder agieren die Teilnehmer (spontan), je nach inhaltlicher Liedaussage auf verbaler oder musikalischer Ebene:

Strophe 1–3: sagen oder machen, was leise, lauter, ganz laut ist;
Strophe 4: einen eigenen oder den Melodierhythmus des Liedes klatschen/spielen;
Strophe 5: eine eigene Melodie oder die des Liedes summen, auf Silben singen, auf einem Instrument spielen;
Strophe 6: verschiedene Stimmgeräusche machen;
Strophe 7–10: sagen, was traurig, fröhlich, ärgerlich macht; etwas Entsprechendes darstellen;
Strophe 11: Wünsche äußern; szenisch/pantomimisch darstellen;
Strophe 12: In den ersten beiden Textzeilen wird jeweils nach dem Wort „Stille“ eine 4/4-Takt-Pause eingeschoben. Als Variation hierzu kann der Text der folgenden Takte (– ist in diesem Lied; – ist auch in Musik) „still“ mitgesungen werden.

1. Erweiterung: Die Pausen von Takt 1 und 2 in den ersten beiden Textzeilen werden durch Instrumentalklänge oder Stimmgeräusche „gefüllt“, die darüber hinaus nach jeder Strophe auch als Zwischenspiel einsetzbar sind, z.B.: Strophe 1: Triangel; Strophe 2: Zymbeln; Strophe 3: (Samba-)Pfeife; Strophe 4: Klanghölzer; Strophe 5: Xylophon; Strophe 6: Stimmgeräusche; Strophe 7: Lotosflöte; Strophe 8: Schellenkranz; Strophe 9: Pauke; Strophe 10: Rasseln; Strophe 11: Becken.

2. Erweiterung: Es werden gemeinsam mit den Teilnehmern weitere Strophen ausgedacht, z.B. Bewegung, langsam, schneller, höher.

Variante: Es werden jeweils nur einzelne thematisch zusammenhängende Strophen gesungen, die in einen größeren musik- oder therapeutisch orientierten Rahmen gestellt werden. Die Strophen 1–3 bieten sich etwa für die nähere Behandlung musikalischer Parameter (Lautstärke) an; die Strophen 4–6 können Ausgangspunkt einer weiteren Beschäftigung mit musikalischen Elementen (Rhythmus, Melodie, Stimme) sein. Emotionale und damit auch therapeutisch bedeutsame Bereiche werden in den stimmungsbezogenen Strophen 7–11 angesprochen.

Bei den Navaho-Indianern

Für wen: alle Altersstufen, jedoch vorwiegend Kinder

Material:
- 2 fast faustgroße Steine pro Teilnehmer; Kieselsteine
- Klingende Stäbe/Stabspiele mit Tönen FAC
- Federschmuck/Stirnbänder: bunt, grün, rot, blau
- ggf. verschiedene Begleitinstrumente
- ggf. Indianergeschichte, z. B. „Die Regenblume“ (de Paola 1985)
- → CD 7

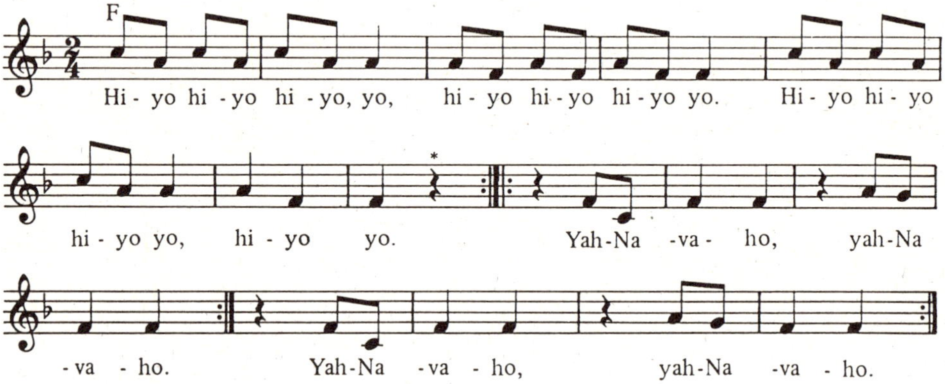

Refr.: Hiyo hiyo hiyo yo, hiyo hiyo hiyo yo.
Hiyo hiyo hiyo yo, hi yo yo.

1 Yah-Navaho, yah-Navaho. Yah-Navaho, yah-Navaho.
2 Die Navahos wollen leben. Die Navahos brauchen Regen.
3 Grüne Feder schon seit Tagen. Grüne Feder nichts im Magen.
4 Rote Feder, wie der Wind flink. Rote Feder holt den Häuptling.
5 Bunte Feder ist der Meister. Bunte Feder ruft die Geister.
6 Große Geister wollen haben. Große Geister – Opfergaben.
7 Blaue Feder liebt Navahos. Opfert Gaben für Navahos.
8 Große Geister, welch ein Segen. Große Geister bringen Regen.
9 Die Navahos können leben. Die Navahos haben Regen.
10 Zünden Feuer für die Nacht an. Die Navahos ruhn im Wigwam.

Mel/Text: B. Tischler.

Liedbegleitung (Ostinato)

Xylophon

Grundschlag, Melodierhythmus oder einfache rhythmische Motive — verschiedene Rhythmusinstrumente

* Klangliches Füllen der Singpause: Einzelklang oder kurzes Tremolo — Triangel, Vibra-Slap oder Stielkastagnetten

Gestaltungsidee

① Bei den Navaho-Indianern wird als Begrüßungsritual ein (nicht ganz) faustgroßer Stein im Kreis herumgegeben. In einem zweiten Durchgang geschieht dies mit geschlossenen Augen. Dabei sehen die Navahos in ihr Inneres (in Anlehnung an Engel 1986; Münchow-Mommsen 1988).

② Die Navahos haben viele Wünsche, die durch eine Handvoll Kieselsteine symbolisiert sind. Diese werden mit geschlossenen Augen im Kreis weitergereicht. Kein Stein soll hinunterfallen, da sonst der betreffende Wunsch nicht in Erfüllung geht (vgl. ebd.).

③ Die Navahos erhalten ihren Federschmuck: grüne, rote, blaue und für den Häuptling bunte Federn (Stirnbänder) sowie je zwei fast faustgroße Steine. Diese werden dann nacheinander einzeln zum gesprochenen Wortrhythmus „Na-va-ho!“ aneinandergeschlagen.

④ Die Navahos warten sehnsüchtig, aber vergeblich auf Regen, da die ausgetrocknete Erde nichts zum Essen Verwertbares mehr wachsen läßt. So werden die Großen Geister beschworen: Dazu werden kurze rhythmische (Sprech-)Motive unter Einbeziehung von Melodierhythmus und Text (Refrain, 1. Strophe) durch Aneinanderschlagen der Steine vor- und nachgespielt.

⑤ Da es immer noch nicht regnet, werden die Geister weiter beschworen: Dazu werden kurze melodische Motive unter Einbeziehung der Refrainmelodie mit den dort vorkommenden drei Tönen (F A C) z. B. auf Klingenden Stäben vorgespielt und auf Klanggesten übertragen wiederholt: tiefer Ton (F) = Patschen, mittlerer Ton (A) = Klatschen, hoher Ton (C) = Schnipsen.

⑥ Die Großen Geister haben den Wunsch nach Regen erhört, verlangen aber ein gegenständliches Feueropfer. Einer nach dem anderen sagt nun (nach einem rhythmisch gesprochenen Satzmuster), was er opfern würde, z. B. „Ich gebe meine Tasche ...“. Dabei werden die Steine entsprechend rhythmisch aneinander geschlagen.

⑦ Endlich regnet es (evtl. auf Trommeln dargestellt). Die Navahos singen ihr Dankeslied: „Hiyo hiyo ...“, wobei die Strophen abschnittweise vor- und nachgesungen werden, bei Strophe 3, 4, 5, 7 nur von den entsprechend farblich gekennzeichneten Navahos. Zur Begleitung ggf. nur des Kehrreims eignen sich verschiedene Instrumente wie Schellen, Rasseln, Trommeln, Stampfstäbe, Steine, Xylophon, eine auf einen Akkord (F-Dur) umgestimmte Gitarre sowie Effektinstrumente als „Pausenfüller“ am Refrainende.

1. Erweiterung: Mit älteren Teilnehmern kann das Lied auch als Instrumentalstück gespielt werden.

2. Erweiterung: Im Rahmen einer Bewegungs- und Tanzgestaltung bieten sich verschiedene Indianertänze an (siehe 72 Geisterbeschwörungstanz/Robra o. J.).

3. Erweiterung: Der Liedinhalt wird im Gespräch aufgegriffen, das auch unter verschiedenen Gesichtspunkten thematisiert werden kann: z. B. einander begegnen/begrüßen; in sein Inneres schauen; Wünsche haben und entdecken; Hoffen und Kraft durch Glauben (Beschwörung, Beten); etwas zurücklassen, aufgeben (opfern), um ein Ziel zu erreichen; etwas für den anderen, für die Gemeinschaft tun.

In diesem Zusammenhang können auch Indianergeschichten behandelt (vorgelesen, szenisch dargestellt) werden, wie zum Beispiel die indianische Legende „Die Regenblume“: Die Indianer bitten die Großen Geister um Regen zur Beendigung der Dürrezeit. Der Medizinmann sagt: „Die Großen Geister verlangen ein Feueropfer von dem, was einem am liebsten ist.“ Aber keiner will etwas hergeben. Da entschließt sich das abseits sitzende kleine Indianermädchen „Sie-die-ganz-allein-ist“, ihr Liebstes, ihre Puppe mit den strahlend blauen Federn, zu opfern. Nachts auf dem hohen Berg legt sie die Puppe ins Feuer und verstreut nachher die Asche in die vier Windrichtungen. Am nächsten Morgen ist der Boden überall mit strahlend blauen Blumen bedeckt. Als die Indianer das Wunder staunend betrachten und zum Dank tanzen, fällt ein warmer Regen ... und das Indianermädchen bekommt den neuen Namen „Sie-die-ihr-Volk-liebt“.

Die Yangtse-Schiffer

Für wen: Kinder; teilweise auch Jugendliche

Material:
- Gong oder Becken/Triangel
- Klebeband (Tesa-Krepp) oder Seile
- einige Stabspiele und Rhythmusinstrumente
- chinesische Musik im Gehtempo: → CD **8** oder improvisiertes Xylophonspiel (pentatonisch)
- ggf. Chinesenhüte in Teilnehmerzahl
- Instrumente zur Darstellung von Tiergeräuschen
- 9 Teppichfliesen
- Klingende Stäbe: E G A H D E′ G′ A′ H′

Mel: aus China, dt. Text: Pahlen 1969/B. Tischler, Arr: R. Moroder-Tischler.

Liedbegleitung (Ostinato)

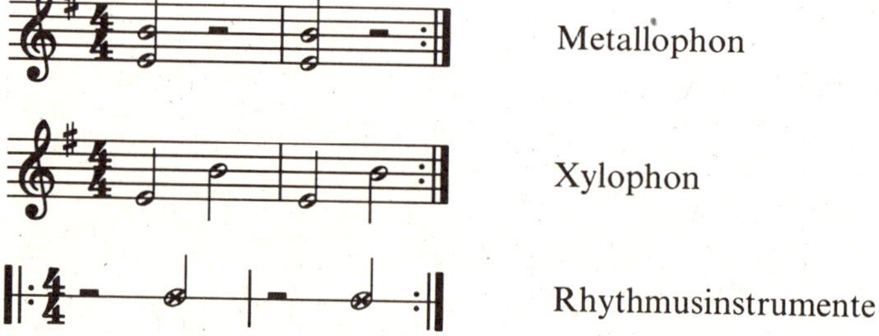

Gestaltungsidee

① Die Teilnehmer (ggf. mit Chinesenhüten) erhalten einen einsilbigen chinesischen Namen, z. B. Tscheng, La, So, Sen. Auf Zeigen des Dorfältesten (= Dirigent) spricht jeder seinen Namen.

② Die Namen werden nacheinander (Kreisrichtung) genannt, geflüstert, gerufen, rhythmisch gesprochen, z. B. auch in Form eines Echo-Spiels: „Ich heiße Tscheng" – „Du heißt Tscheng" usw.

③ Die Teilnehmer sind die Yangtse-Schiffer, die am Ufer des mit Klebeband oder Seilen markierten Yangtse-Flusses stehen. Auf der anderen Uferseite ruft ein ausgesandter Bote (= Gruppenleiter) den Schiffern zu, daß ein Fest im Dorf stattfinden soll: abschnittweises Vor- und Nachsingen des Liedes (auch mit spontan gefundenem eigenen Text).

④ Die Yangtse-Schiffer fahren mit dem Boot auf dem Fluß zum Dorf: Die Teilnehmer setzen sich im Schneidersitz hintereinander auf den Boden (innerhalb des markierten Flusses) und machen synchrone Ruderbewegungen. Der vor ihnen stehende Gruppenleiter (Steuermann) gibt das Tempo der Bewegungen vor. Dazu wird wie oben das Lied in Form von Vor- und Nachsingen gesungen.

⑤ Zum Dorf führt ein Weg, an dessen Rand verschiedene Tiere leben: Der Weg wird durch mehrere Teppichfliesen dargestellt, wobei jeder Fliese ein Tier(geräusch) zugeordnet wird. Solange die jeweilige Fliese betreten wird, erklingt entsprechendes Tiergeräusch.

⑥ Der Weg führt zu einer Klangtreppe: wie ⑤, jedoch mit Klingenden Stäben: E G A H D E′ G′ A′ H′.

⑦ Die Yangtse-Schiffer gehen, vom Gruppenleiter angeführt, mit kleinen schlurfenden Trippelschritten und in Bauchhöhe verschränkten Armen zum Dorfplatz und dann um den Platz herum. Dieser ist bereits vorher als Kreis markiert. In der Mitte sitzt ein Teilnehmer (= Dorfältester) mit einem Gong. Immer wenn dieser angeschlagen wird, bleiben die Yangtse-Schiffer stehen und begrüßen sich, indem sie sich verneigen. Während dieses Rundgangs wird chinesische Musik vom Tonträger oder eine pentatonische Melodie auf einem Xylophon gespielt (nach Fehrs 1986).

⑧ Das Dorffest wird gefeiert, indem das Lied mit Instrumentalbegleitung gesungen wird.

Erweiterung mit älteren/geübteren Teilnehmern in Form einer pentatonischen Instrumentalimprovisation. Die Teilnehmer spielen auf Stabinstrumenten das Motiv „Ja ho ja ho hei" (Takt 1/2) z. B. viermal (= Tutti-Teil). Anschließend spielen jeweils 2 Teilnehmer mit pentatonischem Tonvorrat (E G A H D) kleine, spontan erfundene Motive im Wechsel (Die Yangtse-Schiffer unterhalten sich). Nach jedem instrumentalen Dialog setzt wieder der gemeinsame Tutti-Teil ein.

Die Instrumentalimprovisation wird rhythmisch-harmonisch begleitet (siehe Liedbegleitung).

Variante: Tutti-Teil (Takt 1–2) im Wechsel zu gleich langem Solo mit Tönen E G A H D′ oder rhythmisch.

⑨ „Chinesischer Teppichtanz": siehe 42 Klangteppich mit Klingenden Stäben (E G A H D′) zu ostinater Liedbegleitung (e-Moll).

Samba Lélé

Für wen: alle Altersstufen

Material:
- verschiedene Rhythmusinstrumente (Liedtext)
- ggf. Xylophon
- ggf. Sambamusik, z. B. „Samba Lélé“ → CD 9

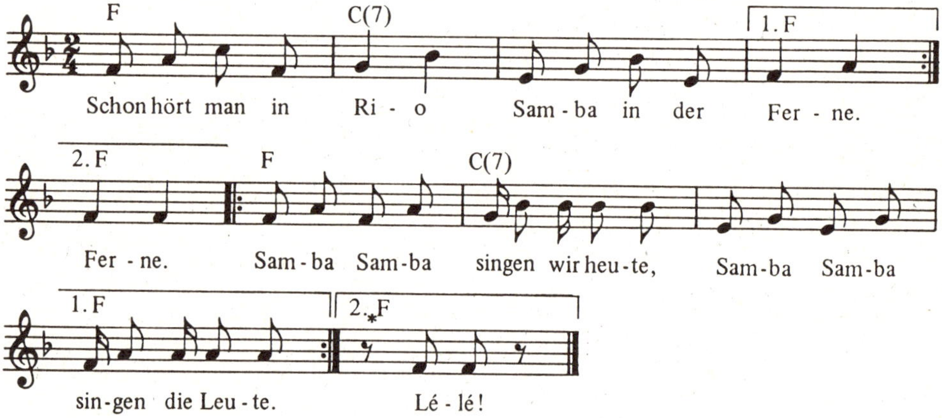

1 Schon hört man in Rio Samba in der Ferne (2 ×).

Refr.: Samba Samba singen wir heute,
Samba Samba singen die Leute.
Samba Samba singen wir heute,
Samba Samba – Lélé!

2 Schon hört man in Rio Pfeifen in der Ferne (2 ×).
3 Schon hört man in Rio Klatschen in der Ferne (2 ×).
4 Schon hört man in Rio Hölzer in der Ferne (2 ×).
5 Schon hört man in Rio Rasseln in der Ferne (2 ×).
6 Schon hört man in Rio Glocken in der Ferne (2 ×).
7 Schon hört man in Rio Guiros in der Ferne (2 ×) usw.

Mel: aus Brasilien, dt. Text/Arr: B. Tischler.

Liedbegleitung (Ostinato)

vokal/ Xylopho

Xylopho

Melodierhythmus oder Grundschlag

*In der ersten Achtelpause des letzten Taktes:

Rhythmusinstrumente

Fingerschnipser/Sambapfei

Gestaltungsidee

① Viele Leute kommen zum Samba-Umzug nach Rio: Der Gruppenleiter führt die Teilnehmer mit Gehschritten auf der Kreisbahn gegen Uhrzeigersinn. Dabei wird vor- und nachgesprochen: „Schon hört man in Rio Schritte in der Ferne ..."

② Am Platz wird geklatscht zum gesprochenen Text: „Schon hört man in Rio Klatschen in der Ferne ..."

③ Stampfen auf der Kreisbahn gegen Uhrzeigersinn: „Schon hört man in Rio Stampfen in der Ferne ..."

④ Am Platz wird gesprochen und dazu geschnipst: „Schon hört man in Rio Rhythmus in der Ferne ..." Anschließend wird der Melodierhythmus des Refrains vor- und nachgeklatscht, mit und ohne gesprochenen Text, dann auch mit anderen Klanggesten und Bewegungsarten.

⑤ Die Melodie wird durch Vor- und Nachsingen eingeübt: „Schon hört man in Rio Singen in der Ferne ..." Variation: „... Pfeifen ..."

⑥ Entsprechend den einzelnen Strophen wird das Lied auf Rhythmusinstrumenten begleitet. Die Ostinato-Begleitung auf dem Xylophon kann auch als Zwischenspiel (= Atempause) fungieren. Die Strophen lassen sich auf andere Instrumente erweitern.

1. Erweiterung: Die Teilnehmer werden einzelnen Instrumentengruppen zugeordnet. Jeweils ein Teilnehmer führt seine Gruppe singend und spielend zu der betreffenden Strophe durch den Raum. Die wartenden Instrumentengruppen singen währenddessen mit.

2. Erweiterung: Die Teilnehmer begleiten eine Sambamusik vom Tonträger mit Rhythmusinstrumenten. Ein Dirigent bestimmt mit entsprechender Gestik, wann welche Instrumente(ngruppe) spielen/spielt und aussetzen/aussetzt.

3. Erweiterung: Die Teilnehmer führen einen „Samba-Umzug" in festgelegter Formation durch, zum eigenen Gesang oder zur Instrumentalfassung des Liedes vom Tonträger „Samba Lélé", die, zweimal direkt hintereinander auf Cassette überspielt, vier Durchgänge aufweist. Es werden vier konzentrische Kreise mit je einer Instrumentenart gebildet: A = Strophenteil, B = Refrainteil:

1. Durchgang:
A: Gruppe 1 (Außenkreis mit Klanghölzern) spielt am Platz
A′: Gruppe 2 (1. Innenkreis mit Rasseln) spielt am Platz
B: Gruppe 3 (2. Innenkreis mit Kuhglocken) spielt am Platz
B′: Gruppe 4 (3. Innenkreis mit Guiros) spielt am Platz

2. Durchgang:
A: Gruppe 1 spielt und geht dabei gegen Uhrzeigersinn
A′: Gruppe 2 spielt und geht dabei in Uhrzeigersinn
B: Gruppe 3 spielt und geht dabei gegen Uhrzeigersinn
B′: Gruppe 4 spielt und geht dabei in Uhrzeigersinn

3. Durchgang:
A: Gruppe 1 spielt und geht dabei gegen Uhrzeigersinn
A′: Gruppe 2 kommt hinzu, gehend in Uhrzeigersinn
B: Gruppe 3 kommt hinzu, gehend gegen Uhrzeigersinn
B′: Gruppe 4 kommt hinzu, gehend in Uhrzeigersinn, so daß alle vier Gruppen nun gleichzeitig gehen.

4. Durchgang: Die Teilnehmer folgen dem Gruppenleiter, ggf. auch Teilnehmer, der rhythmische Signale auf einer Samba- oder Trillerpfeife gibt, in Schlangenlinien durch den Raum.

Anmerkung: Gegebenenfalls müssen die vier Kreise markiert werden, z. B. durch Tesa-Krepp-Streifen. Diese Gestaltungsidee ist eine Möglichkeit, die Tanzmotivation zu erhöhen (siehe auch 69).

10 Die Karawane

Für wen: alle Altersstufen

Material:
- Trommeln in Teilnehmerzahl
- verschiedene Rhythmus- und lautmalerische Instrumente
- Stabinstrument(e)
- ggf. Requisiten für szenische Darstellung

Refr.: Sum gali gali gali sum gali gali,
sum gali gali gali sum gali gali.

1 Karawane durch Wüste zieht,
schon von weitem hört man ihr Lied.

2 Heiße Sonne und feiner Sand,
den der Wind fegt weit übers Land.

3 Die Oase ist noch sehr weit,
und ganz endlos zieht sich die Zeit.

4 Für Kamel und Mensch gibt's kein Halt,
denn am Abend wird's bitterkalt.

5 Endlich ist die Oase da,
und das Wasser ist gut und klar.

Mel: aus Palästina, dt. Text (Strophen)/Arr: B. Tischler/R. Moroder-Tischler.

Liedbegleitung (Ostinato):

Xylophon

Metallophon

beliebiger einfacher rhythmischer Ostinato: Grundschlag, Gegenschlag, Melodierhythmus (Takt 2) — Klanghölzer, Rasseln, Trommeln/Bongos o.a.

Gestaltungsidee

① Eine Karawane nähert und entfernt sich wieder: Gemeinsam wird das Motiv „Sum gali gali“ (Takt 2) allmählich lauter, dann wieder leiser werdend gesprochen.
② Es folgt eine längere Karawane: Wie ①, jedoch bezogen auf den ganzen Refrain.
③ Die Karawane bewegt sich rhythmisch fort: Einer nach dem anderen der im Kreis sitzenden Teilnehmer spielt im Wechselschlag den Melodierhythmus „Sum gali gali“ (Takt 2): Rechte und linke Hand schlagen im Wechsel auf eine Trommel, ggf. auch auf die Oberschenkel.
Variante für geübte Teilnehmer: Nur eine, z.B. die rechte Hand schlägt jeweils laut, die andere kaum hörbar an eine Körperstelle.
④ Der Melodierhythmus von Takt 1 und 2 wird in die Runde gegeben.
⑤ Die Refrainmelodie wird wie bei ② eingeübt und rhythmisch begleitet ④.
⑥ Das ganze Lied wird gesungen, wobei die Strophen durch Vor- und Nachsingen eingeübt werden.
1. Erweiterung: Das Lied wird mit harmonisch-rhythmischer Begleitung gesungen (siehe Liedbegleitung).
2. Erweiterung: Der Refrain wird als durchgängiges Ostinato auch während des Strophensingens von einigen Teilnehmern gesungen.
3. Erweiterung: Die Strophen werden mit Hilfe lautmalerischer Instrumente verklanglicht und szenisch dargestellt.
4. Erweiterung: „Arabische“ Instrumentalimprovisation: Die Teilnehmer spielen gemeinsam ein oder mehrere rhythmische (und harmonische) Ostinati (siehe Liedbegleitung). Jeweils ein Teilnehmer verläßt sein Instrument und improvisiert z.B. auf einem Metallophon frei mit den Tönen: E Fis G B H.
5. Erweiterung: Die Teilnehmer tanzen den arabischen Tanz [69].
6. Erweiterung: Ein Karawanenzug wird im Rahmen musikalischer Improvisation dargestellt, indem die Teilnehmer mit der Stimme oder auf einem beliebigen Instrument ein sich sehr langsam entwickelndes Crescendo (lauter werden) ausführen und dies im Decrescendo (leiser werden) ebenso langsam wieder abbauen. Dabei können auch verschiedene Motive eingesetzt werden, die ständig wiederholt werden (Ostinato), aber nicht unbedingt einem einheitlichen Metrum folgen müssen. Dieses Spiel sollte so lang wie möglich ausgedehnt werden, damit Konzentration, Ausdauer, Anpassung und Klangerleben zum Tragen kommen.

Weißer Rauch

Für wen: Jugendliche; eventuell auch Kinder

Material:
- Rhythmus- und Stabinstrumente
- lautmalerische Instrumente für Verklanglichung
- Chiffontücher in Teilnehmerzahl für Bewegungsgestaltung
- Musik für Bewegungsgestaltung (Andenmusik)
- ggf. „Wir sind Teil der Erde – Die Rede des Häuptlings von Seattle" (Walter Verlag, Olten 1982)

Refr.: La la la la ...
1 Steigt weißer Rauch aus dem Feuer empor,
singen die Indios freudig im Chor.
2 Steigt dichter Nebel am Morgen empor ...
3 Steigt hell die Sonne am Himmel empor ...
4 Steigt schwarzer Adler in Höhen empor ...
5 Steigt gelber Mond spät am Abend empor ...
6 Steigt weißer Rauch aus den Schloten empor,
singen die Indios traurig im Chor.
7 Steigt wie ein Pilz eine Wolke empor,
singen die Menschen nicht mehr im Chor.
Refr.: Mmh, mmh, mmh, mmh ...

Mel/Text/Arr: B. Tischler.

Liedbegleitung (Ostinato)

Refrain:

Xylophon/ Metallophon

Strophe:

einfache rhythmische Ostinatobegleitung

Trommel/Rassel/ Guiro/Kuhglocke/ Klanghölzer o.a.

Gestaltungsidee

Nach einem einführenden Gespräch über Verdrängung von Naturvölkern, Minderheiten, Folgen und Gefahren der Industrialisierung u.a. wird das Lied gesungen. Dabei gehen die Teilnehmer während des Refrains klatschend auf der Kreisbahn, zuerst gegen, dann im Uhrzeigersinn. Beim Singen der Strophen wird rhythmisch am Platz mit den Fingern geschnipst. Mit Kindern wird eventuell nur bis einschließlich Strophe 5 gesungen.

Variante: Die Teilnehmer gehen wie oben während des Refrains im Kreis, halten dabei jedoch ein Chiffontuch an einem Zipfel, das leicht hin- und hergeschwenkt wird. Beim Strophenteil wird das Chiffontuch am Platz auf- und abgeschwenkt.

1. Erweiterung: Das Lied wird mit instrumentaler Liedbegleitung gesungen.

2. Erweiterung: Das Lied wird als Instrumentalstück mit rhythmischer Begleitung gespielt.

3. Erweiterung: Die einzelnen Strophen werden mit lautmalerischen Instrumenten verklanglicht.

4. Erweiterung: Bewegungsgestaltung des Liedinhalts mit Chiffontüchern zu Hintergrundmusik, z.B. Flötenmusik aus den Anden, ggf. unterschiedliche Musik zu den einzelnen Strophen, je 20–60 Sek.:

„Es steigt weißer Rauch aus dem Feuer empor“: Die im Kreis am Boden hockenden Teilnehmer blasen auf die zu einem symbolischen Feuerholzscheit aufgetürmten Chiffontücher.

„Es steigt dichter Nebel am Morgen empor“: Jeder Teilnehmer nimmt sich ein Chiffontuch, welches einer nach dem anderen in die Höhe bläst.

„Es steigt hell die Sonne am Himmel empor“: Die Teilnehmer gehen, durch die Tücher miteinander verbunden, im Kreis (= Symbol der Sonne). Dabei werden die Arme langsam nach oben gestreckt.

„Es steigt schwarzer Adler in Höhen empor“: Die Teilnehmer schwingen, durch den Raum laufend, das Tuch auf und ab.

„Es steigt gelber Mond spät am Abend empor“: Die Teilnehmer stehen wieder mit Tüchern verbunden im geöffneten Kreis. Der Gruppenleiter führt die Teilnehmer in den Innenkreis im Uhrzeigersinn und geht, eine halbmondförmige Bahn ziehend, durch ein „Tor“, das von den letzten beiden Teilnehmern durch Heben der Arme gebildet wird. Mit einer Kehrtwendung nach links werden die Teilnehmer im Außenkreis wieder an den Ausgangspunkt zurückgeführt.

„Es steigt weißer Rauch aus den Schloten empor“: Jeder macht, nacheinander einsetzend, sich wiederholende maschinenartige Bewegungen unter Verwendung der Tücher.

„Es steigt wie ein Pilz eine Wolke empor“: Die Tücher werden nacheinander in die Kreismitte geblasen und zu einem symbolischen Atompilz aufgetürmt. Die Teilnehmer schauen auf dem Bauch liegend auf die Tücher und hören auf die Musik. Hierbei können auch Ausschnitte aus „Tamaro“ von F. Vahle vorgespielt oder Teile aus dem Buch „Wir sind Teil dieser Erde“ vorgelesen werden.

5. *Erweiterung:* Die im Rahmen dieser Liedgestaltung ausgelösten Gefühle und Fragen sollten in einem vertiefenden Nachgespräch aufgegriffen werden.

12 Rock-Musik

Für wen: vorwiegend Jugendliche

Material:
- verschiedene Rhythmusinstrumente
- Stab- und/oder Tasteninstrument(e)
- Musik: „Rock around the clock“ von Bill Haley → CD 11
- ggf. andere Musik im Blues-Schema oder z. B. Rap-Musik/Techno-Rock
- ggf. verschiedene Requisiten für Szene

1 Rock-Musik ist wieder in, Rock-Musik, wo ich auch bin.
Rock-Musik ist stadtbekannt, und man hört im ganzen Land
immer wieder diese Rock-Musik.
2 Rock-Musik, die spielt man so überall im Radio ...
3 Rock-Musik tagein tagaus, bei Rock-Musik da flipp ich aus ...
4 Rock-Musik von früh bis spät, bis die Uhre zwölfe schlägt ...
5 Rock-Musik kennt man schon lang, doch sie fängt immer wieder an ...

Mel: nach M. C. Freedman, dt. Text/Arr: B. Tischler.

Liedbegleitung

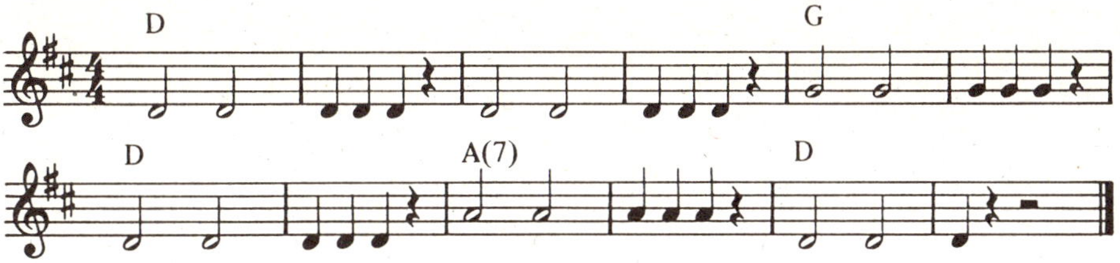

Stab-/Tasten-instrument

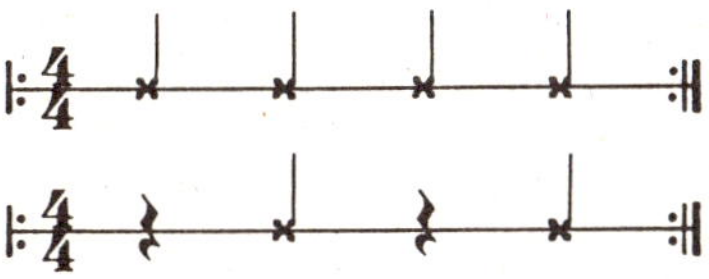

Ostinato

Rhythmus-instrumente

Gestaltungsidee

① Der Liedtext wird abschnittweise eingeübt und dabei mit Klanggesten entsprechend den zugrundeliegenden Harmoniefolgen (= verkürztes Blues-Schema) begleitet, z.B.: D-Dur: Klatschen, G-Dur: Schnipsen, A-Dur: Patschen.

② Wie ①, jedoch gesungen.

③ Das Lied wird mit rhythmischer und harmonischer Liedbegleitung gesungen.

1. Erweiterung: Die Teilnehmer führen Klanggesten wie bei ① aus, jedoch zur Original-Musik vom Tonträger („Rock around the clock“).

2. Erweiterung: Die Musik vom Tonträger wird mit Rhythmusinstrumenten begleitet. Nach jeder Strophe spielt eine andere Instrumentengruppe. Ein Dirigent gibt die Einsätze.

3. Erweiterung: Liedbegleitung in A-Dur zur Musik vom Tonträger.

4. Erweiterung: „Blues“- Instrumentalimprovisation. Einige Teilnehmer spielen ein rhythmisches Ostinato, einige der Grundtöne des „Blues“-Schemas (siehe Liedbegleitung). Jeweils ein Teilnehmer improvisiert dazu auf einem Stab- oder Tasteninstrument mit den (ggf. gekennzeichneten) Tönen der Blues-Skala: D F G As [A] C (D-Dur) / A C D Es [E] G (A-Dur: Original) / C Es F Ges [G] B (C-Dur).

5. Erweiterung: Die Liedgestaltung wird in ein musikalisch szenisches Spiel eingebettet. Eine Hälfte der Gruppe stellt die übrigen Teilnehmer als „Rock-Band“ für ein „Platten-Cover“ auf, ggf. unter Verwendung veschiedener Requisiten. Die „Rock-Band“ singt/spielt pantomimisch zur Musik vom Tonträger; die anderen stellen dazu ein Pop-Ballett dar, das, angeführt von einem Vortänzer, rhythmische Bewegungen im Aerobic-Stil durchführt. Anschließend erfolgt Rollentausch.

Variante (für singgehemmte Jugendliche): Das Lied wird in Anlehnung an neuere musikalische Stilrichtungen wie Neue Deutsche Welle (NDW), Techno oder Rap im rhythmischen Sprechgesang durchgeführt. Der Text wird entsprechend geändert: „NDW/Rap-Musik/Techno-Rock ist wieder in ...“. Die instrumental-harmonische Begleitung beschränkt sich dabei auf ein einfaches Ostinato, z. B. A–G im Wechsel (siehe auch 5).

Immer gleich im Rhythmus

Für wen: ältere Kinder; Jugendliche

Material:
- Stoffsäckchen (ca. 10 × 15 cm) in Teilnehmerzahl, ggf. auch andere kleine Gegenstände, z. B. Schuhe
- beliebige Musik mit eingängigem Rhythmus, → CD 12

*Variante: Fließ-band.

Mel: aus USA („Pick a bale of cotton"), dt. Text/Arr: B. Tischler.

Gestaltungsidee

Die Teilnehmer hocken dicht beieinander auf den Knien am Boden im Kreis; die rechte Hand wird von allen synchron zum gesprochenen, dann gesungenen Liedtext vor dem rechten Nachbarn und wieder vor dem eigenen Körper auf den Boden geschlagen. Anschließend erhält jeder ein Stoffsäckchen, das nach dem gleichen Bewegungsprinzip synchron vor den rechten Nachbarn auf den Boden gelegt wird. Nach einigen Durchgängen nimmt der Gruppenleiter die nacheinander bei ihm ankommenden Stoffsäckchen aus dem Kreis heraus. Vorübung: 15 „Hören".

Variante: Andere Gegenstände, wie Schuhe, Bälle, faustgroße Steine werden rhythmisch zum gesungenen Lied weitergereicht.

1. Erweiterung für geübte Gruppen: Die Stoffsäckchen werden ausgehend vom Gruppenleiter nacheinander in die Runde gegeben und entsprechend weitergereicht. Das Weitergeben wird mit individuell unterschiedlichen rhythmisch-improvisierten Stimmgeräuschen wie „du-dab du-dab" oder „hou-tschak hou-tschak" begleitet.

2. Erweiterung: Wie oben, jedoch nach rhythmusbetonter Musik vom Tonträger.

3. Erweiterung: Die Liedgestaltung wird eingebettet in Spiele mit den Stoffsäckchen, ggf. auch thematisch eingebettet „Säcke tragen auf der Arbeit" 60.

Ich erzähl euch eine Geschichte

Für wen: alle Altersstufen
Material: – Trommeln (ggf. auch andere Rhythmusinstrumente) in Teilnehmerzahl
– ggf. afrikanische Geschichte, z. B. „Das Lied der bunten Vögel" (Amonde/Anan 1989); → CD 12

*Afrikanisch in Lautschrift.

Mel/Text: aus Ghana, dt. Text: Robra 1985.

Gestaltungsidee

Ein Vorsänger (zunächst der Gruppenleiter) singt das Lied abschnittweise und macht dazu gleichbleibende rhythmische Bewegungen/Klanggesten. Die Teilnehmer wiederholen jeweils entsprechend (ggf. zu Trommelrhythmen vom Tonträger).
Nach einigen Lieddurchgängen ruft der Vorsänger: „Ich bin müde!", woraufhin sich alle Teilnehmer hinlegen.
Der Vorsänger zählt nun laut „eins", die Teilnehmer rufen darauf „kikeriki!" (Variante: „Huka!") usw. bis „neun". Sobald die „zehn" gerufen worden ist, springen alle so schnell wie möglich hoch. Wer als letzter aufgestanden ist, ist der nächste Vorsänger (nach Robra 1985).
Variante: Wer zuerst nach der „zehn" aufgestanden ist, darf sich eine Trommel holen und spielt beim nächsten Lieddurchgang den jeweiligen Melodierhythmus mit.
Anschließend endet das Lied: „... und er sagte: Jeder holt sich eine Trommel!"
(Anstelle der Trommeln können auch andere Rhythmusinstrumente wie Klanghölzer, Rasseln, Kuhglocken, Schellen eingesetzt werden).
Nun werden von allen die Melodieabschnitte auf ihrem Instrument entsprechend rhythmisch zum Gesang gespielt.
1. Erweiterung: Nur der Melodierhythmus wird abschnittweise vor- und nachgespielt. Der Liedtext wird innerlich mitgesprochen.
2. Erweiterung: Das Lied endet: „... und er sagte: Ich hab' eine Botschaft aus Afrika!"
Die afrikanische Botschaft „Tschetsche kulé" (Takt 1–2) wird rhythmisch sprechend und spielend im Kreis von einem zum anderen weitergegeben.

3. Erweiterung: Das Lied endet: „... und er sagte: Tschetsche kulé!“ Das Lied wird wieder über Vor- und Nachmachen abschnittweise mit dem afrikanischen Text gesungen und rhythmisch begleitet.
Nach einigen Durchgängen endet das Lied: „kum adende: Das Lied ist nun zu Ende!“

4. Erweiterung: In geübten Gruppen wird die Melodie, ggf. abschnittweise verteilt, auf Instrumenten gespielt.

5. Erweiterung mit Textvariante: „Ich erzähl ... von einem Tier ... und es fauchte (stampfte, zischte, hüpfte ...).“ Die jeweiligen Tätigkeiten werden dargestellt oder auf der Trommel – z. B. nacheinander im Kreis – verklanglicht.

6. Erweiterung: „Ich erzähl ... von einer Frau (einem Kind) ... und sie (es) sagte (spielte): Phantasiewörter oder -sätze (Rhythmen), die von allen wiederholt werden.

7. Erweiterung: Vorlesen, Darstellen einer afrikanischen Geschichte: „Das Lied der bunten Vögel“.

Musikbezogenes Hören

15

Tempo

Für wen: alle Altersstufen

Material:
- Stoffsäckchen (ggf. Kugeln, Bälle o.a.)
- Signalinstrument (z.B. Trommel)
- Rhythmusinstrumente (lang- und kurzklingend)
- Musik in verschiedenen Tempi, ggf. auch vom Gruppenleiter gespielt; → CD **6**
- ggf. Klebeband; Chiffontücher

Hören

Ein Stoffsäckchen wird im Kreis in eine Richtung weitergegeben, immer wenn ein akustisches Signal, z. B. Trommelschlag erklingt.
① in unregelmäßigen Abständen (ametrisch)
② in gleichbleibenden Tempi (langsam, schnell)
③ in sich veränderndem Tempo (schneller, langsamer).

Spielen

Die Teilnehmer werden in zwei Gruppen aufgeteilt, denen jeweils eine Art von Instrumenten zugeordnet wird. Zu langsamer Musik spielt die eine Gruppe z. B. mit Triangeln und Zymbeln, zu schneller Musik die andere Gruppe mit Klanghölzern.
Erweiterung: Drei verschiedene Tempi mit drei Gruppen und drei Arten von Instrumenten.

Bewegen

Zu langsamer Musik bewegen sich die Teilnehmer in „Zeitlupe“ langsam durch den Raum („Schwerelosigkeit im Weltenraum“). Sobald schnelle Musik einsetzt, bewegen sich die Teilnehmer auf einer z. B. mit Klebeband fixierten Kreislinie mit schnellen Bewegungen („Planet der schnellen Wesen“ oder „Auf der hektischen Erde“). Als Hilfsmittel können auch z. B. Chiffontücher eingesetzt werden.
Erweiterung: Bewegungen nach drei verschiedenen Tempi.

Klangdauer

Für wen: alle Altersstufen
Material: – Stoffsäckchen (ggf. Kugel, Ball o.a.)
– 3 verschieden lange Gegenstände
– Blasinstrument; Becken/Triangel
– Schlag-, Zupfinstrumente in Teilnehmerzahl
– Chiffontücher in Teilnehmerzahl
– → CD 6, 14

Hören

① Der Gruppenleiter spielt z.B. auf einer Flöte mal kürzere, mal längere Töne. Sobald der jeweilige Ton verklungen ist, wird ein Stoffsäckchen in eine Kreisrichtung weitergegeben.
② Je nachdem, ob ein kurzer, langer oder dazwischenliegender mittellanger Ton gespielt wird, wird ein entsprechend kurzer, langer oder mittellanger Gegenstand in eine Kreisrichtung weitergegeben.

Spielen

Die Teilnehmer haben ein Schlag- oder ein Zupfinstrument. Einer nach dem anderen erzeugt einen Klang. Erst wenn dieser nicht mehr zu hören ist, kommt der nächste an die Reihe.
Erweiterung: Zu kurzen Tönen (→ CD 6, 14 wird auf Klanghölzern mitgespielt, zu langen Tönen auf Becken/Triangel).

Bewegen

① Der Gruppenleiter schlägt ein Becken an, nickt dabei einem Teilnehmer zu, der sich so lange frei durch den Raum bewegt, bis das Becken verklungen ist. Bei einem erneuten Beckenschlag nickt dieser Teilnehmer einem anderen Gruppenmitglied zu, so daß sich nun zwei Personen bewegen, bis nichts mehr zu hören ist, usw. – bis alle im Raum sind.
② Der Gruppenleiter spielt mal kürzere, mal längere Einzeltöne auf der Flöte. Die Teilnehmer bewegen sich immer nur während des Flötenklangs.
③ Der Gruppenleiter spielt verschieden lange Klangfolgen, zu denen sich die Teilnehmer mit Chiffontüchern bewegen und in den Pausen bewegungslos verharren.
④ wie ③, jedoch mit zwei Gruppen: Die Teilnehmer der ersten Gruppe bewegen sich jeweils zur Musik, die der zweiten Gruppe unmittelbar danach in derselben zeitlichen Länge, die Musik innerlich hörend.
⑤ Die Teilnehmer bewegen sich (mit ihren Chiffontüchern) frei durch den Raum zu einer Klangfolge, an deren Ende jeder wieder an seinem Ausgangsplatz sein soll.
⑥ wie ⑤, jedoch mit zwei oder drei Gruppen. Jede Gruppe reagiert nur auf die ihr zugeordnete Klangfolge/Melodie.

Klangstärke

Für wen: alle Altersstufen
Material:
- 3 Stoffsäckchen (Kugeln, Bälle o.ä.) verschiedener Größe
- Becken; Pauke
- Musik mit deutlichen laut-leise-Kontrasten, → CD 6 oder z.B. „Menuett" aus Sinfonie Nr. 91 Es-Dur von Joseph Haydn
- verschiedene Instrumente in Teilnehmerzahl

Hören

Je nachdem, ob ein Klang (Becken/Pauke) leise, laut oder in dazwischenliegender Lautstärke erzeugt wird, wird ein kleines, großes oder mittelgroßes Stoffsäckchen in eine Kreisrichtung weitergegeben.
Variante: Kugeln werden einander zugerollt.

Spielen

Je lauter ein in der Kreismitte stehender Teilnehmer auf einem Becken (Pauke) spielt, desto mehr nähern sich ihm die anderen Gruppenmitglieder. Je leiser gespielt wird, desto mehr entfernen sie sich.
Erweiterung: Zwei Gruppen stehen sich in einiger Entfernung gegenüber. Je lauter ein Instrument (z. B. Pauke für Gruppe 1, Becken für Gruppe 2) gespielt wird, desto stärker nähern sie sich.
Variante: „Gegenstände suchen" 42.

Bewegen

Je lauter die Musik erklingt, desto stärker werden die Arme ausgebreitet. Je leiser sie erklingt, desto enger werden sie zusammengeführt (ggf. auch im Liegen). Mögliche thematische Einbettung: Dirigent; Bäume im Wind; sich öffnendes und schließendes Tor.
Als Hörbeispiel sollte Musik mit deutlichen laut-leise-Kontrasten (siehe Material) eingesetzt werden.
Geeignet ist auch instrumentales Vorspiel des Gruppenleiters.

Dirigieren

Auf entsprechende Zeichen eines Dirigenten wird laut/lauter/leise/leiser gespielt (siehe 37 „Lautstärke dirigieren").

Auf- und Abbau

Verschiedene Instrumente werden nach Lautstärkegraden geordnet. Der Spieleinsatz beginnt und endet mit den leisen Instrumenten.
Variante: Instrumente werden in unterschiedlich laute Gruppen eingeteilt, die dirigiert werden (s. o.).

Klanghöhe

Für wen: alle Altersstufen
Material: – 3 farblich unterschiedliche Stoffsäckchen/Bälle/Kugeln
– Klingende Stäbe mit unterschiedlichen Tönen
– Blockflöte (Metallophon)
– Reifen in Teilnehmerzahl

Hören

Je nachdem, ob ein tiefer, hoher oder dazwischenliegender Ton (z. B. auf einer Blockflöte oder einem Stabspiel) gespielt wird, wird ein entsprechend farbiges Stoffsäckchen in eine Kreisrichtung weitergegeben.
1. Variante: Bälle werden einander zugerollt.
2. Variante: Je nachdem ob ein tiefer, hoher oder mittlerer Ton in Form eines rhythmischen Motivs gespielt wird, wird echoartig gestampft (tief), geklatscht (hoch) oder gepatscht (mittel).

Spielen

Je nachdem, ob ein tiefer, hoher oder dazwischenliegender Ton vorgespielt wird, wird ein Klingender Stab mit entsprechendem Ton in eine Kreisrichtung weitergegeben, vorher jedoch immer zur Hörkontrolle angeschlagen.

Bewegen

Jeweils zwei Teilnehmer halten einen Reifen („fliegende Untertasse“). Sobald tiefe Klänge ertönen, gehen die Paare, ihre Reifen dicht über dem Boden haltend, frei durch den Raum („geringe Flughöhe“). Bei hohen Klängen wird der Reifen entsprechend hoch gehalten.
Bei auf- oder abwärts verlaufenden Klangfolgen wird der Reifen entsprechend simultan gehoben oder gesenkt.
Der Reifen wird auf den Boden gelegt („Landung“), wenn kein Klang mehr zu hören ist.
Variante: Jeder Teilnehmer hat einen eigenen Reifen.

Dirigieren

3 verschieden hoch klingende Einzeltöne werden auf Zeichen eines Dirigenten gespielt: z. B. hoch = Hand in Kopfhöhe, mittel = Hand in Brusthöhe, tief = Hand in Bauchhöhe (siehe auch 48).

Auf- und Abbau

Klingende Stäbe werden nach ihrer Tonhöhe geordnet. Der Spieleinsatz beginnt und endet mit den tiefen Tönen.
Erweiterung: als „Glockenläuten“ durch Hin- und Herschwingen der Instrumente (vgl. auch Friedemann 1971).

19

Klangfarbe

Für wen: alle Altersstufen
Material:
- verschiedene Instrumente in Teilnehmerzahl
- einige farblich unterschiedliche Stoffsäckchen/Kugeln/Bälle
- einfarbige Tücher in Teilnehmerzahl (eine Farbe = eine Instrumentenart)

Hören

Einzelnen Klangfarben/Instrumenten wird jeweils ein farbiges Stoffsäckchen zugeordnet. Je nachdem, welches Instrument erklingt, wird das entsprechende Stoffsäckchen in eine Kreisrichtung weitergereicht.
Variante: Wie oben, jedoch werden Kugeln oder Bälle einander zugerollt.

Spielen

Wie oben, jedoch spielen die Teilnehmer diesmal selbst das entsprechende Instrument, immer wenn der dazugehörige Ball (Kugel) von einem Dirigenten hochgehalten wird.
Variante: Mit mehreren Dirigenten, so daß auch mehrere Klangfarben gleichzeitig erscheinen können.

Bewegen

Einzelnen Klangfarben/Instrumenten wird jeweils ein farbiges Tuch zugeordnet. Je nachdem, welches Instrument erklingt, bewegen sich die entsprechenden Teilnehmer mit ihrem Tuch.
Erweiterung: 33, 34, 35.

20

Welches Instrument erklingt?

Für wen: alle Altersstufen
Material:
- kurze Hörausschnitte verschiedener Einzelinstrumente und Instrumentalensembles
- einzelne Schlaginstrumente (siehe unten) in Gruppenzahl
- Musik: „Wassermusik-Suite“ Nr. 3 in D-Dur, „Allegro“ von Georg Friedrich Händel → CD 13
- ggf. zwei Kerzen mit Glasbehälter pro Teilnehmer

Instrumentenpantomime

Es werden direkt aufeinanderfolgende kurze Hörausschnitte einzelner Instrumente vorgespielt, die die Teilnehmer simultan pantomimisch mitspielen. Kommen mehrere Instrumente gleichzeitig vor, so kann jeder sich „pantomimisch“ eines heraussuchen. Die vorgestellten Instrumente sollten den Teilnehmern weitgehend bekannt sein (siehe auch 21).

Instrumentendouble

Jeder Teilnehmer hat ein Schlaginstrument wie Kuhglocke, Triangel, Becken, Trommel u. a. Immer wenn eines dieser Instrumente (vom Tonträger oder direkt) erklingt, spielt der entsprechende Teilnehmer mit seinem Instrument mit. Wenn keines der ausgeteilten Instrumente vorkommt, müssen die Teilnehmer nur hören.

Trompete oder Horn?

Den Teilnehmern wird der Satz „Allegro“ aus der „Wassermusik-Suite Nr. 2 in D-Dur“ von Georg Friedrich Händel (1685–1759) vorgespielt. Der symmetrische Wechsel von Trompeten und Hörnern eignet sich besonders gut für das spielerische und bewegungsmäßige Erfassen von Klangfarbe und musikalischem Aufbau (nach Bergmann, A.; Reusch, A. 1981):

Aufbau (in Klammern = Zählzeiten):

1 Trompete (16) – Horn (16)
2a Trompete (2) – Horn (2)
2b Trompete (2) – Horn (2)
3 Trompete (8) – Horn (8)
4 Trompete (16) – Horn (16)
5 Trompete (4) – Horn (4)
6 Trompete (8) – Horn (8)
7 Trompete (16) – Horn (16)
8 Trompete/Horn (40)

① Je nachdem, ob Trompete oder Horn erklingt, bewegt sich eine entsprechend zugeordnete Gruppe frei im Raum dazu.

② Die Trompete wird z. B. mit Klanghölzern, das Horn z. B. mit Trommeln zusätzlich begleitet. Der Einsatz kann auch durch einen Dirigenten und eine Klangfarbenpartitur (siehe 21) gegeben werden.

③ Wie ①, jedoch in festgelegter Formation, z. B.
„Trompeten-Gruppe“ im Außenkreis, „Horn-Gruppe“ im Innenkreis:

1 gehen gegen Uhrzeigersinn
2a auf ein Knie hocken
2b aufstehen
3 Drehung am Platz
4 gehen gegen Uhrzeigersinn
5 knicksartige Verbeugung
6 Drehung am Platz
7 gehen gegen Uhrzeigersinn
8 einen gemeinsamen Kreis bildend gegen Uhrzeigersinn gehen; Abschlußverbeugung

Variante: Als Kerzentanz, wobei in jeder Hand eine Kerze in einem Glasbehälter getragen wird.

Instrumentenklang und Bewegung

Je nachdem, welches von zwei oder mehr verschiedenen Instrumenten gespielt wird, bewegt sich die entsprechend zugeordnete Gruppe frei durch den Raum.

1. Erweiterung: Die Instrumente werden auch gleichzeitig gespielt von unterschiedlichen Personen.

2. Erweiterung: Je nachdem, wie die Instrumente gespielt werden, z. B. leise/laut/schnell/langsam ..., wird sich bewegt.

3. Erweiterung: Die sich bewegenden Gruppen werden jeweils von einer Person angeführt, deren Bewegungen und Raumwege von den entsprechenden Gruppenmitgliedern imitiert werden. Immer wenn das zugehörige Instrument pausiert, erfolgt ein Rollenwechsel (siehe 60, 65).

Strukturelles Musikhören: Kleine Kammermusik für 5 Bläser von P. Hindemith

Für wen: alle Altersstufen

Material:
- Musik: „Kleine Kammermusik für 5 Bläser“ op. 24 von Paul Hindemith, 2.–4. Satz, aus „Bläserquintett“ → CD 14
- Klanghölzer / Triangeln / Zymbeln / Stabinstrumente in Teilnehmerzahl
- ggf. einige Chiffontücher

Die klare Gliederung (Rondoform), die Kürze (23 Takte, 50 sec.) sowie der deutlich hörbare Wechsel von Tutti- und Soloteil lassen diese Komposition von Paul Hindemith (1895–1963) als sehr geeignet für strukturelles Musikhören im Rahmen auditiver Wahrnehmungsdifferenzierung erscheinen (vgl. Vogelsänger 1972). In Verbindung mit spielerischen Aktivitäten läßt sich überdies das Hörerlebnis intensivieren.

Aufbau der Komposition (Klangfarbenpartitur):

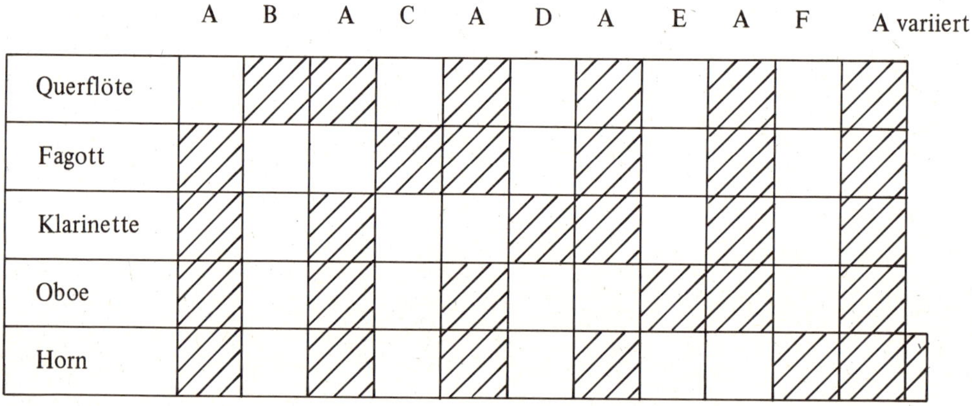

Tutti-Solo

Die Teilnehmer sind Dirigenten, die die Musik Hindemiths mit beiden Händen dirigieren, immer wenn mehrere Instrumente spielen (Tutti-Teil). Mit einer Hand wird dirigiert, wenn ein Instrument spielt (Solo-Teil). Dabei folgen die Handbewegungen der Musik. Die Teilnehmer erkennen den Wechsel von Tutti und Solo.

Tempo: Schnell – langsam

Die Teilnehmer achten auf das Tempo und erkennen dabei den Wechsel von schnellem Tutti- und langsamem Soloteil. Der Tutti-Teil wird von einer Gruppe synchron zur Musik mit Klanghölzern begleitet, die Soloteile werden von der anderen Gruppe mit einzelnen Triangel-/Zymbelschlägen untermalt.

Rhythmus – Melodie

Die Teilnehmer setzen die Musik während des Hörens spontan in grafische Zeichen, Linien, Striche um und erkennen dabei den Wechsel vom mehr rhythmisch ausgeprägtem Tutti-Teil und den verschiedenen mehr melodisch ausgeprägten Soloteilen.

Rondo-Form

Die Teilnehmer spielen entsprechend dem Aufbau des Stückes ein Rondo auf Stabinstrumenten, beginnend mit einem gemeinsamen Tutti-Teil, z.B. in Form eines gemeinsamen schnellen Rhythmus auf einem (beliebigen) Ton. Nach jedem Tutti-Spiel folgt eine freie Soloimprovisation, bestehend aus einer ruhigen, melodiösen Tonfolge. Ein Dirigent bestimmt die Einsätze.
Differenzierung in Anlehnung an das Stück von Hindemith: Die Solisten spielen beim jeweils vorhergehenden Tutti nicht mit (sie bereiten sich auf ihr Solo vor).

Instrumentarium

Die Teilnehmer spielen pantomimisch zur Musik vom Tonträger mit („Playback für Fernsehauftritt"). Eventuell können auch Instrumentenattrappen oder Ähnliches eingesetzt werden. Die Instrumentalrollen (1. Querflöte, 2. Fagott, 3. Klarinette, 4. Oboe, 5. Horn) werden verteilt. Bei größeren Gruppen können auch Mehrfachbesetzungen vorgenommen werden. Die jeweils pantomimisch spielenden Musiker stehen, die pausierenden Musiker sitzen. Der Gruppenleiter gibt eventuell als Dirigent Hilfen. Bei entsprechenden Lernvoraussetzungen kann dieses Spiel dem Originalwerk soweit angepaßt werden, daß die Solisten den vorangehenden Tutti-Teil nicht pantomimisch mitspielen (siehe auch [20]).

Bewegen

Tutti (A-Teil): Staccatoartige, rhythmische Bewegungen.
Solo-Teile: Fließende Bewegungen.
1. Erweiterung in 2 Gruppen: 1. Gruppe bewegt sich mit Klanghölzern (A-Teil).
2. Gruppe bewegt sich mit Chiffontüchern (Solo-Teile).
2. Erweiterung: Bewegungsgestaltungen zu anderen (zweiteiligen) Musikstücken (AB-Form): siehe Meyerholz/Reichle-Ernst 1992.

22

Spiel- und bewegungszentriertes Musikhören: Pachelbel-Kanon

Für wen: ältere Kinder; Jugendliche

Material:
- Musik: „Kanon in D-Dur für Streicher und Basso Continuo" von Johannes Pachelbel; → CD 15 ggf. Klavier-Bearbeitung von George Winston aus „December" (in C-Dur)
- 8 Teppichfliesen (für 1. Tonreihe)
- 8 Teppichfliesen (für 2. Tonreihe)
- 6 Klingende Stäbe (für 1. Tonreihe: A H Cis′ D′ E′ Fis′)
- 6 Klingende Stäbe (für 2. Tonreihe: Fis G A H Cis′ D′)
- verschiedene Rhythmusinstrumente
- ggf. (Baß-)Xylophon/Psalter
- ggf. 2 Glasbehälter mit Kerze für jeden
- ggf. Chiffontücher in Teilnehmerzahl

Der „Kanon in D-Dur für Streicher und Basso Continuo" von Johannes Pachelbel (1653–1706) baut auf einem aus nur sechs ab- und aufwärtslaufenden Tönen bestehenden Thema (1. Tonfolge) auf, das eine Terz tiefer fortgeführt (2. Tonreihe) und dann zunehmend variiert wird.
Die Durchführung erfolgt streng nach dem Kanonprinzip auf der Basis eines sich ostinat wiederholenden Baßthemas. Das einfache Grundthema und der ostinate Aufbau dieser Komposition sind die wesentlichen Merkmale, die sich im Rahmen erlebnisorientierten Hörens verdeutlichen lassen. Dabei stehen nicht die Variationen und klanglich-dynamischen Vorgänge im Vordergrund, sondern das Erleben des meditativen Charakters in Verbindung mit ostinaten Gestaltungen auf instrumentalspielerischer, bewegungsmäßiger und räumlicher Ebene.

Räumliche Darstellung mit Teppichfliesen

(Grundthema: 1. Tonfolge)

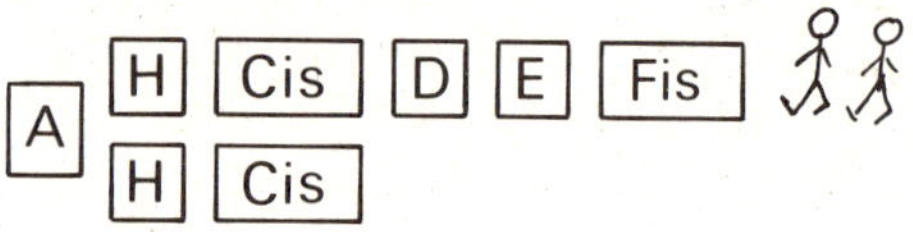

(Grundthema: 2. Tonfolge)

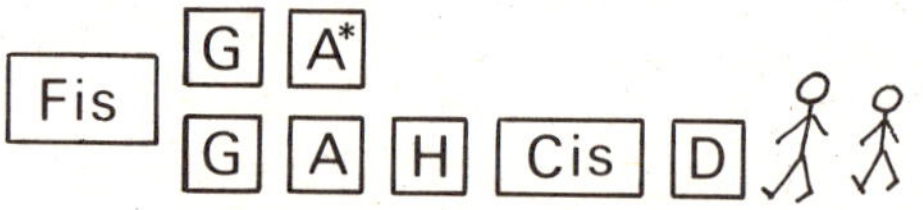

(Harmonien/Baßthema)

(*im Original „E")

8 Teppichfliesen, die jeweils einen Ton des Grundthemas (1. Tonreihe) repräsentieren, werden in der Reihenfolge des Melodieverlaufs auf den Boden gelegt (siehe Abbildung). Jedem der 6 verschiedenen Töne (A H Cis′ D′ E′ Fis′) wird jeweils ein hinter den Teppichfliesen sitzender Spieler mit einem entsprechenden Klingenden Stab zugeordnet. Immer wenn eine Teppichfliese betreten wird, wird der dazugehörige Ton auf dem Klingenden Stab gespielt. Langsam schreitet nun jeweils einer der nicht spielenden Teilnehmer den vorgegebenen Weg über die Teppichfliesen und bringt somit das Grundthema zum Erklingen. Sobald einer die Teppichreihe verlassen hat, folgt in fließendem Übergang der nächste. Der Anfangston (1. Fliese: A) ist auch der Schlußton. Um das Einhalten des Gehtempos zu erleichtern, kann der Gruppenleiter rhythmische Hilfen durch begleitendes Instrumentalspiel, z.B. auf Klanghölzern geben. Eine Akkordbegleitung auf Gitarre oder Tasteninstrumenten erweitert das Klangerlebnis.

1. Erweiterung mit zusätzlicher 2. Tonreihe (siehe Abbildung): Das Betreten/Spielen der 1. und 2. Teppichreihe/Tonreihe erfolgt nacheinander in fließendem Übergang und dann auch gleichzeitig, so daß das Grundthema zweistimmig im Terzabstand erklingt.

2. Erweiterung mit Rhythmusinstrumenten: Wer die Fliesen betritt, begleitet seine Schritte mit einem Rhythmusinstrument.

3. Erweiterung mit Baßthema: Ein Teilnehmer spielt zusätzlich das Baßthema auf einem (Baß-)Xylophon oder Psalter, ggf. auch Tasteninstrument.

4. Erweiterung mit Musik vom Tonträger: Der „Melodiespaziergang“ wird zur Musik vom Tonträger durchgeführt. Möglich ist dabei auch das simultane Mitspielen auf Rhythmus- und Melodieinstrumenten (siehe oben).

5. Erweiterung als Kerzentanz: Jeder hält in seinen Händen einen Glasbehälter mit einer Kerze (Teeleuchte) und betritt der Musik folgend nacheinander die Teppichreihe.

6. Erweiterung als Spielstück: Die einzelnen Tonfolgen werden jeweils von einem Spieler gespielt (auch Mehrfachbesetzungen sind möglich) und rhythmisch begleitet, so daß ein einfaches ostinates Instrumentalstück entsteht.

7. Erweiterung als Bewegungsgestaltung in verschiedenen Raumformen, frei improvisierend, ggf. mit Chiffontüchern zur Originalfassung 74.

1. Variante für kleinere Gruppen: Zwei oder drei Klingende Stäbe werden von nur einem Spieler gespielt. Dadurch werden mehr Teilnehmer für den „Melodiespaziergang“ frei.

2. Variante durch Transponieren nach C-Dur: falls kein „Cis“ bei Einsatz von Stabspielen vorhanden ist. Hier besteht die Möglichkeit, auf Melodieinstrumenten zur Klavierfassung von G. Winston (C-Dur) mitzuspielen:
Grundthema 1: E′ D′ C′ H A G A H, 2: C′ H A G F E F G
Baßthema: C′ G A E F C F G

3. Variante als Lied gesungen (Text: Reinhard Kossak): „Liebe Leute, hört mal her, dieses Lied ist gar nicht schwer. Kommt und geht jetzt alle mit. Die Töne gehen Schritt für Schritt.“ (Jeweils zwei Silben fallen auf einen Viertelton.)

Assoziatives und rhythmisch-bewegungsorientiertes Musikhören: Bolero von M. Ravel

Für wen: ältere Kinder; Jugendliche
Material:
- Musik: „Bolero" von Maurice Ravel → CD 16
- Chiffontücher in Teilnehmerzahl
- 1 Paar Klangstäbe für jeden
- ggf. Klebeband zur Markierung des Kreises

Der Bolero von Maurice Ravel (1875–1937) besteht aus einer 18taktigen Melodie, die durch zahlreiche Wiederholungen und Variationen in unterbrochenem Crescendo (lauter werdend) vom Pianissimo (sehr leise) bis zum gewaltigen Fortissimo (sehr laut) geführt wird. Der Melodie ist ein sich ostinat wiederholender Trommelrhythmus unterlegt, der zum Mitspielen und Bewegen einlädt.
Zur Einstimmung der anfangs ruhig und verhalten klingenden Musik bietet sich das entspannende Hören an, wobei inhaltlich-konkrete, vom Gruppenleiter vorgegebene Assoziationen die Identifizierung mit dem Stück erleichtern und damit die rezeptive Aufmerksamkeitshaltung begünstigen.
Der zunehmenden Dynamik kann dann in fließendem Übergang aktiv in Form rhythmisch-instrumentaler Begleitung und Bewegungsgestaltung entsprochen werden. Dies ist bereits auf sehr elementarer Ebene möglich durch die Beschränkung auf das dem Rhythmus zugrundeliegende Metrum (Grundschlag) sowie einfache Schrittfolgen und Raumformen.
Durch die Verbindung von assoziativ-gelenktem Hören mit rhythmischem Instrumentalspiel und Bewegung wird die Musik ganzheitlich-konkret erlebbar.

① Die Teilnehmer liegen mit geschlossenen Augen verteilt im Raum, jedoch außerhalb eines vorher markierten Kreises, dessen Durchmesser sich nach der Gruppengröße richtet. Der Bolero wird vom Tonträger vorgespielt, wobei der Gruppenleiter abschnittweise (jeweils zu Beginn eines neuen melodischen Abschnitts) folgenden Text spricht:
„Hört genau auf die Musik. – Stellt euch vor, es ist ganz warm. Die Sonne scheint hell und kräftig vom Himmel herab. – Die Landschaft ist kahl und leer. – Es gibt kaum Bäume, die Schatten geben könnten. Man sieht nur die rotbraune staubige Erde. – Da könnt ihr in der Ferne ein Dorf erkennen. Weiß gestrichene Häuser stehen dicht zusammen. Einige Bäume ragen zwischen den Häusern empor. – Langsam kommt ihr auf der staubigen Straße näher und erreicht die ersten Häuser des Dorfes. – Es sind weiße, flache Häuser mit kleinen Fenstern. – Ihr geht weiter in das Dorf hinein. – In der Mitte des Dorfes ist ein großer Platz. – Die Einwohner des Dorfes gehen zu diesem Festplatz. Aus allen Richtungen kommen sie. – Sie gehen stolz und aufrecht und tragen bunte Kleider, die in der Sonne wunderbar leuchten. Sie kommen zu einem Fest zusammen. – Sie gehen so, wie es ihnen die Musik sagt. – Ich werde euch jetzt einzeln auf diesen Platz holen."
② Der Gruppenleiter führt einen Teilehmer nach dem anderen mit einer einfachen, zur Musik passenden Schrittfolge, die jeweils entsprechend imitiert wird, zur markierten Kreislinie. Die Teilnehmer, die sich dann dort niedergelassen haben, erhalten

ein Paar Klanghölzer und spielen im Rhythmus (Grundschlag) zum Bolero, bis alle Gruppenmitglieder angekommen sind (auch wenn das Stück bereits ausgeklungen ist).

③ „Das große Fest beginnt." Dazu werden nacheinander die Klanghölzer mit einem Chiffontuch ausgetauscht.

Der Bolero wird erneut von vorn abgespielt, wobei jeder 18taktige Abschnitt mit einer neuen gleichbleibenden Bewegungsfolge unter Einbeziehung der Tücher durchgeführt wird.

④ Nach circa 5 bis 6 Abschnitten führt der Gruppenleiter die sich mit den Tüchern gegenseitig haltenden Teilnehmer als Schlange durch den Raum mit der oben eingeübten Schrittfolge. Nach jedem neuen Abschnitt geht der Anführer ans Ende der Schlange und läßt den nächstfolgenden Teilnehmer die Gruppe führen.

⑤ Nach ungefähr fünf- bis sechsmaligem Wechsel wird die Schlange aufgelöst und jeder bewegt sich frei improvisierend – allein, paarweise oder zu mehreren – mit dem Chiffontuch zur Musik.

⑥ Gegen Ende des Stückes finden sich alle wieder im Kreis zusammen mit einer gemeinsam ausgeführten Bewegungsfolge.

⑦ Nach Beendigung des Stückes sucht sich jeder erneut einen Platz: „Das Fest ist zu Ende. Wir gehen mit den Dorfbewohnern nach Hause. Alle sind müde und legen sich hin. Doch schlafen kann keiner; jeder denkt noch an das Fest. Ganz leise geht jedem noch die Musik durch den Kopf."

Der Anfang des Boleros wird nochmal kurz vorgespielt und schließlich wieder ausgeblendet. Die Teilnehmer strecken sich und stehen allmählich auf (nach Holborn 1988).

24

Bewegungs- und entspannungsorientiertes Hören

Für wen: alle Altersstufen

Material:
- für Taschenlampenspiel: Taschenlampe für jeden; beliebige Musik (siehe unten); ggf. buntes Seidenpapier
- für Spiel mit japanischen Papierbällen: einige jap. Papierbälle oder Luftballons; durchsichtige, dünne Plastikplane, ca. 4 × 5 m; ruhige, fließende Musik → CD 17 oder z. B. aus „Das Wohltemperierte Klavier" von J.S. Bach
- für Spiel mit Klingenden Stäben: Klingende Stäbe (Variante: beliebige Instrumente) in Teilnehmerzahl
- für Rasselmassage: Kugelrasselpaare in Teilnehmerzahl

Taschenlampenspiel

Die Teilnehmer liegen sternkreisförmig auf dem Rücken mit dem Kopf zur Kreismitte und strahlen mit einer Taschenlampe die Raumdecke an. Die dort sichtbaren Lichtkegel werden zur Musik bewegt: kreisend, eckig, gleichbleibend, sich verändernd, schnell, langsam, horizontal, vertikal. Weitere Gestaltungsmöglichkeiten ergeben sich über das Verändern der Lichtkegelgröße, über Ein- und Ausschalten der Lampen, über farbige Lichtkegel, zum Beispiel durch Umhüllen der Lampe mit buntem Seidenpapier (vgl. auch Berzheim 1978).

Die Musikauswahl hängt sehr von den Hörgewohnheiten der Gruppe ab. Denkbar ist der Einsatz von Pop wie auch klassischer, z.B. barocker Musik. Das Taschenlampenspiel, das sich besonders auch für Körperbehinderte eignet, kann nicht nur zu Entspannungszwecken eingesetzt werden, sondern auch als Kommunikationsspiel oder als Mittel der Hinführung zu einer bestimmten Musik.

Spiel mit japanischen Papierbällen

Die Teilnehmer sitzen um eine ausgebreitete Plastikplane herum, halten und bringen sie in wellenförmige Bewegungen (= z.B. Meereswellen). Dann werden einige japanische Papierbälle daraufgelegt, die über die Plane gerollt werden. Hierbei stehen die Teilnehmer; einzelne von ihnen legen sich unter die Plane auf den Rücken und schauen den rollenden Bällen von unten zu. Es folgt ein Rollentausch in fließenden Übergängen. Während dieses Spiels erklingt Hintergrundmusik.

Spiel mit Klingenden Stäben

Die Teilnehmer sitzen mit Klingenden Stäben, die Augen geschlossen, frei im Raum verteilt am Boden. Ein, zwei oder drei Teilnehmer gehen, die Augen offen, ihr Instrument ständig, aber ruhig spielend durch den Raum. Jeder Spieler bestimmt selbst, wann er mit einem hörenden Gruppenmitglied die Rolle tauscht. Dabei bleibt er vor der betreffenden Person stehen und schlägt den Klingenden Stab zweimal kurz hintereinander an.

Variante: mit anderen tragbaren Instrumenten.

Rasselmassage

Einzelne Körperteile werden mit Kugelrasselpaaren leicht mit schnellen beidhändigen Wechselbewegungen beklopft, zuerst beim eigenen Körper, dann mit Partner.

Musikalische Entspannungsgeschichte: Mubowe lernt trommeln

Für wen: alle Altersstufen

Material:

Musik zur Untermalung:	Instrumente zur Untermalung:
① rhythmusbetonte Percussionsmusik, z. B. afrikanische Trommelmusik → CD 12	① rhythmisches Spiel auf Trommeln und anderen Percussionsinstrumenten
② getragen-melancholische Musik, → CD 18 Anfang	② getragene Klangfolgen auf Flöte/Gitarre/Metallophon o.a.
③ leicht bewegte, geheimnisvolle Musik → CD 34	③ leicht bewegte Einzelklänge/Geräusche mit Vogelpfeifen, Stielkastagnetten, Guiros u.a.
④ Trommelsolo	④ (gleichmäßiges) Schlagen auf einer Trommel
⑤ schwebend-meditative Instrumentalmusik, z. B. von Deuter, Kitaro u.a. → CD 17	⑤ ruhige, langklingende Klänge, z. B. auf Triangel, Becken, Metallophon, Klangschale

Die Teilnehmer liegen bequem mit geschlossenen Augen am Boden. Musik vom Tonträger oder eigene Verklanglichungen (siehe Material) untermalen die vom Gruppenleiter vorgelesene Geschichte.
Die Verklanglichung kann auch gemeinsam mit der Gruppe durchgeführt, auf Cassette aufgenommen und anschließend gehört werden.
Im weiteren ist die Geschichte kombinierbar mit verschiedenen rhythmischen Übungen und Spielen auf der Grundlage von Sprache/Singen, Bewegung/Tanz und Instrumentalspiel (45).
Eine zentrale Rolle spielt im Rahmen dieser Geschichte die Entspannung als Voraussetzung für ein harmonisch ausgeglichenes rhythmisches Körpergefühl.
Aus inhaltlicher Sicht bietet die Geschichte „Mubowe lernt trommeln" Gespräche über Themen wie: Lernen wollen und können, Geduld / Warten-können, Eigeninitiative, Sich-auf-etwas-einlassen u.a.

Erweiterung in Form musikalisch-szenischer Darstellung: Einzelne Abschnitte der Geschichte können auch als Spielidee mit mehrmaligem Rollentausch isoliert aufgegriffen werden, wie zum Beispiel „Mubowe auf dem Weg zum Einsiedler": Ein Teilnehmer muß als Mubowe mit geschlossenen Augen den trommelnden Einsiedler finden; der Weg aber wird durch Bäume und Tiere erschwert, die durch die anderen im Raum verteilt stehenden und Geräusche produzierenden Teilnehmer dargestellt werden. „Auf dem Rückweg" geht Mubowe mit geöffneten Augen zu rhythmusbetonter Musik oder Trommelspiel zwischen den „Bäumen" umher und spricht zu jedem seiner Schritte: „ta-ki". Wenn die Musik stoppt, bleibt Mubowe stehen, und die am nächsten stehende Person („Baum") macht Tiergeräusche, bis die Musik wieder einsetzt und Mubowe weitergeht. Bei jedem Stop kann ein Rollentausch zwischen Mubowe und „Baum" vorgenommen werden. Es bietet sich auch an, Mubowe selbst entscheiden zu lassen, wann er stehenbleibt und weitergeht, wobei die Musik bzw. Trommelspiel auf ihn entsprechend reagiert.

Subjekt-
bezogenes
Hören

Mubowe lernt trommeln

Am Rande des Urwaldes lebt in einem Dorf ein Stamm, in welchem fast jeden Tag Musik gemacht und getanzt wird. Die Dorfbewohner sind dabei fröhlich und ausgelassen ... ①
Nur Mubowe sitzt abseits, allein an einen Baum gelehnt.
„Wie schön wäre es doch, auch so gut wie die anderen trommeln zu können!" Schon oft hat Mubowe es versucht, ohne jedoch den passenden Rhythmus zu finden. Die Dorfbewohner sagen dann immer nur tröstend: „Du wirst es später schon lernen!" Aber Mubowe, unglücklich in Gedanken und Träume versunken, will es jetzt! ... ②
Da kommt eine Dorfbewohnerin auf Mubowe zu und sagt: „Ich kenne deinen Kummer, kann dir aber leider auch nicht helfen; jedoch habe ich von einem Einsiedler gehört, der mitten im Urwald leben soll. Vielleicht kann er dir weiterhelfen." Mubowe zögert nicht lange und macht sich zuversichtlich auf den Weg, ohne an die vielen Gefahren des Urwaldes zu denken. Im dichten Gestrüpp von Pflanzen, Büschen und Bäumen geht es auf nassem, sumpfigem Weg nur langsam voran ... ③
Plötzlich ist in der Ferne das rhythmische Schlagen einer Trommel zu hören ... ④ ...
Mubowe geht den Trommelklängen nach. „Das muß der Einsiedler sein!" Ein wenig aufregend ist es schon, denn der Einsiedler soll ein merkwürdiger Mann sein, der sich nicht gern bei seinem Trommelspiel stören läßt ... ④ ...
Nun steht Mubowe vor dem Einsiedler, der jedoch ohne aufzublicken, weiterspielt. Mubowe schaut ihn sich genau an ... ④
Nachdem der Einsiedler sein Trommelspiel beendet hat, hebt er fragend den Kopf. Mubowe teilt ihm sein Problem mit. Der Einsiedler hört aufmerksam zu und sagt schließlich: „Wenn du das Trommeln lernen willst, mußt du zuerst den Rhythmus kennen und ihn in deinen Körper hineinlassen. Dabei wird dir ein Wort helfen, welches zum Geheimnis der Trommelkunst gehört. Es heißt: „Ta-ki!" Sprich es zu jedem deiner Schritte, wenn du nun in dein Dorf zurückkehrst. Den Rhythmus dieses Wortes wirst du in deinem Körper und dann auch in deinen Händen spüren, mit denen du trommelst." Mubowe bedankt sich und macht sich auf den Rückweg, ohne jedoch recht zu wissen, was er von diesem merkwürdigen Rat halten soll. Dennoch folgt er dem Rat und spricht sodann zu jedem seiner Schritte: „ta-ki, ta-ki, ta-ki ...". Dabei laufen die Beine trotz großer Müdigkeit auf einmal wie von selbst, ganz leicht und gleichmäßig im Rhythmus seiner Worte: „ta-ki, ...". Mubowe fühlt sich frei und froh und sieht sich schon mit den anderen Dorfbewohnern zusammen trommeln ... ①
Endlich, spät abends im Dorf angekommen, legt Mubowe sich sogleich schlafen und beginnt ruhig ein- und auszuatmen, ruhig ein und aus ... ⑤ ... Gleichmäßig und ruhig geht der Atem, gleichmäßig und ruhig spricht Mubowe beim Ausatmen leise für sich: „ta-ki, ta-ki, taa." Dabei wird der Körper schwer und gelöst. Mubowe spürt, wie Atem und Rhythmus seiner Worte eins werden ... Mubowe fängt an, die Worte des Einsiedlers zu verstehen. Morgen wird gleich die Trommel geholt! ... Glücklich und zufrieden schläft Mubowe ein ... ⑤

Musikalische Phantasiereisen

Subjektbezogenes Hören

26

Für wen: alle Altersstufen
Material: Musik als assoziative Untermalung von Fortbewegungsmittel und Zielort → CD 17

Die Teilnehmer liegen bequem mit geschlossenen Augen am Boden und gehen mit den Gedanken auf eine Phantasiereise, die durch entsprechende Musik und begleitende Erzählung einen vorgegebenen Rahmen erhält.
Während der vom Gruppenleiter kurz beschriebenen Reise, z.B. mit einem Ballon, der Eisenbahn, einem Boot, einem Raumschiff, einem fliegenden Teppich ... erklingt eine dazu passende Musik zur Einstimmung.
Der Zielort kann unterschiedlichster Art sein: Wald, Meer, Berge, Insel, Stadt, Dorf, Schloß, Burg, Planet, Märchenland, fremde reale Länder, Mittelalter ...
Der Zielort wird je nach Intention mehr oder weniger genau beschrieben. Im Vordergrund stehen grundsätzlich die eigenen subjektiven Bilder und Assoziationen, die die für das Reiseziel vorgespielte Musik hervorruft. Sie können anschließend gemalt, verklanglicht und szenisch dargestellt werden sowie Anlaß zu Gesprächen sein. Die eingesetzte Musik kann auch als Einstieg oder Hinführung zu einem spezifischen Werk dienen.

Beispiel: Stell dir vor, du bist auf einer großen Wiese. Vor dir ankert ein großer Ballon. Er schaukelt leicht im Wind, an einem Seil vertäut. Die Gondel ist ein geflochtener Korb. Du steigst einfach ein, löst die Taue, und langsam hebt der Ballon ab. Du schwebst ganz sacht nach oben, immer höher. Du spürst die Luft, die an dir vorüberrauscht. Du spürst den Atem ruhig und gleichmäßig werden ... (ruhige meditative Musik) ...
Der Ballon schwebt auf hohe Berge zu ... (z.B. Ausschnitt aus der Alpensinfonie op. 64 von Richard Strauss) ...
Langsam wird es wieder Zeit zurückzukehren. Der Wind hat sich gedreht, so daß der Ballon dich wieder zur Wiese zurücktreibt. Langsam schwebst du mit dem Ballon zurück. ... (ruhige meditative Musik) ...
Langsam und sacht landest du auf der Wiese und steigst aus dem Ballon aus. Du bist wieder im Hier und Jetzt. Du läßt deine Bilder und Gedanken zurück. Du atmest tief durch, streckst dich, gähnst genüßlich und öffnest die Augen (in Anlehnung an Müller 1983).

Subjekt-
bezogenes
Hören

27

Ballmassage zu meditativer Musik

Für wen: alle Altersstufen, jedoch bei Jugendlichen nur mit behutsamer Einführung und Vorbereitung

Material:
- Ball (Tennisball, Boccia-, Rhythmikkugel) in Teilnehmerzahl. Variante: Luftballons
- ruhige, meditative Musik (Deuter, Kitaro, Winston o. a.) → CD **17**, **15**

Einzelübung

Die Teilnehmer sitzen verteilt im Raum mit einem kleinen Ball (Kugel) und rollen ihn über ihren Körper, ohne daß der Ball auf den Boden fällt.
Der Gruppenleiter ruft nun einzelne Körperteile auf (Knie, Zehenspitze, Rücken, Bauch, Schulter, Kopf u. a.), zu denen der Ball langsam gerollt wird, an entsprechendem Ort leicht gedrückt und um den Körperteil herumgerollt wird.
Im Hintergrund erklingt leise, ruhige Musik.

Partnerübung

Jeweils ein Teilnehmer rollt den Ball über den Körper des anderen, der auf dem Bauch liegt. Die Bauchlage ist zwar mitunter unbequemer, jedoch weniger exponiert. Der Ball wird auf einzelne Körperstellen leicht gedrückt, jedoch individuell verschieden.
Dazu erklingt ruhige Hintergrundmusik.
Bei Anfängergruppen kann die Übung zunächst auch im Sitzen durchgeführt werden (Beschränkung auf Rücken- und Armpartie). Die Dauer einer solchen Massage-Übung sollte anfangs sehr kurz (ca. 1 min.) sein und allmählich ausgeweitet werden (10 min. und länger).
Wenn die Musik ausgeblendet wird, wird die Rolle getauscht.
Variante: Die Übungen können auch mit Luftballons durchgeführt werden. Diese bieten eine größere körperliche Distanz zwischen den Partnern und werden gerade wegen ihrer Leichtigkeit sehr intensiv körperlich wahrgenommen. Um mögliche Quietschgeräusche beim Rollen des Ballons zu vermeiden, ist es günstig, die Hände vorher einzupudern.

Darstellende
Musik

28

Hören und Darstellen eines musikalischen Märchens: Die Schöne und das Tier von M. Ravel

Für wen: Kinder

Material:
- Musik: „Die Schöne und das Tier“ aus „Mutter Gans“ von Maurice Ravel → CD **18**
- verschiedene Melodie- und lautmalerische Instrumente zur Verklanglichung
- Requisiten für szenische Darstellung, z. B. Tücher, Bänder, Kronen ...

„Die Schöne und das Tier", eine von 5 Kompositionen der Märchensuite „Mutter Gans" von Maurice Ravel (1875–1937), ist die Vertonung eines Teils des gleichnamigen Märchens von Madame Leprince de Beaumont.
Diese nur wenige Minuten dauernde Komposition eignet sich aufgrund des klaren, strukturierten Aufbaus, der Handlungsträger und Handlungsrahmen deutlich werden läßt, schon auf sehr elementarer Ebene als Zugangsmöglichkeit zur Darstellenden Musik („Musik kann etwas erzählen") (vgl. Albrecht 1981; Meier, D. 1985).
Das zugrundeliegende Thema dieses Märchens kann auch unter weiterführenden Gesichtspunkten vertieft werden: sich für etwas opfern, Wesensart und äußere Erscheinung u.a.

Die Teilnehmer hören das Stück. Der Gruppenleiter erzählt dazu folgenden, hinsichtlich des Originals leicht veränderten und ausgeschmückten Inhalt:
„Die Tochter eines verarmten Kaufmanns, genannt die Schöne, geht in das Schloß eines furchterregenden Tier-Ungeheuers, um das Leben ihres Vaters zu retten. Dort ist sie von Hofdamen und Dienern umgeben, die sie für einen Spaziergang im Schloßgarten vorbereiten.
Nach dem Spaziergang erscheint das Tier-Ungeheuer mit schweren, tolpatschigen Bewegungen.
Es ist sehr verliebt in die Schöne und bringt ihr einzelne Geschenke. Allmählich verliert die Schöne ihre Angst und spürt schließlich sogar eine tiefe Zuneigung zu dem Tier-Ungeheuer, weil sie sein gutes Herz erkannt hat.
Da wird das Tier-Ungeheuer von seinem bösen Zauber erlöst und verwandelt sich zurück in einen Prinzen.
Der Prinz nimmt die Schöne an die Hand und führt sie, begleitet von den Hofdamen und Dienern, durch den Schloßgarten. Dann läßt sich das künftige Königspaar auf dem Thron nieder."
1. Erweiterung: Verklanglichung des Stückes mit verschiedenen Melodie- und lautmalerischen Instrumenten:
Die Schöne/Hofdamen/Diener: freie Klangimprovisation mit hellen, zarten Klängen; eventuell „Motiv der Schönen" und Vogelgeräusche für den Schloßgarten.
Tier-Ungeheuer: dunkle, einzelne, unregelmäßig erzeugte Klänge.
Tier-Ungeheuer/Schöne: instrumentale Dialoge zwischen den entsprechend zugeordneten Instrumenten.
Erlösung: Glissando auf Stabspiel oder Saiteninstrument.
Königspaar: zarte, metrisch-gebundene Klangfolge, eventuell auch als Motiv.
2. Erweiterung: Musikalisch-szenische Darstellung: Zur Musik vom Tonträger oder zur Verklanglichung wird das Märchen szenisch dargestellt. In größeren Gruppen können zusätzlich Rollen vergeben werden für die „Schloßmauer", das „Schloßtor", „Bäume" u.a.
Die szenische Darstellung läßt sich auch ausweiten: Die Prinzessin nimmt Abschied von ihrer Familie; Schloßszene mit Ungeheuer; Hochzeitsfest und -tanz.

Hören und Gestalten musikalischer Bilder und Szenen: „Bilder einer Ausstellung" von M. Mussorgsky/M. Ravel

29

Für wen: alle Altersstufen

Material:
- Musik: „Bilder einer Ausstellung" (Orchesterfassung) von Modest Mussorgsky/Maurice Ravel (vgl. Tischler/Moroder-Tischler 1997)
- ggf. Synthesizer-Fassung von Tomita → CD 33–35
- großformatiges Papier, Malstifte für jeden
- verschiedene Requisiten für szenische Darstellung: Tücher, Stöcke, Hüte, Reifen, Bälle, Seile, Besen, Kerzen oder Taschenlampen, Gitarre u. a.
- verschiedene lautmalerische Instrumente für Verklanglichungen einzelner Bilder

Das ursprünglich von Modest Mussorgsky (1839–1881) für Klavier komponierte Werk beinhaltet die musikalische Bearbeitung von Bildern seines Freundes Victor Hartmann. Maurice Ravel (1875–1937) hat das Werk später für Orchester bearbeitet. Diese Fassung dürfte für Kinder und Jugendliche aufgrund der naturgemäß größeren Klangvielfalt ansprechender sein. Die weitgehend am Original orientierte Synthesizer-Bearbeitung von Tomita wirkt infolge elektronischer Klangverfremdungen äußerst eigenwillig und vermittelt teilweise völlig andere Assoziationen. Dennoch dürfte diese Fassung teilweise für Jugendliche interessant sein.
Das gesamte Werk kann im Rahmen eines längerfristigen Vorhabens behandelt werden; denkbar ist aber auch die isolierte Behandlung nur einzelner Bilder.
Zur Einstimmung hören die Teilnehmer die Musik des jeweiligen, meist nur eine bis fünf Minuten dauernden Bildes. Der Gruppenleiter erzählt dazu den Inhalt, der gerade auch im Hinblick auf eine szenische Darstellung ausgeschmückt werden kann (siehe unten).
Anschließend können die Bilder gemalt werden, einzeln oder auch als Gemeinschaftsarbeit.
Einige Bilder eignen sich besonders gut für Verklanglichungen (vgl. 82).
Vor allem aber bietet sich das Werk für die szenische Darstellung an, z. B. im Rahmen des Menschenschatten-Theaters. Bei einer Gesamtaufführung sollten zwischen den einzelnen Bildern Pausen zwischengeschaltet werden, um ausreichend Zeit für den Szenenwechsel zu haben. Die nach dem ersten, zweiten und vierten Bild eingefügten „Promenaden" können gegebenenfalls entfallen. Tanz und rhythmisch-instrumentale Mitspiel-Ideen finden sich bei Tischler/Moroder-Tischler (1997).

Promenade
Viele Besucher kommen ins Museum, um sich die „Bilder einer Ausstellung" anzuschauen. Die Besucher gehen von einem Bild zum anderen, auf dem man nicht nur vieles sehen, sondern sich sogar kleine Geschichten vorstellen kann.

Der Gnom
Mitten im Wald läuft ein krummbeiniger Zwerg mit drollig plumpen Bewegungen umher. Dann und wann macht er einige ungeschickte Sprünge, bleibt lauernd hinter einem Baum stehen, schaut flink nach allen Seiten ... Wo bleiben nur die anderen Zwerge?

Das alte Schloß
Majestätisch schaut das mittelalterliche Schloß mit seiner langen Mauer und den Türmen aus. Jeden Abend nähert sich ein Troubadour mit seiner Laute (Gitarre) und singt traurig und wehmütig ein Lied. Wann wird die Geliebte im Schloß einmal hinausschauen, wann wird die Torwache ihn vielleicht sogar einlassen?

Spielende Kinder im Streit
Mitten in einem großen Park spielen und toben Kinder mit Reifen, Bällen, Seilen. Die auf einer Bank sitzenden und strickenden Kinderwärterinnen ermahnen von Zeit zu Zeit die Kinder, nicht so heftig zu streiten.

Der Ochsenkarren
In der Ferne taucht ein alter Ochsenkarren mit riesigen Rädern auf. Schwerfällig poltert er über die holprige Straße. Der Bauer zieht mit einem Seil die nur langsam vorankommenden Tiere. Immer näher kommt der Karren. Allmählich entschwindet er dann wieder den Blicken und verliert sich in der Ferne.

Ballett der Küchlein in ihren Eierschalen
Viele kleine Küken hocken in ihren Eierschalen, die sie mit ruckartigen Bewegungen anpicken, um aus ihnen herauszuschlüpfen. Zunächst noch etwas unbeholfen, dann immer munterer, hüpfen sie einzeln und schließlich gemeinsam in einem großen Kreis umher.

Samuel Goldenberg und Schmuyle
Ein reicher, stolzer Herr – Samuel Goldenberg – geht würdevoll auf und ab und läßt sich von seinen Dienern bedienen. Da erscheint ein armer Bettler – Schmuyle – der den Herrn um eine Gabe bittet. Diese wird ihm jedoch verwehrt. Dadurch kommt es zu einem heftigen Streit. Traurig weist der Bettler noch einmal auf seine Armut hin. Aber der stolze Herr antwortet nur: „Genug! Jetzt reicht's!“ und wirft ihn mit einem deutlichen „Hinaus!“ aus dem Haus.

Der Marktplatz von Limoges
Auf dem Marktplatz herrscht buntes Treiben. Lauthals und wild gestikulierend preisen die Marktfrauen ihre Waren an. Heftig wird mit den Marktbesuchern, die von einem Stand zum anderen eilen, über die Preise gestritten.

Die Katakomben
In dunklen, tunnelartigen Kellergewölben unter der Stadt tasten sich kaum erkennbare Gestalten mühsam voran. Einer leuchtet mit der Lampe. Sie suchen den Ort auf, wo die Toten seit Jahrhunderten aufbewahrt sind.

Mit den Toten in der Totensprache
Da entdecken sie die gespenstisch wirkenden Toten, deren maskenhafte Schädel aufleuchten, sobald man sich ihnen nähert.

Die Hütte der Baba Yaga
Wild reiten Baba Yaga und die anderen Hexen auf ihrem Besen zu ihren Hexenhütten. Diese stehen auf Hühnerfüßen und drehen sich mit dem Eingang zu den Ankommenden.
Geheimnisvoll brauen die Hexen ihren Zaubertrank. Dann reiten sie auf ihren Besen wieder davon, um weiteres Unheil zu stiften (vgl. [82]).

Das große Tor von Kiew
Schon von ferne ist das große Tor von Kiew zu erkennen. Wer wohl durch dieses Tor hindurchgegangen ist? Zwerge, Troubadoure, Wächter, Kinder, Kinderwärterinnen, Bauern mit Ochsenkarren, ja sogar Küken sind hindurchgeschlüpft, vornehme stolze Herren und arme Bettler, dunkle Gestalten und Hexen.
Alle treffen sich am großen Tor, gehen bewundernd um dieses herum und lassen sich schließlich vor dem Eingang nieder.

Musik in der Umwelt

30

Geräusche und Klänge aus der Umwelt

Für wen: alle Altersstufen
Material: – Melodieinstrument (z. B. Flöte)/Musik vom Tonträger
– verschiedene Geräusch- und Klangerzeuger
– ggf. Umweltgeräusche vom Tonträger

Geräusche/Klänge hören und benennen

Die Teilnehmer liegen oder sitzen möglichst entspannt frei verteilt im Raum. Der Gruppenleiter spielt auf einem Instrument (z. B. Flöte) oder Musik vom Tonträger ca. eine halbe Minute vor. Sowie die Musik verklungen ist, sollen die Teilnehmer auf alle hörbaren, sie umgebenden Geräusche achten. Dann setzt wieder Musik ein ... Dieser Vorgang wird ca. dreimal wiederholt. Am Ende werden die identifizierten Geräusche mitgeteilt.
1. Erweiterung: Nach der jeweiligen Musik hören die Teilnehmer Umweltgeräusche vom Tonträger.
2. Erweiterung: Nach der jeweiligen Musik produzieren der Gruppenleiter, dann auch einzelne Teilnehmer, selbst Geräusche/Klänge, die zum Schluß benannt werden.

Geräusche/Klänge ausfindig machen

Die Teilnehmer hören mit geschlossenen Augen die Geräusche, die der Gruppenleiter, später auch Teilnehmer, an verschiedenen Stellen des Raumes macht. Anschließend versucht ein Teilnehmer, dieselben Geräusche (in derselben Reihenfolge) nachzumachen.

Geräuschen/Klängen folgen

Die Teilnehmer stehen frei verteilt im Raum mit geschlossenen Augen. Der Gruppenleiter, später auch Teilnehmer, versuchen, die Gruppenmitglieder mit Hilfe eines ständig produzierten leisen Geräusches an eine bestimmte Stelle im Raum zu führen (z. B. durch leises Schütteln einer Rassel, Ticken eines Weckers/einer Kochuhr o. a.).

Musik hier und anderswo

Für wen: alle Altersstufen
Material: – Musik bestimmter Länder/Kulturen/Gattungen
– ggf. verschiedenes Material für musikalische Gestaltung
– meditativ-schwebende Musik (z. B. von Kitaro) → CD 17

Der Gruppenleiter und die Teilnehmer sitzen auf dem Boden oder stehen hin- und herwiegend mit Hand-/Schulterfassung im Kreis und stellen sich einen großen Ballon vor, mit dem sie zu verschiedenen Orten, Gegenden, Ländern reisen. Dort lernen sie die charakteristische Musik in spielerischer Weise kennen. Während der Ballonreise erklingt jeweils meditativ-schwebende Musik. Dabei gibt der Gruppenleiter gleichzeitig Informationen, die auf das jeweils nächste Reiseziel und die damit verbundenen Aktivitäten vorbereiten.
Die Ballonreise kann als Kommunikationsspiel durchgeführt werden, wobei die Teilnehmer sich bei jedem neuen Landaufenthalt nach einem bestimmten Ritual begrüßen. Dazu erklingt jeweils (ca. 1/2 Minute) entsprechende Musik. Weiterführend kann die Ballonreise auch im Rahmen eines größeren Projekts („Musikalische Weltreise") ausgedehnt werden. In diesem Fall wird jeweils immer nur zu einem Ort gereist, an welchem die dort typische Musik näher behandelt wird. Dies kann auf verschiedenen Ebenen geschehen:

Musikalische Geschichten: Der Gruppenleiter erzählt oder liest eine Geschichte, in welche die näher zu behandelnde Musik einbezogen wird.
Liedgestaltung: Das Reiseziel wird im Rahmen einer Liedgestaltung erlebbar gemacht.
Verklanglichung: Die Teilnehmer verklanglichen mit lautmalerischen Instrumenten eine für das Reiseziel charakteristische Situation oder Szene.
Musizieren/Improvisation: Die zugrundeliegende Musikart wird instrumental reproduktiv (einfache Spielstücke) oder in Form elementarer Instrumentalimprovisation spielerisch gestaltet. Dabei kann auch Musik vom Tonträger eingesetzt werden, die z. B. mit Rhythmusinstrumenten begleitet wird.
Musikalische Standbilder: Eine Hälfte der Gruppe stellt die übrigen Teilnehmer zu einem Standbild auf, unter Beachtung der jeweiligen Musikart, der musikalischen Aufführungspraxis und des Aufführungsortes.
Pantomime: Die in der Musik vorkommenden typischen Instrumente werden pantomimisch mitgespielt.
Szene: Zu der jeweiligen Musik werden kleine Sketche aufgeführt.
Tanz/Bewegungsgestaltung: Die zugrundeliegende Musik wird tänzerisch oder in freier Bewegungsgestaltung erlebbar gemacht.
Musikmalen: Zu der jeweiligen Musik werden Bilder gemalt.

Ballonreise (meditativ-schwebende Musik)
Wir sind alle in einem Ballon (Sitzkreis am Boden oder Stehkreis) und fliegen zu verschiedenen Orten, wo wir die dort lebenden Menschen und ihre Musik kennenlernen werden. Der Ballon hebt langsam ab und steigt immer höher. Der Wind treibt den Ballon immer weiter … Gleich werden wir in … landen. Dort werden wir …

Wenn die Ballonmusik, die wir jetzt auch hören, wieder einsetzt, steigen wir wieder ein und fliegen weiter (bzw. zurück) (in Anlehnung an Klein 1987).

Nordseeinsel (norddeutsche Folklore)
Wir landen auf einer Nordseeinsel. Dort begrüßen wir die Einwohner mit „Moin" und heben dabei kurz die Hand (die Teilnehmer begrüßen sich entsprechend).
Erweiterung: Wir bleiben noch eine Zeit auf der Insel, hören und singen die Lieder der Bewohner (Seefahrtslieder, plattdeutsche Lieder/Tänze).

Bergdorf (alpenländische Folklore, Marschmusik)
Wir landen mitten auf einem Dorfplatz in den Bergen. Dort begrüßen sich alle mit einem kräftigen Händeschütteln und „Grüß Gott!" ...
Erweiterung: Eine Trachtenkapelle zieht vorüber und spielt Marschmusik (Auseinandersetzung mit Marschmusik z. B. im Rahmen szenischer Bewegungsgestaltung: Gehen in verschiedenen Raumformationen).

Großstadt (Rock-, Popmusik)
Wir landen mitten auf dem Rathausplatz einer Großstadt. Hier sind die Leute sehr geschäftig. Sie eilen hektisch umher.
Erweiterung: Wir bleiben noch in der Stadt und besuchen ein Rock- (Pop-)Konzert (Behandlung von Rock- und Popmusik hinsichtlich Instrumentation, Aufführungsart, -praxis, stilistischer Merkmale u. a. in Verbindung mit Instrumentalspiel, szenisch-pantomimischen Gestaltungen, siehe auch [12]).

Schloß (klassische Musik)
Wir landen direkt vor einem Schloß, in welchem gerade ein Konzert gegeben werden soll. Schloßbesitzer und Besucher begrüßen sich mit einer vornehmen Verbeugung bzw. einem Knicks („Guten Abend, mein Herr/gnäd'ge Frau").
Erweiterung: Wir gehen auch in das Konzert und lernen die dort gespielte Musik kennen, z. B. Barock-Musik, Wiener Klassik u. a. (siehe auch [20]).

Arabien (islamischer Gebetsruf)
Wir landen in Arabien und hören schon von weitem den Ezan, den islamischen Gebetsruf, der fünfmal am Tag ertönt und die Menschen zum Gebet auffordert oder sie in die Moschee ruft. Wir knien uns, wie die Betenden nieder, beugen unseren Körper vornüber und berühren den Boden mit der Stirn. Dies tun wir einige Male.
Erweiterung: Gespräche, Geschichten über den Islam; ggf. orientalische Märchen mit Untermalung arabischer Musik.

Arabische Wüste (arabische Folklore)
Wir landen direkt in der Oase einer großen Wüste. Wir begrüßen uns wie die mit ihren Kamelen in langen Karawanen angekommenen Leute, indem wir die rechte Hand nacheinander an die Brust, den Mund und die Stirn führen und dann mit einer weitausholenden Bewegung seitlich nach hinten führen. Dabei verbeugen wir uns leicht und sagen „salam".

Erweiterung: Wir ziehen mit einer Karawane mit. Verklanglichung eines Karawanenzugs, szenische Darstellung, Liedgestaltung (siehe auch [10]).

Afrika (afrikanische Trommelmusik)
Der Ballon schwebt tief in den afrikanischen Urwald. Dort landen wir in einem Dorf, wo das rhythmische Trommeln der Dorfbewohner uns ermuntert, uns mitzubewegen. Zum Gruß schütteln wir uns die Hände. Dann formt jeder seine rechte Hand zu einer Kralle, verhakt sie mit der des anderen und zieht nach hinten. Anschließend werden beide Hände aneinandergeklatscht.
Erweiterung: Rhythmische Trommelspiele [47], afrikanische Lieder [14], rhythmische Bewegungsgestaltungen nach Trommelmusik.

Indien (indische Meditationsmusik und Folklore)
Wir landen in Indien. Schon von weitem sehen wir meditierende Mönche. Wir setzen uns dazu und meditieren mit geschlossenen Augen eine Weile mit.
Anschließend begegnen wir den Einheimischen mit der indischen Grußhaltung: Wir legen die nach oben gestreckten Handflächen in Brusthöhe aneinander (wie beim Beten), beugen leicht den Kopf und sagen „namaste".
Erweiterung: Meditative Klangimprovisation mit langklingenden Instrumenten; Entspannung mit Musik; szenisch-musikalische Darstellungen z. B. mit Schlangenbeschwörern.

China (chinesische Folklore, pentatonische Musik)
Wir landen direkt am Ufer des chinesischen Yangtse-Flusses. Die Leute laufen dort mit kleinen, schlurfenden, trippelnden Schritten umher, halten die Arme in Bauchhöhe verschränkt und begrüßen sich mit einer kleinen Verbeugung. Jeder stellt sich dabei mit einem erdachten einsilbigen chinesischen Namen vor („Li", „Tsching", „Ho" u. a.) oder mit der näselnd gesprochenen Begrüßung „nihau".
Erweiterung: Instrumentalspiel in Pentatonik (siehe auch [8]).

Rußland (russische Chor-/Volkstanzmusik)
Wir landen in Rußland neben einer alten Holzkirche. Wir gehen hinein und hören dem Gesang eines dort singenden Chores eine Weile zu.
Anschließend wird gefeiert und getanzt. Auch wir sind eingeladen. Wir verschränken unsere Arme in leichtem Abstand zu unserem Oberkörper und hüpfen zu der Musik, wobei jeweils ein Fuß nach vorn, der andere gleichzeitig nach hinten bewegt wird.
Erweiterung: Russische Tänze, Lieder.

Brasilien (Sambamusik)
Wir landen in der brasilianischen Stadt Rio de Janeiro, wo gerade Karneval mit einem großen Samba-Umzug gefeiert wird. Überall hört man die Rhythmen der Musik. Alle Leute sind davon angesteckt und begrüßen sich sogar rhythmisch: Einer klatscht etwas vor, der andere klatscht das gleiche oder einen anderen Rhythmus als Antwort.
Erweiterung: Wir folgen einem Samba-Umzug (siehe auch [9]).

Bei den Indianern/Indios (indianische/Anden-Musik)
Wir landen in einem Indianer- (oder Indio-)Dorf. Zum Gruß heben wir unsere in Kopfhöhe angewinkelten Arme, beugen uns leicht nach vorn und sagen „hau".
Erweiterung: Wir lernen etwas über das Leben und die Musik der Indianer (Indios) kennen: Der Gruppenleiter erzählt eine Indianer-Geschichte mit entsprechender Hintergrundmusik; es wird ein Gespräch über die heutige Situation der Indianer/Indios geführt (siehe auch [7], [11]).

Spanien (Flamenco, Paso Doble)
Wir landen in Spanien. Die Leute werfen sich zur Begrüßung Handküsse zu. Ein großes Fest mit Flamenco-Musik, Tanz und einem Stierkampf steht bevor.
Erweiterung: Tänzerisch-szenische Gestaltung von Flamenco-Musik [70]; elementares Musizieren eines Flamencos [51]; Erzählung einer Stierkampfgeschichte, z. B. „Ferdinand, der Stier" von Munroe Leaf.

Wald
Wir landen in einem Wald, in dem sich viele unterschiedliche Tiere begegnen.
Erweiterung: Tierlieder, musikalisch-szenische Gestaltungen zum Thema „Tiere", „Natur", „Baum" u. a. (siehe auch [25] „Mubowe auf dem Weg zum Einsiedler".

Jahrmarkt
Wir landen auf einem Jahrmarkt und besteigen ein Karussell, das sich immer schneller und dann wieder langsamer dreht.
Erweiterung: Musikalisch-szenische Gestaltungen zum Thema Jahrmarkt.

Zirkus
Wir landen vor einem großen Zirkuszelt und sehen die verschiedensten Zirkusnummern.
Erweiterung: Musikalisch-szenische Gestaltung, auch in Verbindung mit Psychomotorik/Sport, z. B. Seiltänzerin, tolpatschiger Clown, Pferde-, Löwendressur, Zauberstücke, Akrobatik, Zirkuskapelle, Tanzbären ...

Ergänzungen
Die Ballonreise wird ersetzt/ergänzt durch andere Fortbewegungsmittel und entsprechend als Lied, Tanz oder szenisch gestaltet, wie zum Beispiel „Eisenbahn", „Auto" (siehe [71]), „Pferd" (siehe [70]), „Boot"/„Schiff" (siehe [8], [56]).

Musik in der Werbung

Für wen: alle Altersstufen
Material: – Werbeanzeigen aus Zeitungen/Illustrierten
– Hörbeispiele aus dem Werbefunk
– Hörausschnitte verschiedener Musikarten
– verschiedene Instrumente und Requisiten

Werbetext

Die Teilnehmer hören verschiedene Werbespots aus dem Radio mit unterschiedlichen Formen der Textdarbietung wie: ausschließlich gesprochener Text, gereimter Text, Textdialog, im Chor gesprochener Text, Telefongespräch, Interview. Anschließend wird versucht, selbst Werbespots in verschiedenen Textdarstellungen zu sprechen. Grundlage können selbst ausgedachte Texte oder Anzeigen aus Zeitungen/Illustrierten sein.

Werbemusik

„Ein Werbemanager sucht für einen Radio-Werbespot geeignete Musik.“ Es folgen Hörbeispiele mit unterschiedlicher Werbemusik (Klassik, Pop, Jazz, Folklore) im Hintergrund. Anschließend werden isoliert Ausschnitte verschiedener instrumentaler Musik vorgespielt, die von den Teilnehmern einer bestimmten Auswahl von Werbeanzeigen zugeordnet werden. Nachdem die passende Musik für einen Werbespot gefunden ist, wird dazu ein Werbespot gesprochen (siehe oben).
Erweiterung: Die Werbemusik wird selbst erstellt, z.B. durch Untermalung mit lautmalerischen Instrumenten, in Form eines Motivs, durch rhythmische Begleitung eines gereimten Werbetextes.

Werbesong

„Der Werbemanager überlegt sich eine andere Möglichkeit der Werbung.“ Es folgen Hörbeispiele mit gesungenem Werbetext; dabei kann es sich handeln um ein einprägsames Motiv eines bekannten Liedes (Brot: Meister Harry, Meister Harry macht uns satt = Meister Jakob ...), um eine einprägsame Melodie mit Wiederholungen eines Reizwortes (Tee: Das Beste für Seele und Leib ist Kneipp, ist Kneipp, ist Kneipp), um eine Liedart, die spezifische Assoziationen weckt (Abenteuer: Western-Song für Autoreifenwerbung).

Werbeszene

„Ein Werbespot soll im Fernsehen gezeigt werden.“ Die Teilnehmer stellen einen Werbespot unter Verwendung verschiedener Requisiten, Instrumente/Hintergrundmusik szenisch dar.

33

Instrumente haben einen Namen

Für wen: alle Altersstufen
Material: – möglichst vielfältiges Instrumentarium
– Decke/großer Stoffsack

Mein rechter Platz ist leer

Die Teilnehmer sitzen mit einem beliebigen Instrument im Kreis. Ein Platz ist leer. Der links daneben sitzende Teilnehmer ruft nun ein beliebiges, aber in der Spielgruppe vorhandenes Instrument auf: „Mein rechter Platz ist leer, ich wünsche mir ... (z. B. den Triangel) ... her!“ Sind mehrere gleiche Instrumente vorhanden, wird zusätzlich der Name des entsprechenden Teilnehmers genannt: z. B. „... ich wünsche mir Sonjas Triangel her!“ Der aufgerufene Teilnehmer geht, sein Instrument spielend, auf den leeren Platz. Es entsteht ein neuer leerer Platz, usw.

Instrumente hörend identifizieren

Die Teilnehmer sitzen im großen Kreis mit einem beliebigen Instrument. Ein Gruppenmitglied steht mit geschlossenen (verbundenen) Augen in der Kreismitte. Der Gruppenleiter oder ein Teilnehmer nennt nun ein in der Spielgruppe vorhandenes Instrument, z. B. „Xylophon“, das der „Blinde“ identifizieren muß. Auf ein Zeichen beginnen alle möglichst gleich laut zu spielen. Zeigt der „Blinde“ auf das richtige Instrument, spielt dieses einen Moment allein weiter; zeigt er auf das falsche Instrument, hören alle auf zu spielen.

Instrumente tastend identifizieren

Jedem Teilnehmer wird der Name eines Instrumentes zugeordnet. Die Namen werden für alle sichtbar aufgeschrieben (ggf. in Form von Instrumentensymbolen aufgemalt). Die Instrumente liegen unter einer Decke oder in einem großen Stoffsack verborgen. Ein Teilnehmer ruft nun einen (aber nicht seinen eigenen) Instrumentennamen auf. Der Aufgerufene muß durch Ertasten sein Instrument heraussuchen und ruft nun seinerseits einen Instrumentennamen auf, usw. Bei Fehlversuchen werden die Instrumente wieder unter die Decke geschoben.
Erweiterung: Die Teilnehmer sitzen mit verbundenen Augen, jeweils mit einem Instrument in der Hand, im Kreis. Der Gruppenleiter oder auch ein Teilnehmer ruft den Namen eines Instrumentes auf, dessen augenblicklicher Besitzer dieses kurz anspielt. Dann werden die Instrumente zum rechten Nachbarn weitergegeben, usw.

Instrumente pantomimisch identifizieren

Ein Teilnehmer stellt aus einer Auswahl von Instrumenten eines pantomimisch dar. Die anderen imitieren simultan, bis der Vormachende aufhört und das zu identifizierende Instrument mit Namen erraten läßt (siehe auch 20 „Instrumentenpantomime“).
Mögliche Ratehilfen: vokale Klangimitation des Instruments; verbale Beschreibung ohne Namensnennung: z. B. „Ich bin aus Metall, sehe aus wie ein Dreieck ...“

Welche Instrumente gehören zusammen?

Für wen: alle Altersstufen
Material:
- verschiedene Instrumente in Teilnehmerzahl, von jedem mindestens zwei gleiche
- verschiedene Instrumentengruppen, z. B. Fell-, Holz-, Blasinstrumente; Signalinstrument: Becken/Gong

Gleiche Instrumente

Die Teilnehmer sitzen im Kreis mit Blick nach außen, so daß sie einander nicht sehen können. Jeweils zwei oder drei Teilnehmer, die aber nicht nebeneinander sitzen sollen, haben die gleichen Instrumente. Ein Spielleiter, der sich im Innenkreis befindet, berührt nun den Rücken eines Teilnehmers, der daraufhin sein Instrument spielt. Der (die) Teilnehmer, der (die) das gleiche Instrument hat (haben), setzt (setzen) dann ebenfalls ein, bis der erste Spieler wieder aufhört. Der Spielleiter wird immer wieder gewechselt.
Erweiterung: Der Spielleiter berührt den Rücken von zwei Spielern mit unterschiedlichen Instrumenten.

Instrumentengruppen finden sich

Die Teilnehmer stehen mit geschlossenen Augen verteilt im Raum. Jeder hat ein Instrument. Nun sollen sich alle Spieler zusammenfinden, die zu einer bestimmten Instrumentengruppe gehören, indem sie ständig spielend blind ihre Partner suchen. Gruppierungen können sein: Fell-, Holz-, Blasinstrumente; Schlag-, Schüttel-, Schrapinstrumente; Rhythmus-, Melodieinstrumente; Kurz-, Langklinger u.a.

Führen und geführt werden mit Instrumentalklängen

Siehe 20 „Instrumentenklang und Bewegung".
Erweiterung: Mehrere Dreiergruppen (ggf. auch kleinere oder größere Gruppen), die sich jeweils, hintereinander aufgestellt, an den Schultern fassen, lassen sich bei geschlossenen Augen von einer Person mit Hilfe eines Instrumentenklanges durch den Raum führen. Es folgt Rollentausch, so daß jeder einmal führt, erstes, mittleres und letztes Gruppenmitglied ist.

Instrumentenwechsel

Alle spielen ein beliebiges Instrument. Sobald ein Gruppenmitglied ein Signalinstrument (z. B. Becken oder Gong) 1 × anschlägt, muß jeder sein(e) Instrument(enart) wechseln. Zwei Signalklänge bedeuten Spielende.

Instrumentenkundliches Würfelspiel

Für wen: alle Altersstufen
Material:
- möglichst vielfältiges Instrumentarium
- Fragekärtchen mit instrumentenkundlichen Aufgaben
- großer Würfel, Spielfiguren, Teppichfliesen (Spielfeld)

Der Gruppenleiter hat Fragekärtchen mit möglichst praktisch ausführbaren instrumentenkundlichen Aufträgen vorbereitet. Jeder der hintereinander ausgelegten Teppichfliesen wird ein Fragekärtchen zugeordnet.
Ein erster Teilnehmer gelangt zunächst durch Würfeln auf ein bestimmtes Feld (Teppichfliese), deckt die dort befindliche Karte auf und führt den dort aufgeschriebenen Auftrag aus. Für jede richtige Antwort oder jeden richtigen Auftrag kann ein Feld vorgerückt werden. Bei falschen Lösungen bleibt der entsprechende Spieler auf dem Feld stehen.
Grundsätzlich können je nach Schwierigkeitsgrad der Fragen und Aufträge weitere Punktedifferenzierungen vorgenommen werden. Es folgt ein zweiter Spieler, usw.
Bei großer Teilnehmerzahl lassen sich die Spieler auch zu Gruppen zusammenfassen und dabei untereinander abwechseln. Sieger ist, wer zuerst das Ziel erreicht.
Beim Würfelspiel wird der Wissensaspekt relativiert, aber nicht ausgeklammert. Zumindest haben auch schwächere Teilnehmer durch Würfelglück die Chance zu gewinnen.
Variante: Das Spiel kann auch ausschließlich mit Fragekärtchen durchgeführt werden, die z. B. nacheinander aufgedeckt werden. Sieger ist, wer zuerst 10 Punkte (10 richtige Lösungen) hat.

Beispiele für Fragekärtchen:
① Suche aus den vorhandenen Instrumenten eine Stielkastagnette heraus und spiele damit!
② Aus welchem Material sind die Stäbe eines Xylophons? Zeige, ob es stimmt, und spiele etwas vor!
③ Hole ein Blasinstrument und spiele so viele Töne, wie du gewürfelt hast!
④ Nenne mehrere Tasteninstrumente! Für jedes genannte Tasteninstrument erhältst du einen Punkt (darfst du ein Feld vorrücken)!
⑤ Die Geige ist ein Streichinstrument. Man streicht ihre Saiten mit einem ... Mach es vor!
⑥ Bei Zupfinstrumenten zupft man die ... Mach es vor!
⑦ Warum gehören Trommeln mit einem Holzrahmen nicht zu den Holz-, sondern zu den Fellinstrumenten?
Wenn du recht hast, darfst du einmal auf dem Holzrahmen und einmal auf dem Fell einer Trommel spielen.
⑧ Suche ein langklingendes Metallinstrument. Wenn du weißt, wie es heißt, darfst du etwas vorspielen!
⑨ Hole ein Instrument, auf dem du nur kurze Töne oder Klänge spielen kannst. Wenn du den Namen des Instrumentes weißt, kannst du darauf etwas vorspielen.

⑩ Hole ein Instrument, auf dem du verschiedene Töne spielen kannst. Spiele zuerst tiefe (dunkle), dann hohe (helle) Töne.
⑪ Welcher Triangel (gleicher Stärke) klingt höher, ein kleiner oder ein großer? Zeige, ob du recht hast!
⑫ Welche Saiten eines Saiteninstrumentes klingen höher, die kurzen oder die langen Saiten? Zeige, ob du recht hast! (Die Saiten müssen gleich dick sein).
⑬ Welche Saiten eines Saiteninstruments klingen höher, die dicken oder die dünnen Saiten? Zeige, ob du recht hast! (Die Saiten müssen gleich lang sein).
⑭ Hole ein Saiteninstrument und spiele zuerst einen hohen, dann einen tiefen Ton!
⑮ Hole ein Blasinstrument und blase solange du kannst hinein. Bei mehr als 5 Sekunden erhältst du einen Punkt, bei mehr als 10 Sekunden 2 Punkte.
⑯ Suche ein Rhythmusinstrument und spiele einen gleichen Rhythmus zweimal vor. Wenn die anderen den Rhythmus richtig nachklatschen können, erhältst du einen Punkt.
⑰ Suche dir drei Instrumente heraus, verteile sie an drei Mitspieler und laß dir von ihnen sagen, wie das Instrument heißt (jedes richtig genannte Instrument = 1 Punkt). Dann spiel den Dirigenten, der die Instrumente zum Erklingen und wieder zum Aufhören bringt.
⑱ Aus welchem Land kommt die Balaleika?
⑲ Denke dir ein Instrument aus und spiele es nur mit Hilfe von Bewegungen vor. Wenn jemand es errät, erhältst du einen Punkt.
⑳ Du bist am Ziel und darfst mit irgendeinem Instrument etwas vorspielen, wenn du weißt, wie es heißt.

Signalspiele

Für wen: alle Altersstufen
Material: – Trommeln (beliebige Instrumente) in Teilnehmerzahl
– Signalinstrumente wie Becken, Triangel, Gong, Kuhglocke u. a.

Gestisches Signal

Die Instrumente werden stumm ausgeteilt. Sobald einige Teilnehmer anfangen zu spielen, greift der Gruppenleiter dies auf, intensiviert die Lautstärke und reißt plötzlich die Arme hoch. Instinktiv wird diese Geste in der Regel mitvollzogen. Einzelne Teilnehmer übernehmen diese Spielleiterfunktion.

Rufsignal

Alle trommeln, bis einer „Stop!“ ruft, um sogleich weiterzutrommeln (nach Meyberg 1989).
1. Erweiterung: „Stop“ wird durch „Huka“ ersetzt und jeweils von allen wiederholt.
2. Erweiterung: Nach jedem Rufsignal wird die Trommel weiter nach rechts gegeben.
3. Erweiterung: „Stop“ wird durch den Namen eines Mitspielers ersetzt, der dann Wiedereinsatz und Spielart bestimmt.

Klangsignal

Auf ein Klangsignal beginnen alle frei zu trommeln (spielen), bis das gleiche Signal ein zweites Mal erklingt und alle Instrumente zum Aufhören anhält.
1. Erweiterung: Die Teilnehmer denken sich eigene Signale (für Spielanfang und -ende) aus, die erprobt und auf ihre Wirkung hin untersucht werden.
2. Erweiterung: 1 Schlag auf einer Kuhglocke bedeutet „anfangen“; 2 Schläge signalisieren den Schluß, der von den Trommelspielern wiederholt wird.
3. Erweiterung: Das Schlußsignal wird auf rhythmische Motive ausgedehnt, die jeder sich selbst ausdenken kann.

Differenzierte Signale

Die Signalinstrumente bestimmen zusätzlich die Lautstärke. Je lauter das Signal erklingt, desto lauter wird gespielt ...

Stumme Signale

Alle Teilnehmer versuchen nach einer kurzen Schweigephase in mittlerer Lautstärke gleichzeitig anzufangen und aufzuhören, ohne daß ein „Signalgeber“ vorher bestimmt wird. Spiel mehrmals, später auch mit geschlossenen Augen, wiederholen.
Erweiterung (nach Friedmann 1971): Mehrere Spielphasen werden – jeweils von kurzen Pausen unterbrochen – in vorher vereinbarter Reihenfolge gespielt, wie oben mit geschlossenen Augen. Beispiele für die Spielphasen:

① laut – leise – laut
② kurz – lang – kurz
③ leise/kurz – laut/lang – leise/kurz
④ gemeinsam im Gleichschlag – durcheinander – gemeinsam
⑤ Regen – Donner – Nebel – Sonne (= Triangelschlag als Schlußsignal)

Dirigentenspiele

Für wen: alle Altersstufen
Material: – Trommeln (beliebige Instrumente) in Teilnehmerzahl
– ggf. (beliebige) Musik vom Tonträger
– ggf. Tütenpuppe

Lautstärke dirigieren

Der Dirigent zeigt gestisch an, in welcher Lautstärke getrommelt (gespielt) wird. Je weiter die ausgestreckten Handflächen voneinander entfernt, also die Arme seitlich ausgestreckt werden, desto lauter spielen die Teilnehmer ihr Instrument. Die aneinandergelegten Handflächen sind das Zeichen für Stille.
Erweiterung: Je weiter der Dirigent die Hände öffnet, desto lauter wird gespielt. Bei geschlossenen Händen (Faust) schweigen die Instrumente.
Variante: Je mehr eine Tütenpuppe aus der Tüte herausgeschoben wird, desto lauter wird gespielt.

Instrumentengruppen dirigieren

Der Dirigent dirigiert mit seinen beiden Händen (siehe oben) zwei Instrumentalgruppen. Die rechte Hand dirigiert die erste, die linke Hand die zweite Instrumentalgruppe (siehe auch 79).
Variante: Je nachdem, wohin eine Tütenpuppe schaut, spielt entsprechende Gruppe; differenzierend: laut – leise.
1. Erweiterung: Die Hände zeigen zusätzlich an, wie schnell, in welcher Form (z. B. rhythmisch, usw.) gespielt werden soll. Der Gruppenleiter gibt zunächst einige Beispiele, die von den Teilnehmern übernommen oder variiert werden können. Entscheidend ist die Eindeutigkeit von Gesten, um die Gruppe musikalisch dirigieren zu können. Zur Eindeutigkeit tragen Einfachheit, Wiederholung sowie immer wieder eingelegte kurze Pausen bei.
Variante: Dirigieren zu Musik vom Tonträger.
2. Erweiterung: Mehrere Kleingruppen denken sich eine eigene Klang- oder Geräuschfolge aus, die jeweils auf Zeichen eines Dirigenten gespielt wird. Es können ausschließlich gleichartige Instrumente, z. B. Trommeln, benutzt werden oder pro Gruppe eine Instrumentenart, z. B. Trommeln (Gruppe 1), Rasseln (Gruppe 2), Klanghölzer (Gruppe 3).

Reaktionsdirigieren

Bestimmte Gesten eines Dirigenten werden als Zeichen für das Spiel bestimmter Klang- oder Geräuschfolgen benutzt, zum Beispiel:
Faust = mit Fäusten auf Trommel schlagen;
flache Hand = über Trommelfell wischen;
ausgestreckter Zeigefinger = mit Finger auf Fell tippen;
Nase zuhalten = 2 Trommelschläge („Hatschi“);
Haare kraulen = auf Trommelfell kratzen u. a.

Taktiles Dirigieren

Alle sitzen mit einem Instrument eng nebeneinander im Kreis mit Blick nach außen. Ein Dirigent in der Kreismitte dirigiert durch Antippen der Spielerrücken.

38

Imitationsspiele

Für wen: alle Altersstufen
Material: Trommeln (beliebige Instrumente) in Teilnehmerzahl

Mitspielen

Der Gruppenleiter spielt eine vom Charakter her gleichbleibende Klang- oder Geräuschfolge vor – z. B. schnelles Kratzen mit den Fingern über das Trommelfell –, die von den Teilnehmern simultan mitvollzogen wird, bis der Gruppenleiter aufhört. Anschließend übernehmen einzelne Teilnehmer die Spielleiterfunktion mit selbst ausgedachten Klang- oder Geräuschfolgen.

Vor- und nachspielen

Der Gruppenleiter spielt eine kurze, vom Charakter her gleichbleibende Klang- oder Geräuschfolge vor, die nach einer kleinen Pause identisch wiederholt wird. Die Teilnehmer imitieren anschließend entsprechend. Einzelne Teilnehmer übernehmen dann die Spielleiterfunktion, wobei darauf zu achten ist, daß jede Klangfolge zweimal gespielt wird. Damit wird vermieden, daß sich die Teilnehmer zu komplizierte Klangfolgen ausdenken, die von der Gruppe nicht mehr nachvollzogen werden können.

Mitspielen und solistisches Nachspielen

Der Gruppenleiter spielt eine gleichbleibende Klang- oder Geräuschfolge vor, die von den Teilnehmern simultan mitvollzogen wird. Dann nickt oder ruft der Gruppenleiter einem Teilnehmer zu, der daraufhin allein weiterspielt, bis der Gruppenleiter und damit auch die anderen wieder einsetzen. Eine Spielphase ist beendet, wenn der Gruppenleiter aufhört (z. B. durch Heben der Arme), ohne einen neuen Spieler aufzurufen. Einzelne Teilnehmer übernehmen dann die Spielleiterfunktion.

39

Rundspiele

Für wen: alle Altersstufen
Material: – Trommeln (beliebige, gleichartige Instrumente) in Teilnehmerzahl
– ggf. Chiffontücher/Regenschirm

Der Gruppenleiter spielt eine kurze Klangfolge vor, die eine klare Struktur aufweist, z. B. lauter und wieder leiser trommeln. Dieses Motiv wird in fließendem Übergang nacheinander in einer Kreisrichtung gespielt (vgl. Friedemann 1973; 1983). Thematische Einbettung: Schneelawine, Donner o. a.
1. Erweiterung: Unter Einbeziehung von Ideen der Teilnehmer werden verschiedene Klang- oder Geräuschmotive weitergegeben, auch unter bestimmten Themenstellungen: Tier-, Natur-, Maschinengeräusche u. a.

2. Erweiterung: Ein „Regenmotiv" (schnelles Tremolo mit einzelnen Fingern auf dem Trommelfell) wird im Kreis weitergegeben, ohne daß eine klangliche Unterbrechung eintreten soll. Hierzu bedarf es einiger Vorübung, z. B.: Ein Spielleiter geht mit einem gespannten Regenschirm außen um die Spieler herum und hält ihn über den Köpfen der einzelnen Spieler. Immer dort, wo der Regenschirm auftaucht, hört man es regnen (trommeln).

Variante mit Chiffontüchern: Der Teilnehmer, der mit einem Chiffontuch (= Regenwolke) berührt wird, trommelt.

3. Erweiterung: Klangmotive werden mit geschlossenen Augen im Kreis weitergegeben.

4. Erweiterung: Zwei (auch unterschiedliche) Klangmotive, die an zwei verschiedenen Stellen gleichzeitig einsetzen, werden in eine Kreisrichtung weitergegeben. Die Motive können thematisiert werden, z. B.: Zwei Regenwolken ziehen weiter, vielleicht verschmelzen sie sich zu einer Wolke? oder: Katze und Maus laufen im Kreis; holt das eine Tier das andere ein?

5. Erweiterung (nur für geübte Gruppen): Der Gruppenleiter spielt eine gleichbleibende Klang- oder Geräuschfolge vor, die er allmählich verändert (Verwandlung), bis eine neue gleichbleibende Klang- oder Geräuschfolge entsteht. Diese wird vom nächsten Spieler übernommen, verändert, weitergegeben, usw.

6. Erweiterung: Trommel-Domino: Ein Gruppenmitglied spielt zwei durch eine Pause unterbrochene unterschiedliche rhythmische Motive. Das zweite Motiv wird vom rechten Nachbarn wiederholt und mit einem eigenen neuen Motiv erweitert usw. (nach Orietta Mattio).

Tutti-Solo/Duo-Spiele

40

Für wen: alle Altersstufen
Material: Trommeln (beliebige Instrumente) in Teilnehmerzahl

Tutti-Solo-Rundspiel

Alle spielen eine vorher vereinbarte Klangfolge gemeinsam (= Tutti), z. B. lauter und wieder leiser werden. Sobald das Tutti verklungen ist, spielt ein erster Solist frei auf seinem Instrument. Wenn das Solo zu lange dauert, kann die Gruppe von sich aus wieder mit dem Tutti einsetzen. Der Impuls kann von einzelnen Teilnehmern ausgehen. Nach dem nächsten Tutti folgt das zweite Solo, usw. Somit ergibt sich folgender Spielablauf: Tutti – Solo 1 – Tutti – Solo 2 – Tutti, usw.

Tutti-Duo-Spiel

Wie oben, jedoch anstelle des Solospiels tritt das Duo-Spiel. Zwischen dem gemeinsamen Tutti-Motiv (z. B. Donner, der lauter und wieder leiser wird) hört man, wie sich jeweils zwei Instrumente (Lebewesen, Tiere, Wesen von einem Stern o. a.) unterhalten, streiten, zusammen spielen, einander nachahmen, das Gegenteil von dem anderen machen, usw.

Gruppendynamische Spiele

Für wen: alle Altersstufen
Material: – Trommeln (beliebige Instrumente) in Teilnehmerzahl
– verschiedene Instrumente

Namenspiel

① Alle trommeln (spielen) zugleich. Einer nach dem anderen ruft dabei (ggf. mehrmals) seinen eigenen Namen so laut, daß er von allen verstanden werden kann.
② Wie ①, wobei jeder einmal seinen Namen (z.B. auch singend) ruft und die anderen Teilnehmer entsprechend wiederholen.
③ Ein Teilnehmer fängt an zu trommeln (spielen) und ruft dabei den Namen eines Mitspielers auf. Dieser setzt daraufhin ebenfalls ein, ruft einen dritten auf, usw., bis alle spielen. Anschließend wird gemeinsam immer lauter (Crescendo) gespielt und beim Höhepunkt (Fortissimo) abrupt aufgehört.
④ Wie ③, jedoch umgekehrt: Alle spielen zugleich, der jeweils Aufgerufene hört auf zu spielen.
⑤ Spielaufbau ③ und Spielabbau ④ werden ohne Unterbrechung durchgeführt (nach Friedemann 1983).

Spielen – pausieren – warten

Alle dürfen zugleich trommeln (spielen), so lange und laut, wie jeder will. Es darf aber nur einmal pausiert werden. Wer nach einer zweiten Spielphase aufhört, wartet, bis der letzte Teilnehmer sein Spiel beendet hat.
Erweiterung: Jeder spielt bis zur selbst gewählten Pause eine beliebige, aber gleichbleibende Klangfolge. Nach der kurzen Pause spielt jeder wieder eine gleichbleibende Klangfolge, die sich vom Charakter her jedoch von der ersten unterscheiden soll. Spielphasen und Pausen legt jeder selbst für sich fest.

Besuch mit Klängen

Ein Teilnehmer geht mit seinem (tragbaren) Instrument zu einem beliebigen Mitspieler und spielt diesem eine kurze Klangfolge vor, die von dem Besuchten annähernd gleich wiederholt wird. Der Besucher nimmt den Platz des Empfängers ein, der nun seinerseits einen anderen besucht. Jeweils während des Besuchgangs spielt die ganze Gruppe kurz und laut auf ihren Instrumenten.

Spiel für zwei

Es dürfen immer nur höchstens zwei Teilnehmer zugleich spielen. Einer fängt an, ein zweiter kommt hinzu. Sobald ein dritter einsetzt, hört der erste (in geübten Gruppen einer von beiden) auf, usw.

Sich anpassen

Alle trommeln bis auf einen Teilnehmer, der durch den mit verschiedenen Instrumenten ausgestatteten Raum geht. Sobald dieser Teilnehmer eines dieser Instrumente zu spielen beginnt, versuchen die anderen, sich auf ihrer Trommel oder einem anderen Instrument anzupassen, bis der Vorspieler aufhört.

Reaktionsspiele

Für wen: alle Altersstufen
Material: – Trommeln (beliebige Instrumente) in Teilnehmerzahl
– 1 Pauke
– mehrere Teppichfliesen
– 1 Becken/Triangel/Zymbel/Gong

Gegenstände suchen

Ein Teilnehmer muß einen versteckten Gegenstand mit Hilfe der Gruppe suchen: Je lauter sie spielt, desto näher, je leiser sie spielt, desto weiter entfernt ist der Gegenstand.
Erweiterung: Zwei Gegenstände werden gleichzeitig von zwei Teilnehmern gesucht. Jedem Teilnehmer wird eine bestimmte Instrumentengruppe (z. B. Klanghölzer – Trommeln) oder eine bestimmte Klangfolge zugeordnet.

Nähe-Distanz

Ein Teilnehmer sitzt mit einer Pauke in der Kreismitte, umgeben von den anderen, im Kreis stehenden Teilnehmern. Je lauter nun auf der Pauke gespielt wird, desto mehr nähern sich ihm die Teilnehmer, je leiser er spielt, desto mehr entfernen sie sich wieder.

Klangteppich

Es werden mehrere Teppichfliesen zu einem Teppich zusammengestellt. Jeder Fliese wird ein bestimmtes Instrument zugeordnet, das beim Betreten der entsprechenden Fliese erklingt, und zwar so lange, wie sich ein Teilnehmer darauf befindet.
1. Variante: Die Instrumente werden immer nur in Form einer Klangaktion in dem Moment gespielt, wo der Fuß auf eine Teppichfliese gesetzt wird. Dadurch läßt sich das Spiel rhythmisieren.
2. Variante: Es werden nur bestimmte Instrumente eingesetzt, z. B. Rhythmus-, Geräuschinstrumente, Klingende Stäbe.
3. Variante: Die Fliesen werden hintereinander als Klangweg (siehe 8) oder als Klangkreis auf dem Boden angeordnet.

Reaktionsdirigieren (siehe 37)

Instrumentenklang und Bewegung (siehe 20)

Anfangen und Aufhören

Während ein lang klingendes Signalinstrument (z. B. Becken) angeschlagen wird, suchen sich alle eines der bereits im Raum liegenden Instrumente. Sobald nichts mehr zu hören ist, beginnen alle zu spielen, bis das Signalinstrument wieder angeschlagen wird. Die Signalgeber bestimmen jeweils ihre Nachfolger. Das Signalinstrument muß sich in seiner Klangfarbe deutlich von den anderen Instrumenten abheben. Spielende: Zwei Schläge auf dem Signalinstrument.

43

Klangspiele: Klingende Planeten

Für wen: alle Altersstufen

Material:
- verschiedene, langklingende Instrumente in Teilnehmerzahl, z. B. Bekken, Zymbeln, Gongs, Triangeln, Klangschalen
- Teppichfliesen in Teilnehmerzahl
- 1 Zeigestock oder Taschenlampe (im dunklen Raum)
- ggf. ruhige, meditative Hintergrundmusik (Kitaro/Deuter/Winston u. a.) → CD 17
- ggf. großformatiges Papier und Malstifte für jeden

① Im Raum (= Weltenraum) liegen halbkreisförmig in einigem Abstand voneinander Teppichfliesen (= Klangplaneten) in Teilnehmerzahl auf dem Boden. Ein Teilnehmer (= Klangwesen) geht, sein Instrument ständig spielend, durch den Raum, läßt sich dann auf einer Fliese nieder, legt sein Instrument ab und nickt einem zweiten Teilnehmer zu, der auf gleiche Weise einen Platz sucht, usw., bis alle im Halbkreis auf den Teppichfliesen sitzen.
② Der Gruppenleiter (= Weltraumforscher) bringt mit seinem Laserstab (Zeigestock oder Taschenlampe im abgedunkelten Raum) die Planeten zum Erklingen, auf die er zeigt (bzw. die er anstrahlt). Diese Funktion wird von einzelnen Teilnehmern übernommen.
Variante: „Der Weltraumforscher fliegt an den Klangplaneten vorbei und läßt sich auf einem Planeten nieder“: Die Teilnehmer schlagen ihr Instrument immer dann an, wenn der Gruppenleiter an ihnen vorbeikommt oder vor ihnen stehen bleibt. Sobald der Gruppenleiter sich vor einen Teilnehmer hockt, wird mit diesem die Rolle getauscht.
④ Der Gruppenleiter, dann auch einzelne Teilnehmer bringen durch Berührung, z. B. an der Schulter, einzelne Klangplaneten zum Erklingen, durch erneute Berührung zum Verstummen.
⑤ „Die Klangwesen ziehen durch den Weltenraum“: Die Teilnehmer gehen langsam mit ihren Instrumenten auf einer großen Kreisbahn oder als Schlange in freier Raumform, in die jedoch die halbkreisförmige Teppichfliesenreihe einbezogen wird. Die Instrumente werden immer nur dann angeschlagen, wenn eine Teppichfliese betreten wird. Abschließend setzt sich jeder wieder auf eine Teppichfliese und legt sein Instrument ab.
⑥ Nach einem Gespräch über reale und Phantasie-Planeten, möglicherweise auch in Zusammenhang mit der Geschichte vom „Kleinen Prinzen“ (Saint-Exupéry) stellt jeder seinen Phantasie- oder Wunschplaneten vor: instrumental, sprachlich, bildlich, z. B.: Jeder malt ein Bild seines Phantasieplaneten ggf. zu ruhiger, sphärischer Hintergrundmusik. Die Bilder können dann im Rahmen einer „Reise durch den Weltenraum“ vorgestellt werden. Während der Reise hören die Teilnehmer ruhige Musik. Nach jeder Reise stellt ein Teilnehmer seinen Planeten vor mit einigen Klängen auf seinem Instrument, durch Zeigen seines Bildes und eventuell durch eine kurze Beschreibung, wie es auf dem Planeten aussieht, wer dort lebt, was man dort machen kann, usw.

Einführung in das rhythmische Instrumentalspiel

Für wen: alle Altersstufen
Material: – beliebige Musik im Gehtempo → CD 12
– tragbare Rhythmusinstrumente/Trommeln in Teilnehmerzahl
– 1 Pauke

Die Teilnehmer gehen zur Musik (vom Tonträger) frei durch den Raum. Immer wenn die Musik abgestoppt wird, bleiben sie unbeweglich stehen. Während dieser Pausen verteilt der Gruppenleiter Rhythmusinstrumente, die dann zur wieder einsetzenden Musik gespielt werden (ein Schlag pro Schritt).
1. Erweiterung: Die Teilnehmer gehen, ihre Rhythmusinstrumente zur Musik vom Tonträger spielend, frei durch den Raum. Zwischendurch wird Musik ausgeblendet; die Teilnehmer spielen im gleichen Tempo weiter, jedoch am Platz mit Stampfschritten. Inwieweit das Tempo beibehalten wurde, zeigt sich, wenn die Musik wieder einsetzt.
Variante: Die Rhythmusinstrumente werden immer nur gespielt, wenn die Musik aussetzt. Sobald sie wieder erklingt, gehen alle – nicht spielend – durch den Raum.
2. Erweiterung: Ein Teilnehmer führt die ihm in einer Schlange folgenden Gruppenmitglieder mit einem einfachen Rhythmus, ggf. Grundschlag, der zur Musik vom Tonträger passen soll, an. Die Gruppenmitglieder spielen mit dem Anführer möglichst synchron mit. Sobald die Musik aussetzt, geht der Vorspieler ans Schlangenende und der zweite Teilnehmer führt die Gruppe entsprechend durch den Raum, usw.
3. Erweiterung: Die Teilnehmer sitzen im Halbkreis mit einem Rhythmusinstrument, ggf. geordnet nach Instrumentengruppen. Ein Dirigent bestimmt durch Zu- und Abwinken, welche Instrumente oder Instrumentengruppen zur Musik vom Tonträger spielen.
4. Erweiterung: Ein Spieler schlägt auf der Pauke möglichst regelmäßige Grundschläge im Gehtempo, die die anderen Teilnehmer, frei im Raum umhergehend, auf tragbaren Rhythmusinstrumenten mitspielen. Nach einer Weile ruft der Paukenspieler einen Teilnehmer auf, mit dem die Rolle getauscht wird. Der neue Paukenspieler kann Tempo und Lautstärke leicht variieren. Die Teilnehmer stellen sich entsprechend darauf ein.
5. Erweiterung: Wie oben, jedoch anstelle eines Namens wird eines der eingesetzten Instrumente (z.B. Rasseln) aufgerufen. Alle Teilnehmer mit den entsprechenden Instrumenten (höchstens 4 Spieler pro Instrumentengruppe) gehen nun an die Pauke und spielen nacheinander jeweils einen Grundschlag, so daß das Metrum erhalten bleibt. Nach einer Weile ruft einer der Paukenspieler ein neues Instrument auf, usw.
6. Erweiterung: Die Teilnehmer spielen auf einer Trommel wechselhändig im Gleichschlag, werden gemeinsam schneller, wieder langsamer, lauter, wieder leiser, betonen einzelne Schläge, z. B. jeden 4. Schlag oder frei.
7. Erweiterung: Alle spielen gemeinsam den ersten von acht Schlägen. Anschließend hat jeder einen Schlag frei, an beliebiger Stelle zu spielen. Sprachunterstützung: „*Laut* spiel ich, wann ich es möch-te."

Rhythmische Sprechformeln: Geisterbeschwörung

Für wen: alle Altersstufen
Material:
- tragbare Rhythmusinstrumente in Teilnehmerzahl
- Musik im Gehtempo, z. B. afrikanische Trommelmusik → CD 12
- Tafel/Kreide

„Die Angehörigen eines Stammes beschwören die Geister mit rhythmischen Beschwörungsformeln“: Dazu bewegen sie sich mit Stampfschritten im Kreis und anderen Raumformen. Auf jeden Schritt wird eine Silbe der Sprechformel gesprochen: „ta-ki ta-ki ...“. Einzelne Silben werden über Klatschen oder Spiel auf Rhythmusinstrumenten betont, zunächst die erste Silbe: „*ta*-ki *ta*-ki ...“ (= Grundschlag/Beat), dann auch die zweite Silbe: „ta-*ki* ...“ (= Gegenschlag/Off-Beat).
1. Erweiterung: Auf jeden Schritt werden jeweils zwei Silben gesprochen, so daß der Grundschlag (Beat) immer mit dem Aufsetzen des Fußes erfolgt, der Gegenschlag genau dazwischen beim Anheben des Fußes.
2. Erweiterung: Es werden Sprechformeln mit drei (Dreiertakt) und vier (Vierertakt) Silben durch entsprechende Betonungen rhythmisiert, zum Beispiel: „ga-*ma-la* ga-*ma-la*“ oder „*ta*-ke-*ti-na* *ta*-ke-*ti-na*“.
3. Erweiterung: Einzelne Silben werden auf verschiedene Rhythmusgruppen verteilt, z.B.: Gruppe 1: *ta*-(ke)-*ti-na* ... Gruppe 2: (ta)-*ke*-(ti-na) ...
4. Erweiterung: Wie oben, jedoch sprechen und spielen die Teilnehmer zu rhythmusbetonter, z.B. afrikanischer Trommelmusik vom Tonträger.
5. Erweiterung: Die Sprechformeln werden für alle sichtbar notiert. Die Teilnehmer rhythmisieren auf ihren Instrumenten jeweils die Sprechformel, auf die ein Dirigent zeigt. Das Tempo kann durch Musik vom Tonträger vorgegeben werden. Beispiel:

Sprechformel:

1	und	2	und	3	und	4	und
ta		ke					
ta		ke		ti		na	
ta - ki		ta					
ta - ki		ta		ta - ki		ta	

grafisch notiert:

1 und 2 und 3 und 4 und

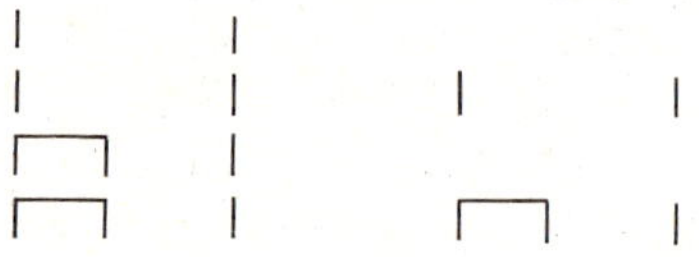

6. Erweiterung: Die Teilnehmer gehen zum Trommelspiel eines Gruppenmitglieds im Kreis, der durch – auf dem Boden liegende – Rhythmusinstrumente markiert ist. Sobald der Trommelspieler aufhört, nimmt jeder das Rhythmusinstrument, vor dem er gerade steht, und spielt eine von der Trommel vorgegebene Sprechformel (siehe oben). Der Trommelspieler bestimmt die Länge des Spiels und seinen Nachfolger.
7. Erweiterung: Der Trommelspieler gibt nur den Grundschlag (das Tempo) vor, zu dem die anderen eigene Rhythmen spielen.

Rhythmische Sprechmotive: Die Roboter

Für wen: alle Altersstufen
Material: – tragbare Rhythmusinstrumente in Teilnehmerzahl
– Pop- oder andere Musik mit eingängigem Rhythmus → CD 6

Die im Kreis stehenden Teilnehmer (= Roboter) klatschen oder spielen auf ihren Rhythmusinstrumenten Wörter, Sätze, Silben nach, die vom Gruppenleiter, später auch von einzelnen Teilnehmern vorgegeben werden, z. B.:

Zählzeit:	1	2	3	4	1	2	3	4
Wörter:	Ro	bo	ter	–	Ro	bo	ter	–
Sätze:	Ro	bo	ter	das	ist	doch	klar	–
	Ro	bo	ter	die	spre	chen	ja	–
Silben:	Ja	ma	ha	–	duda	– da	da	–

1. Erweiterung: Wie oben, die Teilnehmer gehen jedoch dabei mit Stampfschritten im Kreis: „... Roboter, die gehen ja ...

2. Erweiterung: Jeder Teilnehmer sucht sich eine Geräuschquelle („Arbeitsstelle der Roboter") im Raum, z. B. Fenster, Heizung, Tür, aber auch umherliegende Instrumente. Gemeinsam wird folgendes Sprechmotiv gesprochen und gespielt, geklopft, geschlagen:

Zählzeit:	1	2	3	4	1	2	3	4
Sprache:	Ro	bo	ter	sind	im-mer	bei der	Ar	beit

Bei der Wiederholung des Motivs wird nur leise geflüstert, wobei jeder Teilnehmer innerhalb dieses Zeitraums zu einer anderen Geräuschquelle geht und dort wieder mit den anderen gemeinsam das Motiv (laut) spricht und spielt ...

3. Erweiterung: Verschiedene rhythmische (Sprech-)Motive werden auf Rhythmusgruppen verteilt, nacheinander, ggf. auch zusammen gespielt. Ein (geübter) Dirigent gibt die Einsätze, z. B.:

Trommeln:	Ro	bo	ter	–	...			
Guiros:	–	–	–	die	...			
Klanghölzer:	Ro	bo	ter	sind	im-mer	bei der	Ar	beit ...
Kuhglocken:	Ja	ma	ha	–	du-da	– da	da...	

4. Erweiterung: Verschiedene rhythmische Motive werden zur Musik vom Tonträger gespielt.

5. Erweiterung: Darstellende Improvisation: Maschinen 55.

6. Erweiterung: Sprechrhythmen: Musikant mit dem Computer 5.

7. Erweiterung: „Roboter" bewegen sich immer dann, wenn ein ihnen zugeordnetes Instrument oder rhythmisches Motiv erklingt (siehe auch 20 „Instrumentenklang und Bewegung").

8. Erweiterung: Liedgestaltung: „Immer gleich im Rhythmus" 13.

47

Rhythmusspiele

Für wen: alle Altersstufen
Material: – Rhythmusinstrumente in Teilnehmerzahl
– Musik mit eingängigem Rhythmus → CD 12
– ggf. Melodieinstrumente (z. B. Xylophon)

Rhythmisches Imitationsspiel

Einer spielt ein rhythmisches Motiv in ständiger Wiederholung vor, die anderen spielen synchron mit, bis der Vorspieler aufhört.

Rhythmisches Echospiel

Einer spielt ein rhythmisches Motiv zweimal hintereinander vor, das von den anderen entsprechend wiederholt wird.
Erweiterung: Einzelne Instrumentengruppen wiederholen nacheinander ein vorgegebenes Motiv: z. B. Klanghölzer – Trommeln – Kuhglocken ...

Rhythmisches Rundspiel

Ein rhythmisches Motiv wird z. B. als (Trommel-)„Nachricht" in eine Kreisrichtung weitergegeben.
1. Erweiterung: Ein Spieler nach dem anderen kommt hinzu, bis alle spielen; entsprechend Abbau; ggf. zu Musik vom Tonträger.
2. Erweiterung: Während des Spiels werden neue rhythmische Motive eingegeben.

Rhythmisches Tutti-Solo-Spiel

Alle spielen ein gemeinsames rhythmisches Motiv mit Wiederholung (Tutti) jeweils im Wechsel zu einem rhythmischen Solo eines Teilnehmers.
Erweiterung: Das Solo hat die gleiche zeitliche Länge wie der Tutti-Teil.

Rhythmusspiel mit Pausenfüller („Break"/„Fill-in")

Alle spielen ständig sich wiederholende rhythmische Motive, zwischen denen eine längere Pause (z. B. drei Zählzeiten) enthalten ist. Einer nach dem anderen füllt die Pause mit Stimm- oder instrumentalerzeugten Geräuschen oder Rhythmen.

Rhythmischer Klangteppich

In geübteren Gruppen kann ein rhythmischer Klangteppich mit unterschiedlichen, aber sich jeweils wiederholenden rhythmischen Motiven aufgebaut werden. Ein Dirigent bestimmt den Einsatz der einzelnen Instrumentengruppen.
Erweiterung: Zu diesem rhythmischen Klangteppich spielt ein Teilnehmer eine improvisierte Melodie, z. B. auf einem Xylophon.
Variante: Zu Musik vom Tonträger.

Rhythmus halten und stören

Jeweils 2 Teilnehmer spielen ein gemeinsames rhythmisches Ostinato. 2 andere Teilnehmer versuchen dabei, mit allen möglichen Mitteln (ausgenommen Körperkontakt) die Spieler aus dem Rhythmus zu bringen. Anschließend Rollentausch (nach Wolfgang Meyberg).

Einführung in das Spiel mit Tönen: Tonspielereien

Für wen: alle Altersstufen
Material: – Melodieinstrumente (Stabinstrumente, Tasteninstrumente, Psalter u.a.) in Teilnehmerzahl
– Klingende Stäbe in Teilnehmerzahl

Dirigentenspiel mit Klingenden Stäben

Verschiedene Einzeltöne (Klingende Stäbe) werden auf die Teilnehmer verteilt. Ein Dirigent bestimmt durch Handzeichen, welche Töne gespielt werden.
Variante: Der Tonvorrat wird auf eine Fünftonskala beschränkt. Ein metrisches Gerüst wird durch zusätzliche einfache Rhythmusbegleitung gegeben. Beispiele:
Halbtonlose Fünftonskala: C–D–E–G–A
„Arabische Fünftonskala“: E–Fis–G–B–H; *Variante:* E–F–Gis–A–H
„Balinesische Fünftonskala“: E–F–G–H–C
Erweiterung: Die Teilnehmer gehen, ständig ihren Klingenden Stab spielend, frei durch den Raum und suchen 2 oder 3 andere Töne. Sobald sich entsprechende Kleingruppen gefunden haben, setzen diese sich in den Halbkreis. Ein Dirigent bestimmt anschließend durch Handzeichen, welche Gruppe ihren Klang (Akkord) spielt.

Dirigentenspiel mit Mehrtoninstrumenten

Die Teilnehmer haben ein Melodieinstrument, auf welchem entsprechend den Handzeichen eines Dirigenten immer nur ein vorher vereinbarter Ton, z.B. „G“ gespielt wird. Der Dirigent kann das Spiel mit Hilfe seiner Gesten rhythmisieren und in der Lautstärke variieren.
1. Erweiterung: Die Teilnehmer werden in zwei Gruppen eingeteilt, denen jeweils ein bestimmter Ton zugeordnet wird, z.B. Gruppe 1: „C“, Gruppe 2: „G“. Ein Dirigent bestimmt, welche Gruppe in welcher Form spielt.
2. Erweiterung: Jeder Teilnehmer hat zwei vorher festgelegte Töne, z. B. „C“ und „G“, und spielt je nach Handzeichen eines Dirigenten den tiefen oder hohen Ton. Möglich ist auch die Erweiterung mit einem dritten Ton, z.B. „F“.

Echospiel mit Mehrtoninstrumenten

Ein Vorspieler spielt kurze rhythmische Motive („Signale“) auf einem vorher vereinbarten Ton zweimal vor. Die Teilnehmer wiederholen echoartig auf ihren Instrumenten. Die Motive können auch sprechrhythmisch unterstützt werden, z.B. „Wir gehen jetzt auf Jagd!“
Erweiterung: Wie oben, mit zwei/drei Tönen, aus denen kleine rhythmisch-melodische Motive gestaltet und nachgespielt werden.

49

Tonfolgen rhythmisch variieren: Tonleiterspiel

Für wen: alle Altersstufen
Material: – Stab-/Tasteninstrumente, Rhythmusinstrumente in Teilnehmerzahl
– ggf. Begleitinstrument für Gruppenleiter

Die Tonleiter wird jeweils mit unterschiedlichen rhythmischen Motiven auf- und abwärts gespielt. Auch die Teilnehmer können sich eigene Motive ausdenken. Bei nicht ausreichender Zahl von Melodieinstrumenten lassen sich Rhythmusinstrumente hinzuziehen, die den Melodierhythmus mitspielen oder einen eigenen Grundrhythmus mitspielen.

Variationen:

Mehrstimmiges Musizieren: Rondo-Quod-Pop

Für wen: alle Altersstufen
Material: – Stab-/Tasten-/Rhythmusinstrumente in Teilnehmerzahl
– ggf. Begleitinstrument für Gruppenleiter

Mel: B. Tischler.

Die einzelnen Teile können nacheinander, z. B. als Rondo (A–B–A–C–A–D–A), oder auch gleichzeitig gespielt werden, vergleichbar einem „Quodlibet".

Instrumentalbegleitung (Ostinato)

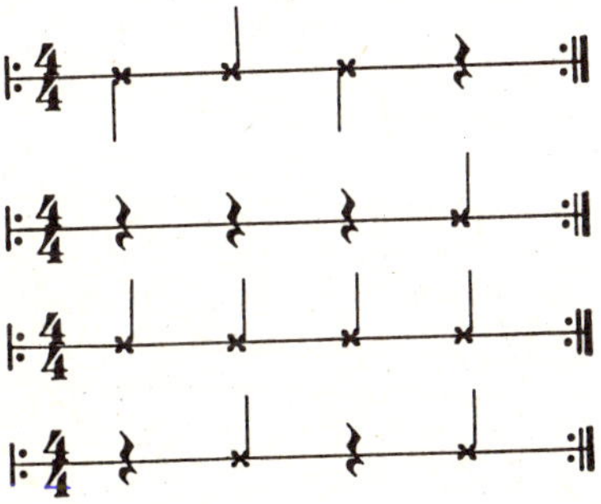

Bongo/
Wooden Agogo/
Röhrenholztrommel

Guiro

Rassel

Schellen

Musizieren von Folklore-Musik: Flamenco Alegre

Für wen: alle Altersstufen

Material:
- Stabinstrumente
- Stielkastagnetten
- ggf. Gitarre als Begleitinstrument für Gruppenleiter

Mel: B. Tischler.

Variation: Veränderung des Melodierhythmus.

Instrumentalbegleitung (Ostinato)

Klatschen

In den Pausen: Tremoloartiges Schütteln von Stielkastagnetten.

Musizieren von Volkstanzmusik: Nebesko Kolo

Spiel mit Tönen

52

Für wen: alle Altersstufen
Material: – Stab-/Tasteninstrumente; ggf. Psalter; Rhythmusinstrumente (s. u.) in Teilnehmerzahl
– ggf. Begleitinstrument

Mel: aus Kroatien, Arr: B. Tischler.

Instrumentalbegleitung (Ostinato)

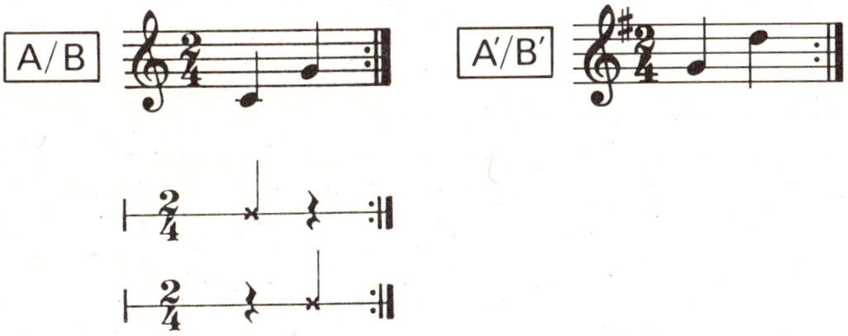

Xylophon

Trommel

Schellen

Erweiterung: Eine Gruppe musiziert, eine andere Gruppe tanzt dazu (siehe 73).

Variante:

53

Musizieren und improvisieren: La Bamba

Für wen: alle Altersstufen

Material:
- Stab-/Tasteninstrumente o.a./Rhythmusinstrumente in Teilnehmerzahl
- ggf. Begleitinstrument für Gruppenleiter

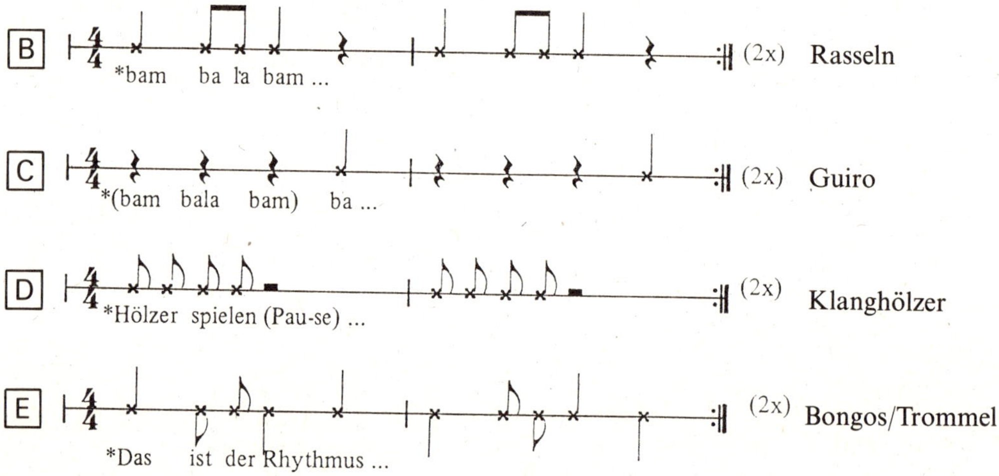

*rhythmische Sprechhilfen

Mel: aus Mexiko, Arr: B. Tischler.

Arrangement-Beispiele:
- A_1, dann nacheinander dazu: A_2, A_3, B, C, D, E und entsprechender Abbau.
- Rondo: A – B – A – C – A – D – A – E – A
- Rondo: A – rhythmische Improvisation Spieler 1 –
  A – rhythmische Improvisation Spieler 2 –
  A – usw.
- Improvisation mit vorhandenem Ton-/Rhythmusmaterial

Klangbilder

Für wen: alle Altersstufen
Material:
- vielseitiges Instrumentarium, einschließlich verschiedenster Geräuscherzeuger
- Bilder mit konkreten Darstellungen im Großformat
- ggf. Diaprojektor, verschiedene Dias

Bilder/Bildelemente verklanglichen

Ein oder mehrere großformatige Bilder (z.B. einer Landschaft, Stadt, von Menschen, Tieren) hängen für alle sichtbar an der Wand. Akustisch reale (für Ältere auch akustisch nicht-reale) Bildelemente werden vokal/instrumental verklanglicht. Anschließend können einzelne Bildelemente auf einzelne Teilnehmer verteilt werden. Die Spieler verklanglichen ihr Bildelement entsprechend durch Zeigen eines Spielleiters. Dieses Spiel kann auch mit wechselnden Dias durchgeführt werden.

Begriffe verklanglichen

Jeder Spieler hat möglichst verschiedene Klangerzeuger zur Verfügung. Der Spielleiter spricht ein Wort aus, z.B. „Maschine". Die Spieler richten sich schnell und schweigend auf die Darstellung des Wortes ein. Sobald der Leiter ein verabredetes Zeichen gibt, soll das Klangbild sofort von allen Spielern erklingen. Durch wiederholtes Signal verstummt das Klangbild (vgl. Friedemann 1973).
Mögliche Klangbilder: Eisenbahn, Lärm, Wasser, Nacht, Sonnenaufgang, Uhr, Pferd, traurig, fröhlich u.a.

Klangbilder erraten

Ein oder zwei Teilnehmer sollen eins von mehreren vorgegebenen Klangbildern imitieren und erraten, z.B. Frühling – Sommer – Herbst – Winter.
Während die Rater außerhalb des Raumes warten, einigt sich die Gruppe auf ein Klangbild.
Die Rater versuchen dann, zunächst mit eigenen Klangerzeugern das von ihnen vermutete Klangbild mit der Gruppe zusammen akustisch darzustellen. Sobald sie aufhören, beendet auch die Gruppe das Spiel, und das Klangbild kann erraten werden.

55

Darstellende Improvisation: Maschinen

Für wen: alle Altersstufen
Material:
- verschiedene Klang-/Geräuscherzeuger
- 1 Signalinstrument, z. B. Becken
- rhythmusbetonte, „maschinenartige" Musik, z. B. „Computerwelt" von „Kraftwerk" oder → CD 6

Jeder sucht sich einen oder mehrere Klang-/Geräuscherzeuger, mit denen eine Maschine dargestellt werden soll. Einer nach dem anderen stellt seine Maschine – eventuell auch mit einem Phantasienamen – vor.
1. Erweiterung: „Maschinenkonzert": Ein „Werkmeister" stellt einzelne Maschinen durch entsprechend eindeutige Gesten (= „Fernbedienung") oder durch leichte Berührung des entsprechenden Spielers an und ab.
2. Erweiterung: „Laute und leise Maschinen": Die Spieler mit den lauten Maschinen der „Tagesschicht" sitzen nebeneinander in einer Reihe mit jeweils einem gegenübersitzenden Partner, der die leiseren Maschinen der „Nachtschicht" spielt.
Zunächst beginnt ein Teilnehmer der Tagesschicht mit seinem Maschinengeräusch; der Nachbar kommt hinzu, usw., bis alle lauten Maschinen zu hören sind. Daraufhin werden in vereinbarter oder freier Reihenfolge durch Zunicken zum Gegenüber die lauten von den leisen Maschinen abgelöst. Das Spiel wird beendet, indem eine Maschine nach der anderen aufhört oder alle Maschinen gleichzeitig auf ein Signal hin verstummen.
3. Erweiterung: „Maschinenverwandlung": Alle spielen nacheinander einsetzend ihr jeweiliges Maschinengeräusch. Auf ein Signal, z. B. Beckenschlag oder Antippen der einzelnen Maschinen treten unregelmäßige Störgeräusche auf. Mit erneutem Signal wird die Störung behoben. Anschließend klingt eine Maschine nach der anderen aus. Im Vordergrund steht hierbei das Erleben des Gegensatzes von monoton-gleichbleibenden und dynamisch-bewegten Klang-/Geräuschfolgen.
4. Erweiterung: Die Maschinen-Spiele werden mit Bewegung kombiniert, die stimmlich begleitet oder durch entsprechend rhythmisch eingängige Musik vom Tonträger unterstützt werden kann.
5. Erweiterung: Auf ein akustisches Signal (z. B. Becken) bewegen sich „Roboter" vorwärts geradeaus gehend durch den Raum. Jeweils zugehörige „Ingenieure" können durch Antippen der rechten oder linken Schulter die „Roboter" zu entsprechenden Vierteldrehungen veranlassen. Es gibt auch Stop-Signale der „Ingenieure" und „Notrufe" der Roboter, wenn sie auflaufen. Die Aufgabe kann darin bestehen, den „Roboter" an einen bestimmten Ort zu führen. Erweiternd führt ein „Ingenieur" zwei „Roboter". (Idee: Orietta Mattio).
6. Erweiterung: Real nachempfundene oder Phantasie-Maschinen werden in Form kleiner szenischer Gestaltungen dargestellt, auch unter Verwendung von Requisiten und Instrumenten.

Textverklanglichung und Parakomposition: Die Bootsfahrt/Die Moldau von F. Smetana

Für wen: alle Altersstufen
Material: – Stab-, Saiteninstrumente
– ggf. Musik „Moldau" von Friedrich Smetana → CD 19–26
– ggf. z. B. blaue Bänder, Chiffontücher o. a. für Bewegungsgestaltung

Textverklanglichung

Der Text „Die Bootsfahrt" wird abschnittweise von einem Erzähler gesprochen und jeweils entsprechend verklanglicht.
Variante: Der Text wird verändert oder erweitert, wobei andere Orte (z. B. Stadt) oder Begebenheiten (z. B. Tumi begegnet einem Schiff) in die Geschichte eingeflochten werden.
Erweiterung: Der offene Schluß bietet zahlreiche Möglichkeiten, Ideen und Vorstellungen der Teilnehmer aufzugreifen. Dies kann gerade auch unter pädagogisch-therapeutischer Zielsetzung geschehen (Tumi als Identifikationsfigur mit bestimmten Erlebnissen, Wünschen, Zielen).

Parakomposition

Die Verklanglichung wird ohne Erzähler durchgeführt. So entsteht ein zusammenhängendes Instrumentalstück, das thematisch an der „Moldau" von Friedrich Smetana orientiert ist und auf diese Weise einen elementaren Zugang zum Originalwerk im Sinne einer „Parakomposition" ermöglicht.

Bewegungsdarstellung

Die Geschichte kann auch im Rahmen einer Bewegungsgestaltung dargestellt werden, entweder zur Originalmusik vom Tonträger oder zur selbst durchgeführten Verklanglichung (vgl. Holborn 1988), z. B.:
– Flußthema (Moldau): mit blauen schwingenden Bändern
– Jagdszene: szenische Darstellung einer Jagd
– Dorffest (Bauernhochzeit): einfacher Kreistanz
– Nacht (Nymphenreigen): Bewegungsgestaltung mit Chiffontüchern

Hören

Die Teilnehmer hören (mit geschlossenen Augen und in bequemer Lage) die verklanglichte Geschichte zur Entspannung und/oder Förderung gelenkter Assoziationen, die auch therapeutisch aufgegriffen werden können.

Text: Die Bootsfahrt	*Verklanglichung:* (Beispiel)
Leicht schaukelt das kleine, an einen Baum festgebundene Ruderboot am Ufer des Baches …	Glissandi auf Stab- und Saiteninstrumenten
Wie fast jeden Tag sitzt Tumi auch heute in dem Boot und schaut, vor sich hinträumend, in das vorbeifließende Wasser. Tumi kennt die Quelle, aus der das Wasser entspringt ...	vereinzelte, immer dichter werdende Töne auf Stab-/Saiteninstrumenten, die immer lauter werdend in Glissandi übergehen
Wo mag aber der Bach hinführen? Tumi ist neugierig und hat eine Idee! „Einfach mit dem Boot losfahren ..." Das Seil ist schnell gelöst, und schon treibt das Boot den sich zu einem Fluß ausweitenden Bach stromabwärts ...	Flußmotiv/-thema, z. B. in Anlehnung an „Die Moldau" (AAB ABA), ggf. umrahmt von Glissandi (s. o.)
Der Fluß schlängelt sich durch einen Wald. In der Ferne hört Tumi Jagdsignale ...	kleine melodische Motive mit 2–3 Tönen, die im Sinne eines Echospiels vor- und nachgespielt werden
Nach einiger Zeit kommt Tumi an einem Dorf vorbei, wo gerade ein Fest/eine Bauernhochzeit gefeiert und getanzt wird ...	lautmalerische Darstellung von Dorfgeräuschen: Kuhglocken u. a. einfaches kleines Spielstück/ Instrumentalimprovisation
Der Abend bricht herein. Allmählich wird es ruhiger ...	
Im hellen Mondschein sehen die Bäume am Flußufer aus wie geisterhafte Gestalten, die sich im Abendwind hin- und herwiegen ...	einzelne, ruhige Klänge, z. B. auf Becken/Triangel/Glockenspiel, ggf. auch rhythmisiert
Das Boot gleitet weiter ...	Flußmotiv/Glissandi (s. o.) (ABA)
Die Sonne geht auf. Der Fluß wird immer wilder, so daß Tumi das immer schneller werdende Boot kaum noch steuern kann ...	Tremolo/Glissandi (s. o.), lauter und unregelmäßiger werdend; evtl. Höhepunkt mit Paukenwirbel
Nachdem Tumi die gefährlichen Stromschnellen glücklich überstanden hat, wird der Fluß immer breiter. Ruhig gleitet Tumi in seinem Boot – an einer alten Burg vorbei – auf das Meer zu, in das der Fluß mündet …	Flußmotiv/Glissandi (s. o.), ruhig, aber kräftig, variierend
Da wird am Ufer ein Holzsteg sichtbar, auf den Tumi nun zusteuert. Nach kurzer Zeit erreicht er mit zwei kräftigen Stößen das Ziel.	2 Trommelschläge
… oder wird die Fahrt weitergehen? …	gemeinsame Erarbeitung/Improvisation mit Teilnehmern ...

Klangliche Darstellung von Gefühlen/Stimmungen

Für wen: alle Altersstufen, vorwiegend ältere Kinder
Material:
- möglichst vielseitiges Instrumentarium
- Maske mit fröhlichem und Maske mit traurigem Ausdruck
- ggf. verschiedene Requisiten

Die musikalischen Wunderheiler

Ein Dorfbewohner (= Teilnehmer) eines afrikanischen Stammes ist erkrankt. Man sieht dies an seinem traurigen Gesicht (Maske mit traurigem Ausdruck wird vor das Gesicht gehalten). Mehrere Wunderheiler (= Teilnehmer) versuchen nun mit improvisiertem Instrumentalspiel, das sie für heilend (schön) halten, den Kranken wieder gesund zu machen. Dies kann auch in kleinen Gruppen geschehen. Wenn sich der Kranke von der Musik angesprochen fühlt, hält er die Maske mit dem fröhlichen Ausdruck vor sein Gesicht.
Es sollten jeweils ca. 3 „Heilungsversuche" unternommen werden. Danach spielt ein anderer den Kranken (vgl. auch Schuppe 1986).
Variante (in Anlehnung an Friedemann 1983): Der Kranke bringt seine Befindlichkeit durch trauriges oder mißtöniges Instrumentalspiel, z.B. auf einem Xylophon, zum Ausdruck. Fühlt er sich durch die Musik eines Wunderheilers angesprochen, antwortet er mit fröhlichem Instrumentalspiel.

Statuen und Gefühlsausdruck

Ein Teilnehmer stellt ein Gefühl/eine Stimmung dar, die durch eine statische Körperhaltung und entsprechende Mimik (= Statue) zum Ausdruck gebracht werden soll. Zur Überwindung von Hemmungen können auch Requisiten eingesetzt werden. Die anderen versuchen auf ihren Instrumenten das dargestellte Gefühl/die Stimmung improvisierend zu verklanglichen und dann zu erraten.
Variante: Wie oben, jedoch anstelle eines Darstellers tritt eine Gruppe (Gruppenskulptur), die sich auf ein Gefühl/eine Stimmung einigt. Die anderen verklanglichen entsprechend. Anschließend erfolgt Rollentausch.

Gefühle unterscheiden

Die Gruppe einigt sich auf einige Gefühlszustände wie müde, fröhlich, wütend, denen jeweils bestimmte Klang- oder Geräuschfolgen zugeordnet werden, zum Beispiel: müde = wischen über Trommelfell; fröhlich = bewegt-freies Spiel auf Glockenspiel; wütend = laute Trommelschläge. Ein Teilnehmer stellt (panto-)mimisch/gestisch in freier Reihenfolge diese Gefühle dar; die Gruppe reagiert entsprechend auf den jeweiligen Instrumenten.
Variante: Gefühle werden durch Hochhalten entsprechend zugeordneter Masken dargestellt (geeignet für gehemmte Teilnehmer).

Bewegungsspiel

58

Gestaltung von Bewegungsarten: Die Movies

Für wen: alle Altersstufen

Material:
- instrumentale (Pop-)Musik in schnellem Gehtempo → CD 10
- locker-bewegte und
- harte, rhythmisch-betonte Musik → CD 6; 14
- beliebige bewegungsstimulierende Instrumentalmusik
- Holzblock-/Schlitztrommel; Block-/Lotosflöte
- 2 Trommeln
- Klanghölzer, Chiffontücher, Stöcke, Reifen, Luftballons

Bewegungsrondo: „Die Movies begrüßen sich"

A: Die Teilnehmer bewegen sich zu Musik im Gehtempo im Kreis.

B: Wenn die Musik (in schnellem Gehtempo) stoppt, geht ein Teilnehmer in einer spontan erfundenen Bewegungsart zur Kreismitte, lockt dort mit entsprechender Gestik einen anderen zu sich, der in der gleichen Art auf ihn zukommt. Dann klatschen beide dreimal ihre Hände aneinander und gehen gleichzeitig in der gleichen Bewegungsart in den Kreis zurück. Ggf. untermalen zwei Teilnehmer die Bewegungsarten auf Trommeln.

A: wie oben.

C: wie B, aber mit neuem Teilnehmer und anderer Bewegungsart ...

Gummi- und Eisenmovies

In zwei diagonal gegenüberliegenden Raumecken wohnen jeweils in einem Dorf die Gummi- und die Eisenmovies. Jedes Dorf hat auch seine eigene Musik (locker-bewegt/hart-rhythmisch), die jeweils sagt, welche Moviegruppe mit ihrer typischen gummi- oder eisenartigen (roboterähnlichen) Bewegung aus dem Dorf herauskommt. Immer wenn die Musik stoppt, gehen die Movies ins Dorf zurück.

Hölzer- und Tüchermovies

In zwei anderen Dörfern wohnen die Hölzer- und die Tücher-Movies. Erstere bewegen sich zu rhythmischem Spiel auf einer Holzblock-/Schlitztrommel, letztere (mit Chiffontüchern) zu Flötenspiel. Wenn Trommel und Flöte auf zwei Teilnehmer verteilt werden, können sich auch beide Moviegruppen gleichzeitig bewegen.
Erweiterung: Wie oben, aber diesmal reagieren die Hölzermovies (mit Klanghölzern) und Tüchermovies (mit Chiffontüchern) sukzessiv mit rhythmischer bzw. melodiebezogener – in Bewegung umgesetzter – Nachahmung auf Trommel bzw. Flöte.

Stock-, Reifen- und Ballonmovies

In drei Raumecken stehen jeweils hintereinander einige Teilnehmer mit Stöcken (Gruppe 1), Reifen (Gruppe 2) und Luftballons (Gruppe 3). Die (maskierten) Gruppenanführer bestimmen die von den anderen jeweils mitvollzogenen Bewegungen unter Einbeziehung jeweiliger Geräte. Ggf. legt der Gruppenleiter durch Zuruf („Stöcke!"/„Reifen!"/„Luftballons!") fest, welche Gruppen zu bewegungsstimulierender Musik in Aktion treten.

Bewegungs- und Wahrnehmungsspiele mit Seilen

Für wen: Kinder
Material: – Seile in Teilnehmerzahl
– 4–5 m langes Seil/aneinandergeknüpfte Seile
– Flöte/langsame und schnelle Musik vom Tonträger
– ggf. ruhige, meditative Hintergrundmusik → CD 17

① Die Teilnehmer krabbeln als „Spinne" zu langsamer Musik (Flötenspiel), zuerst allein, dann auch zu zweit.
② Sobald schnelle Musik einsetzt, laufen alle als „Fliegen" (summend) im Raum umher. Setzt wieder langsame Musik ein, finden sich neue „Spinnenpaare" zusammen.
③ Ein Teilnehmer (= Spinne) schwingt ein langes Seil über den Boden im Kreis. Die anderen auf der Kreislinie stehenden Teilnehmer (= Fliegen) springen über das Seil, immer wenn es bei ihnen ankommt ...
④ Jeder spinnt etwas Beliebiges/Vorgegebenes (z.B. Haus, Kreis, Apfel ...) mit seinem Seil, zuerst mit geöffneten, dann auch mit geschlossenen Augen.
⑤ Jeder spinnt etwas mit seinem Seil, was seiner Meinung nach zu einer bestimmten vorgegebenen Musik (Flötenspiel) paßt.
⑥ Zu zweit: Einer legt eine Figur mit seinem Seil, der Partner legt sie nach. Anschließend mit geschlossenen Augen durch Abtasten der vorgelegten Figur; dann erfolgt Rollentausch.
⑦ Wie oben, jedoch wird die nachzulegende Figur auf den Rücken „gemalt" (mit geöffneten Augen).
⑧ Die Teilnehmer probieren aus, was man alles mit dem Seil machen/darstellen kann. Anschließend macht jeweils ein Teilnehmer etwas mit dem Seil vor, was die anderen nachmachen. Dazu erklingt ggf. Hintergrundmusik/Flötenspiel.
⑨ Es wird ein großes Spinnennetz mit mehreren Seilen hergestellt (Knotenpunkt am Mittelpunkt der Seile = Fadenkreuz). Das Netz wird an den Enden festgehalten; jeweils ein Teilnehmer setzt sich auf den Knotenpunkt und läßt sich tragen, schaukeln oder drehen. Dazu erklingt ruhige, meditative Hintergrundmusik.
⑩ Es wird gemeinsam mit den Seilen etwas gesponnen. Einer nach dem anderen ergänzt die ausgelegten Seile nach seinem Geschmack, bis zum Schluß ein gemeinschaftliches Werk entstanden ist.
⑪ Jeder nimmt sein Seil wieder zurück. Mehrere Seile werden zu einem „Seilkreis" zusammengebunden; zu meditativer Musik gehen die Teilnehmer gegen Uhrzeigersinn, mit der linken Hand das Seil haltend. Gemeinsam wird eine einfache tänzerische Gestaltung entwickelt.
⑫ Weitere Spielideen siehe auch Geißler (1990).

Bewegungs-spiel

60

Bewegungs- und Wahrnehmungsspiele mit Stoffsäckchen

Für wen: vorwiegend Kinder

Material:
- Musik im Gehtempo und meditative Musik → CD 10 + 17
- Signalinstrument: Becken/Triangel
- ca. 10 × 15 cm große Stoffsäckchen, mit verschiedenem Material gefüllt, in Teilnehmerzahl

① Die Teilnehmer sitzen in einer Raumecke am Boden. Die Stoffsäckchen liegen verteilt im Raum. Sobald der Gruppenleiter einen Triangel/ein Becken anschlägt, geht ein Teilnehmer im Raum um die Stoffsäckchen herum. Wenn das Instrument verklungen ist, bleibt er stehen und nickt einem zweiten Teilnehmer zu, der mit dem nächsten Klangsignal hinzukommt, usw., bis alle im Raum sind.

② Jeder nimmt ein Stoffsäckchen auf und trägt es zu einer vom Gruppenleiter gespielten Melodie/Musik vom Tonträger auf eine beliebige Art. Sobald die Musik unterbrochen wird, wirft jeder sein Stoffsäckchen auf den Boden, nimmt sich ein anderes und trägt es mit neu einsetzender Musik auf eine andere Art.

③ Die Teilnehmer stellen sich mit ihren Stoffsäckchen hintereinander auf. Mit einsetzender Musik trägt der „Anführer" das Säckchen auf eine bestimmte Art und führt die anderen, die das Gleiche tun, als Schlange durch den Raum. Sobald die Musik unterbrochen wird, geht der „Anführer" ans Ende der Schlange, und der nächste führt die Gruppe mit einer anderen Art des Tragens durch den Raum.

④ Die Teilnehmer kommen im Kreis zusammen. Sobald der Gruppenleiter den Triangel/das Becken anschlägt, schließen alle ihre Augen und betasten ihr Stoffsäckchen so lange, bis das Instrument verklungen ist. Mit dem nächsten Klangsignal werden die Stoffsäckchen dem rechten Nachbarn gegeben. Die so neu erhaltenen Stoffsäckchen werden wiederum betastet ...

⑤ Die Teilnehmer stehen im Kreis und werfen auf ein Klangsignal hin schnell nacheinander ihr Stoffsäckchen in die Kreismitte und rufen dabei spontan mit einem Wort aus, was sich darin befinden könnte. Dabei sollen durchaus auch phantasierte Inhalte genannt werden, zumal es nicht auf den „richtigen" Begriff ankommt, sondern auf rasche Entscheidung, Vorstellungsvermögen und Sprechmotivation.

⑥ Die Stoffsäckchen werden rhythmisch von einem zum anderen weitergereicht (siehe 13).

⑦ Ein Teilnehmer hält ein Stoffsäckchen in der Hand und beginnt eine Geschichte (z. B. von einem Stoffsäckchen o. a.) zu erzählen: „Es war einmal ...". Dann wird das Stoffsäckchen einem anderen Gruppenmitglied zugeworfen, das mit der Geschichte fortfährt ... Die entstandene Geschichte kann anschließend aufgeschrieben, gemalt, verklanglicht, szenisch dargestellt werden.

⑧ Die Stoffsäckchen werden – ggf. zu ruhiger Hintergrundmusik – auf einzelne Körperteile gelegt.

Bewegungs- und Wahrnehmungsspiele mit Reifen

Für wen: jüngere und ältere Kinder
Material: – Reifen in Teilnehmerzahl
– 1 Flöte
– ruhige und lebhafte Musik → CD 17 + 10

① Die Teilnehmer stehen im Kreis, in dessen Mitte ein Reifen liegt. Einer läuft schnell in diesen hinein, ruft dabei den Namen eines anderen, der seinerseits in den Reifen läuft, usw.
② Ein Reifen wird sich gegenseitig zugerollt; ein zweiter, ein dritter Reifen kommt hinzu.
③ Jeder stellt sich in einen am Boden liegenden Reifen, verläßt diesen mit beginnender Flötenmelodie und ist am Ende, ohne Tempobeschleunigung, wieder „zu Hause" im Reifen.
④ Ebenso, jedoch mit zwei Gruppen, denen jeweils eine bestimmte Melodie zugeordnet wird.
Ggf. eine dritte Melodie, die für beide Gruppen zusammen gilt.
⑤ Alle steigen in ihren Reifen und halten ihn in mittlerer Höhe; dazu erklingt ein mittelhoher Flötenton. Je nachdem nun ein höherer oder tieferer Ton erklingt, wird der Reifen gehoben oder gesenkt (siehe 18).
⑥ Die Reifen liegen verteilt im Raum. Der Gruppenleiter geht einen Weg zwischen den Reifen. Ein Teilnehmer nach dem anderen geht den Weg aus der Erinnerung nach.
Dann denken sich einzelne Teilnehmer eigene Wege aus.
⑦ Alle gehen nach (Flöten-)Musik im Raum herum. Sobald die Musik stoppt, finden sich jeweils Paare in einem Reifen zusammen. Dann geht jeweils ein Partner in eine vorher bestimmte Raumecke, der jeweils andere Partner in die gegenüberliegende Raumecke.
⑧ Immer nur ein Paar geht nach lebhafter Musik von der einen Raumecke zur anderen, wobei sich die jeweiligen Partner in der Raummitte treffen und sich auf eine beliebige Art begrüßen sollen.
⑨ Paarweise legen sich alle neben einen Reifen und fassen diesen mit den Händen. Sobald ruhige, meditative Musik einsetzt, werden die Augen geschlossen. Der Gruppenleiter geht nacheinander zu den einzelnen Paaren und verschiebt kaum hörbar den betreffenden Reifen. Dadurch wird das jeweilige Paar aufgefordert, den Reifen zu einem bestimmten, vorher vereinbarten Platz zu tragen. Die geweckten Paare setzen sich jeweils anschließend zu einem der noch frei liegenden Reifen. Abschließend werden alle Reifen gemeinsam weggetragen.

Bewegungs- und Wahrnehmungsspiele mit Klanghölzern

Für wen: alle Altersstufen
Material: – 1 Paar Klanghölzer für jeden Teilnehmer
– lebhafte und meditative Musik → CD 17 + 10

① Eine Kiste mit Klanghölzern steht in der Mitte des Sitzkreises. Mit Blickkontakt wird ein Teilnehmer aufgefordert, sich zugleich zwei Holzstäbe aus der Kiste zu holen. Wer die Holzstäbe soeben genommen hat, fordert einen anderen Teilnehmer mit Blickkontakt auf, usw., bis jeder ein Paar Klanghölzer hat.
② Der Gruppenleiter greift das Spiel der Teilnehmer, die ihre Klangstäbe ausprobieren, mit Dirigierbewegungen der Hände auf und variiert allmählich durch entsprechende Gestik Tempo und Lautstärke. Das Spiel kann vom Dirigenten auch rhythmisiert werden.
Anschließend übernehmen auch einzelne Teilnehmer die Dirigentenrolle.
③ Es werden zwei annähernd gleich große Gruppen gebildet. Der Gruppenleiter dirigiert mit der linken Hand die links vor ihm sitzende Gruppe, mit der rechten die rechts sitzende Gruppe. Einzelne Teilnehmer übernehmen die Dirigentenrolle.
④ Es werden vier annähernd gleich große Gruppen gebildet. Ein Dirigent dirigiert mit beiden Händen und Füßen.
⑤ Es werden andere Dirigierarten mit dem Körper ausprobiert, z.B.: 2 Gruppen werden mit beiden Füßen (Aufstampfen) oder beiden Schultern (hochziehen), beiden Augen (zwinkern) dirigiert ...
⑥ Der Gruppenleiter macht mit den Hölzern langsame abstrakte Bewegungsabläufe vor, die von den Teilnehmern gleichzeitig spiegelbildlich mitvollzogen werden.
⑦ Der Reihe nach stellt jeder Teilnehmer pantomimisch mit seinen Hölzern etwas Konkretes dar, z.B. Zigarre rauchen, durch ein Fernrohr schauen, mit Messer und Gabel essen u.a. Die anderen imitieren das jeweils Vorgemachte.
⑧ Zu beliebiger lebhafter Musik gehen die Teilnehmer, mit den Klanghölzern spielend, durch den Raum. Wenn die Musik stoppt, stellt jeder eine Statue unter Einbeziehung der Klanghölzer dar. Einzelne Teilnehmer werden durch Berührung des Gruppenleiters „erlöst", schauen sich die verschiedenen Statuen an und imitieren dann eine spiegelbildlich. Daraufhin setzt wieder Musik ein, die alle Statuen „erlöst" ... Nach mehrmaligen Durchgängen werden so oft direkt nacheinander Statuen „erlöst", bis durch entsprechend häufige Imitationen eine gemeinsame Statue entstanden ist.
Variante: Die Statuen werden nicht imitiert, sondern ergänzt.
⑨ Die Gruppe baut gemeinsam etwas am Boden in der Mitte des Kreises mit den Hölzern. Ein Teilnehmer nach dem anderen stellt oder legt seine Hölzer nach seiner Vorstellung auf den Boden. Die jeweils folgenden ergänzen das sich so entwickelnde Gruppenwerk, das nacheinander wieder abgebaut wird.
⑩ Einzelne Körperteile werden massiert durch Rollen eines Klangholzes oder leichtes Beklopfen zweier Klanghölzer (Wechselschlag); zuerst jeder für sich, dann partnerweise, ggf. zu meditativer Musik.
⑪ Ein Teilnehmer legt einem anderen seine Klanghölzer auf den Körper, ohne daß sie herunterfallen. Rollentausch.

Bewegungs- und Wahrnehmungsspiele mit Luftballons

Für wen: alle Altersstufen
Material: – runder Luftballon für jeden Teilnehmer
– lebhafte und ruhige, meditative Musik → CD 10 + 17
– Triangel, Zymbeln, Trommel o.a. für Klangsignale
– Klingende Stäbe und langes Seil für Luftballonvolleyball

① Die Teilnehmer blasen Luftballons auf und machen damit, je nach Gestik eines Dirigenten zusammen, zu mehreren oder einzeln kurze oder lang anhaltende Quietschgeräusche.
② Die Luftballons werden aufgeblasen und zugebunden. (Durch Verwendung von kleinen Drahtstücken können die Ballons wieder benutzt werden.) Jeder bewegt sich frei mit seinem Ballon im Raum, ohne daß der Ballon den Boden berührt.
③ Wie oben, es werden jedoch je nach verbalem Impuls des Gruppenleiters nur bestimmte Körperteile benutzt: Kopf, Zeigefinger, Rücken, linke Hand, rechter Fuß usw.
④ Die verbalen Impulse werden durch Klangsignale ersetzt, z. B. Triangel = Kopf, Zymbel = Zeigefinger, Tremolo = Schluß.
⑤ In Zweier-, Dreier- oder Vierergruppen werden die Ballons einander zugeschlagen, ohne daß sie auf den Boden fallen.
⑥ Luftballonvolleyball: Die Schläge werden mit Klingenden Stäben begleitet, wobei jedem Ballonspieler ein Instrumentalist zugeordnet wird. Landet der Ballon am Boden, spielen alle ein Tremolo.
⑦ Die Teilnehmer führen zu beliebiger Musik eine gleichbleibende, aber individuell unterschiedliche Tätigkeit aus, z. B. Ballon unter dem Arm tragen. Wenn die Musik stoppt, überlegt jeder sich etwas Neues ...
⑧ Nacheinander wirft jeder seinen Ballon hoch und ruft, bevor der Ballon wieder aufgefangen wird, zu welchem Phantasieort er fliegt: „Ich fliege nach Amerika, ... über das Meer, ... zu meiner Tante, ...“
Variante: Ein Teilnehmer wirft den Ballon hoch und ruft ein Gruppenmitglied auf (z. B. „Katja fliegt“). Die aufgerufene Person ergänzt den Satz (z. B. „auf einen Baum“), bevor sie den Ballon aufgefangen hat.
⑨ Die Teilnehmer bilden einen engen Kreis, auf den Knien am Boden hockend, und werfen sich innerhalb des Kreises die Ballons zu, ohne daß diese außerhalb des Kreises geraten. Dazu erklingt lebhafte Musik.
⑩ Ebenso, aber mit ruhiger Musik und ruhigen Bewegungen: Die Luftballons werden sanft gehoben und gefangen.
⑪ Alle sitzen im Kreis mit einem Luftballon. Ein Teilnehmer wirft seinen Luftballon in den Kreis. Sobald der Ballon (fast) ruhig liegt, wirft ein anderer Teilnehmer seinen Ballon in den Kreis, usw. (nach Pedersen 1985).
⑫ Der Luftballon wird (vorsichtig, um Quietschgeräusche zu vermeiden) über den Körper gerollt (siehe 27).
⑬ Weitere Spielideen: siehe 60, 62.

64

Pantomimische Einführungsspiele

Für wen: alle Altersstufen
Material: – Musik im Gehtempo → CD 10
– diverse Musik, auf Fortbewegungsarten/Tätigkeiten zugeschnitten
– verschiedene lautmalerische Instrumente

Pantomimisches Reizwortspiel

Die Teilnehmer bewegen sich nach Musik im Gehtempo frei im Raum. Sobald die Musik stoppt, ruft der Gruppenleiter ein Reizwort (verbaler Impuls), das alle unmittelbar pantomimisch umsetzen, bis wieder obige Musik einsetzt.
Die pantomimischen Darstellungen können auch klanglich durch Musik vom Tonträger oder improvisiertes lautmalerisches Instrumentalspiel untermalt werden.
Beispiele für Fortbewegungsarten:
- bei verschiedener Bodenbeschaffenheit: Glatteis, hoher Schnee, Matsch, heißer Sand, Schaumgummi, klebriger Boden ...
- bei verschiedenen Personen: schleichender Einbrecher, alter Mann am Stock, Kofferträger, Polizist auf Streife ...
- an verschiedenen Orten: nachts im Urwald, im Kaufhaus, in einer engen Höhle, auf einem schmalen Steg ...
- bei verschiedenen Tieren: Maus, Känguruh, Bär, Stier ...
- in verschiedenen Stimmungen: fröhlich, traurig, müde, wütend, verträumt, stolz, mutig, nervös, gelangweilt ...

Beispiele für Tätigkeiten:
- einzeln: essen, trinken, Fenster putzen, Motorrad fahren ...
- zu zweit/dritt: einen Tisch, eine schwere Kiste, einen langen Balken tragen, Boxkampf ohne Berührung, Ballspielen, streiten ohne Berührung, musizieren, Tauziehen, Ast zersägen, Spiegelbild (in Zeitlupe) ...

Pantomimisches Rundspiel

Ein vorher vereinbarter Gegenstand, z.B. eine Tüte Kirschen, wird imaginär im Kreis weitergereicht. Dabei stellt jeder auf seine Art etwas mit dem Gegenstand pantomimisch dar. Anschließend kann das Spiel mit möglichst identischen Bewegungen, jedoch mit dem realen Gegenstand wiederholt werden.
Erweiterung: Die Teilnehmer sitzen um einen imaginären Tisch mit lauter imaginären Gegenständen. Ein Teilnehmer nach dem anderen führt mit einem ihm spontan einfallenden Gegenstand etwas pantomimisch vor, was die anderen simultan mitvollziehen.
Möglich ist auch eine thematische Eingrenzung, z. B.: Mittagstisch, Tisch mit Handwerkszeug, Küchengeräten, Musikinstrumenten ...

Themenzentrierte Situationsspiele

Für wen: alle Altersstufen
Material: – verschiedene Musik, je nach Thema
– lautmalerische Musikinstrumente
– verschiedene Requisiten: Tücher, Bänder, Hüte u.a.

Berufe/Tätigkeiten raten

Jeweils zwei Teilnehmer tun sich zusammen. Einer stellt pantomimisch einen Beruf/eine Tätigkeit dar, z.B. „ein Maler streicht eine Wand an", die von dem jeweiligen Partner instrumental untermalt wird.
Die anderen Teilnehmer übernehmen dann ihrerseits diese Tätigkeit pantomimisch und benennen sie abschließend.

Sketche:

Jeweils zwei bis vier Teilnehmer stellen eine (thematisch vorgegebene) Situation szenisch dar. Je nach Gruppensituation und pädagogisch-therapeutischer Intention werden inhaltliche Gestaltung und Themenwahl den Teilnehmern mehr oder weniger selbst überlassen.
Die Spielmotivation und -atmosphäre können durch Einbeziehung von Requisiten, Instrumenten verschiedenster Art zur Untermalung und Verdeutlichung der Szene oder durch entsprechende Musik vom Tonträger gefördert werden. Die Stimme wird grundsätzlich nur in Form von Stimmgeräuschen, Signalwörtern o.a. eingesetzt.
Themenbeispiele:
- Tierdressur im Zirkus
- Zwei Roboter begegnen sich und führen eine bestimmte Tätigkeit aus
- In einer Höhle auf Schatzsuche
- In der Schule bei einer Klassenarbeit/im Sportunterricht ...
- Der Dirigent und sein Orchester, in dem einer immer falsch spielt
- In der Familie: Streit ums Fernsehprogramm

Erweiterung unter therapeutischer Zielsetzung: Die Situationsspiele werden auf Themen zugeschnitten, die mit therapeutisch relevanten Problemen/Konflikten zusammenhängen (= Rollenspiele).

Themenzentriertes Reaktionsspiel

Verschiedenen Tätigkeitsformen/Bewegungsarten werden bestimmte Klänge/Geräusche zugeordnet, z. B. Guiro = Straßenkehrer, Trommeltremolo = laufende Kinder, Marschrhythmus auf Trommel = Spielmannszug. Je nachdem, welche Klangfolge gespielt wird, führen die Teilnehmer entsprechende Tätigkeiten/Bewegungen aus.
Variante: Die Teilnehmer werden jeweils nur einem Instrumentalklang bzw. einer Tätigkeitsform zugeordnet (siehe 20 „Instrumentalklang und Bewegung").

Statischer Körperausdruck: Statuen darstellen

Für wen: alle Altersstufen
Material: – 1 Triangel
– Hintergrundmusik → CD 10, 17
– ggf. verschiedene Requisiten

Statuen darstellen und imitieren

Die Teilnehmer gehen zu Musik auf der Kreisbahn gegen Uhrzeigersinn. Sobald die Musik unterbrochen wird, gehen ein oder zwei Teilnehmer in die Kreismitte und stellen eine Statue dar, die von den anderen imitiert wird. Bei Wiedereinsetzen der Musik gehen alle wieder im Kreis, diesmal im Uhrzeigersinn, usw.

Gruppenskulptur

Die Teilnehmer gehen in eine Richtung auf der Kreisbahn zu Musik. Wird diese unterbrochen, geht einer in die Kreismitte und stellt sich dort als Statue auf. Mit Wiedereinsetzen der Musik gehen die anderen Teilnehmer weiter. Bei der zweiten Unterbrechung kommt ein zweiter Teilnehmer in die Kreismitte, um die erste Statue zu ergänzen, usw., bis eine Gruppenskulptur entstanden ist.

Statuen ergänzen

Die Hälfte der Gruppe nimmt auf der Kreisbahn eine beliebige Stellung als Statue ein. Jeder dieser Teilnehmer bekommt aus der anderen Hälfte der Gruppe einen Partner, der die Statue ergänzt (oder kontrastiert/variiert/imitiert). Während die zuerst Genannten in ihrer Position verharren, gehen die anderen zur nächsten (rechten) „Statue“ und ergänzen diese. Der jeweilige Wechsel erfolgt auf Triangelschlag (= „Foto“). Anschließend erfolgt Rollentausch. Der Einsatz von Hintergrundmusik ist möglich.

Plastilinpuppe

Jeweils ein Teilnehmer formt seinen Partner (= Plastilinmasse) zu einer Skulptur. Der Spielablauf erfolgt wie bei „Statuen ergänzen“.

Gruppenbild

Eine Hälfte der Gruppe formt gemeinsam die andere Hälfte zu einem Gruppenbild unter Verwendung verschiedener Requisiten. Mögliche Thematisierungen: Pop-Gruppe für ein Plattencover, Modeschau für Zeitschrift, Touristen für Reisemagazin, usw. Dazu erklingt entsprechende Hintergrundmusik.
Variante: In Kleingruppen oder paarweise unter der Thematik „Kunstausstellung im Museum“.

Musik als Statue darstellen

Es werden in kurzen Abständen Ausschnitte möglichst verschiedenartiger Musik vom Tonträger vorgespielt, die von den Teilnehmern als „Statue“ körperlich dargestellt werden.
Variante: Paarweise: einer stellt eine Statue dar, die vom Partner imitiert wird; beim 2. Musikbeispiel erfolgt Rollentausch, usw.

Musikalisch-szenische Bewegungsgestaltung: Waldgeister und Stadtgespenster (Schwarzes Theater/Menschen-Schattentheater)

Für wen: vorwiegend Kinder; für Jugendliche als Schwarzes Theater oder Menschen-Schattentheater

Material:
- 1 Gong
- Musik/untermalende Instrumente:
  1. geheimnisvoll-ruhige Musik → CD 34/Flöten, Vogelpfeifen, Guiros ...
  2. bewegte Musik → CD 35/Flexaton, Lotosflöte ...
  3. elektronisch-rhythmusbetonte Musik → CD 6/Klanghölzer, Guiros, Xylophon ...
  4. ruhige, meditative Musik → CD 17/Triangel, Metallophon, Bekken, Klangschale ...
- Requisiten: grüne/braune Bänder für Bäume (bunte Plastikbänder für Schwarzes Theater); großes, leichtes weißes Tuch für Waldgeister; weiße Socken und Handschuhe für Roboter im Schwarzen Theater
- Materialien für Menschen-Schatten- oder Schwarzes Theater (siehe Erster Teil „Musikalisch-szenisches Spiel" und Anhang)

Je nach Alter und Fähigkeit der Teilnehmer werden die Szenen vom Gruppenleiter erzählend begleitet oder gemeinsam erarbeitet und gestaltet. Für Jugendliche bietet sich diese von Christiane Heinrich (1986) erdachte Bewegungsgestaltung besonders auch im Rahmen des Menschen-Schatten- oder des Schwarzen Theaters an.

1. Szene: „Bäume und Äste": In einer Stadt im Jahre 2090 wächst zwischen den Hochhäusern, Parkhäusern, U-Bahn-Stationen und alten Kirchen heimlich über Nacht ein Urwald. Überall wachsen Pflanzen und Bäume in die Höhe. Die Pflanzen und Bäume sind wir mit unseren Bändern. Hände werden zu Zweigen, die sich langsam in den Himmel strecken. Äste wachsen weit über den Kopf und die Wurzeln graben sich tief in die Erde. Unser Körper ist der kräftige Baumstamm. Im Urwald gibt es viele Geräusche ... Plötzlich fangen die Bäume an zu knarren und zu ächzen; sie machen ruckartige Bewegungen, als ob sie gleich brechen würden.

2. Szene: „Waldgeister": Ein Gong ertönt ... Langsam verschwinden die Pflanzen und Bäume, verlieren ihre Blätter (Bänder). Sobald die Geistermusik erklingt, lösen sie ihre Form auf und werden zu seltsamen Waldgeistern. Ein erster Waldgeist taucht mit einem großen weißen Tuch auf, huscht hin und her, wirft sein Tuch über sich und gibt dies schließlich dem nächsten auftauchenden Waldgeist. Bald sind alle Waldgeister da. Sie fangen mit dem Tuch einen gemeinsamen Geistertanz an, mitten im Urwald.

3. Szene: „Stadtgespenster": Plötzlich bricht die Geistermusik ab. Die Waldgeister erstarren. Auf einen leisen Pfiff hin rennen sie in verschiedene Ecken. Seltsame Geräusche erklingen (Roboter-Musik). Einer nach dem anderen wird von den Klängen in einen Roboter verwandelt (mit weißen Socken und Handschuhen). Der erste Roboter erscheint mit ruckartigen, eckigen Bewegungen, ein zweiter klappt seine

Arme hoch und runter ... Alle Roboter sehen zusammen wie eine große Maschine aus.

4. Szene: „Der Zauber ist vorbei“: Ein Gong kündigt das Ende der Geisterstunde an. Die Roboter sinken zu leiser Musik langsam zu Boden. Nichts ist in unserer Stadt mehr vom Geisterspuk zu sehen.

68 Musikalisch-szenisches Spielstück: Das Geschenk (Menschen-Schattentheater)

Für wen: vorwiegend Kinder; für Jugendliche im Schattentheater

Material:
- verschiedene Hintergrundmusik und/oder vielseitiges Instrumentarium (siehe unten)
- verschiedene Requisiten (siehe unten)
- für Menschen-Schattentheater: Material: siehe Anhang und Erster Teil „Musikalisch-szenisches Spiel“

Das „Geschenk“ ist ein musikalisch-szenisches Spielstück, das sich beliebig verändern, kürzen oder erweitern läßt. Je nach Zielsetzung, Gruppensituation und Altersstufe können die in den einzelnen Szenen dargestellten „Länder“ unter eine bestimmte Thematik gestellt werden, z. B.:

Tänze: Walzerland, Menuettland, Discoland ...
Musikarten: Rockland, Jazzland, Western(land) ...
Bewegungen: Langsamland, Schnelland, Schleichland ...
Stimmungen: Wütendland, Müdeland ...

Das „Geschenk“ kann sich auf verschiedene Anlässe beziehen, wie Ostern, Geburtstag, Weihnachten, eine Freude machen ... Schenken und Beschenktwerden im Sinne von Geben und Nehmen-Können betrifft einen zwischenmenschlichen Bereich, der auch im Rahmen weiterführender Gespräche aufgegriffen werden kann.
Besonders geeignet ist dieses Spielstück als Menschen-Schattentheater.
Bei Übernahme von Doppelrollen ist im Rahmen der vorgestellten Gestaltungsidee eine Mindestbesetzung von 8 Personen erforderlich.

Rollen:	*Requisiten:*
Jan (Hauptrolle)	Matte als Bett
Leute in der Stadt	Hüte, Taschen, Kartons u. a.
1–2 Verkäufer	verschiedene Gegenstände, Verkaufsstand
alter Mann	Zylinderhut, Umhang, Stock, Kugel
3–4 Hexen	Kopftücher, Hexennasen, „Hexen“-Besen
2 Riesen	großer Karton/Koffer
3–4 kleine Leute	evtl. Zipfel-(Zwergen-)Mützen
2 Chinesen	Chinesenhüte, Flöte, Xylophon
3–4 Roboter	evtl. am Kopf befestigte „Antennen“
3–4 Wesen vom Planeten	Chiffontücher
einige „Bäume“	verschieden lange grüne/braune Bänder
3–4 traurige Leute	große (Taschen-)Tücher
viele fröhliche Kinder	Luftballons

Musik vom Tonträger oder	*instrumentale Untermalung*
① Abend/Traum (45″): ruhige, meditative Musik (Kitaro, Deuter, Winston ...) → CD 17	einzelne ruhige Klänge auf Metallophon
② Stadtszene (1′30″): beliebige, bewegte (Pop-)Musik oder Stadtgeräusche → CD 10	verschiedene Geräusche: Hupen, Klingeln, Quietschen ...
③ Wald (45″): „Romantische Musik („Der Winter"/Largo aus „Die 4 Jahreszeiten" von Vivaldi) → CD 18 Anfang	Vogelgezwitscher mit Vogelpfeifen/stimmlich
④ Zauberkugel (10″): elektronische Effekte (Anfang von „The Gnome" aus „Pictures at an Exhibition" von Tomita) oder → CD 34 Anfang	Geräusch-/Klangeffekte mit Synthesizer / Vibraslap / Flexaton / Aufwärtsglissandi auf Glockenspiel o.a.
⑤ Hexenland (60″): geheimnisvolle Musik („Die Hexe Baba Yaga" aus „Bilder einer Ausstellung" von Mussorgsky/Ravel) → CD 35	geheimnisvolle Klänge mit Vibra-Slap / Waldteufel / Flexaton / Synthesizer; Hexenbewegungen mit Trommeln begleitet
⑥ Riesenland (30″): Dunkle, schwere Musik („In der Halle des Bergkönigs" aus „Peer-Gynt-Suite" von Grieg) oder → CD 18 1:10–1:36	einzelne Schläge auf tief klingenden Instrumenten: Pauke / Baß-Xylophon
⑦ Land der kleinen Leute (60″) schnelle, lebhafte Musik → CD 19.	schnell aufeinanderfolgende hohe Klänge: Glockenspiel u.a.
⑧ Chinesenland (60″): beliebige chinesische (Flöten-)Musik → CD 8	pentatonische Improvisation auf Xylophon und Blockflöte oder Gitarre (= Mondlaute)
⑨ Roboterland (60″): elektronisch-rhythmusbetonte Musik (Break-Dance/Disco/Rap/New Wave/Techno) → CD 6	rhythmische Ostinati auf Xylophon/Synthesizer/Blechdosen/Trommeln u.a.
⑩ Fremder Planet (60″): Schwebende, leichte Musik („Fluid Rustle" von Eberhard Weber) oder → CD 17	Glissandi auf Metallophon/Liegeklang auf Synthesizer/einzelne Zymbel-/Beckenschläge
⑪ Baumland (60″): (Darstellende) Musik evtl. mit Naturgeräuschen → CD 23	ähnlich wie Waldszene ③, dazu Schrapgeräusche auf Guiro (= Absägen des Baumes)
⑫ Traurigland (60″): melancholische Musik („Ases Tod" aus „Peer-Gynt-Suite" von Grieg) oder → CD 18 1:37–2:18	vereinzelte, leise Klänge auf Metallophon; langgezogene Blockflötentöne/Lotosflöte
⑬ Fröhlichland (2′): fröhliche, beschwingte Musik („Music Wonderland" von Mike Oldfield) oder → CD 32	einfaches, rhythmusbetontes Spielstück

Musik: *Erzähler:*

Das Geschenk!

① Jan liegt im Bett. Er denkt nach, was er (seinem Freund/seinen Eltern zu Weihnachten ...) schenken kann. Er überlegt und überlegt ... Ihm will einfach nichts einfallen.

So schläft er ein und fängt an zu träumen ...

② Er träumt, er befindet sich in der Einkaufsstraße der Stadt und sucht nach einem Geschenk. Verkäufer preisen ihre Ware an ...

Aber nichts will ihm so recht gefallen oder es ist zu teuer ...

Da steht er nun und schaut sich ratlos um. Viele Leute eilen mit Taschen und Paketen beladen an ihm vorüber ...

Jan fühlt sich völlig fremd hier und wird immer trauriger ...

③ Nun beginnt er zu gehen, ohne zu achten, wohin ...
Jan kommt in einen Wald ...
Da nähert sich ein alter Mann.
Er sagt: „Jan, ich will dir bei der Suche nach deinem Geschenk helfen. Hier hast du eine Kugel. Immer wenn du sie dreimal hochwirfst, kommst du in ein fremdes Land. In einem Land wirst du plötzlich wissen, was du schenken möchtest."

Jan dankt dem alten Mann, und beide gehen weiter ...

④* Nun wirft Jan die Kugel dreimal hoch ...

⑤ Jan ist im *Hexenland!*

Er schaut eine Weile dem wilden Treiben der Hexen zu, hinter einem Busch versteckt ...

Plötzlich entdecken die Hexen ihn.
„Was hast du denn hier zu suchen?!"
Jan sagt: „Ich suche ein Geschenk!"
Die Hexen kichern schrill: „Hihihihi, da kannst du unsere Suppe haben, hihihihi!" und tanzen weiter ...

④* Jan ist bleich vor Schreck und wirft seine Kugel wieder dreimal hoch.

Jan ist im *Riesenland!*

Da kommt gerade ein Riese vorbei, der mit seinen Armen zeigt, wie stark er ist ...
Ein zweiter Riese kommt mit einem riesigen Karton dazu ...
Da erblicken die Riesen den kleinen Jan und bücken sich erstaunt nieder zu ihm ...

„Was suchst du denn hier, kleiner Wicht?" fragen sie.
Jan ruft zu ihnen hoch: „Ich suche ein Geschenk!"
„Ein Geschenk? Hohohoho! Bei uns findest du nur riesige Sachen; da mußt du schon noch wachsen! Hier, versuch mal dieses Geschenk (Karton) zu nehmen, wenn du imstande bist! Hohohoho!"
Das Geschenk ist viel zu groß für Jan ...
So wirft Jan wieder seine Kugel dreimal hoch.

⑦ Jan ist im *Land der kleinen Leute*!

* Jeweils nach dem Hochwerfen der Kugel Licht kurz ausschalten.

Die kleinen Leute sind sehr beschäftigt. Mit flinken Bewegungen suchen sie überall am Boden umher ...
Jan schaut ihnen eine Weile zu ...

Musikalisch-szenisches Spiel

Dann fragt er: „Was macht ihr denn hier?"

„Wir suchen und suchen und wissen nicht was,
wir suchen und suchen und haben viel Spaß.
Wir suchen hier – wir suchen dort
und gehen niemals weg von diesem Ort!"

Mit neuer Hoffnung sucht Jan mit ...
Aber er kann nichts finden ...

So wirft er seine Kugel wieder dreimal hoch. ④*

Jan ist im *Chinesenland!* ⑧

Hier sieht er zwei Chinesen, die zusammen musizieren. Einer spielt die Flöte (Mondlaute), der andere Xylophon. Jan hört ihnen eine Weile zu ...

Dann sagt er: „Ach, ich möchte so gern ein Geschenk!" „Hier, nimm diese Flöte (Mondlaute)!" sagt einer der Chinesen.

Jan freut sich und versucht gleich darauf zu spielen ... Aber, o je, es kommen nur komische Töne ... („schräge" Flötentöne)

„Schade!" meint Jan. „Dieses Instrument kann bei uns bestimmt niemand spielen!" Er dankt den Chinesen und gibt die Flöte zurück.

Dann wirft er wieder seine Kugel dreimal hoch. ④*

Jan ist im *Roboterland!* ⑨

Ein Roboter nach dem anderen erscheint mit maschinenartigen Bewegungen ...

Wie sie Jan sehen, rufen sie ihm zu:
„Wenn wir uns zu einer Maschine fertig gebaut haben, kannst du uns mitnehmen!" ...

Nun ist die Maschine fertig. „Das ist ja toll!" freut sich Jan. „Jetzt habe ich endlich ein Geschenk!" Er nimmt die Roboter-Maschine, aber plötzlich fällt sie in sich zusammen.
Jan schüttelt den Kopf.

Dann wirft er seine Kugel wieder dreimal hoch. ④*

Jan ist auf einem *fremden Planeten!* ⑩

Still gleiten die Leute mit ihren schwebenden, leichten Tüchern an ihm vorbei und scheinen ihn gar nicht zu bemerken ...

Endlich getraut sich Jan zu sagen, daß er ein Geschenk sucht. Aber die Leute schauen ihn nur komisch an. Sie können Jan nicht verstehen. Sie wissen nicht, was ein Geschenk ist.

Jan begreift, daß er hier nichts finden kann. Aber er schaut noch eine Weile den leichten Tanzbewegungen der fremden Leute zu.

Dann wirft er wieder seine Kugel dreimal hoch. ④*

Jan ist im *Baumland!* ⑪

Musikalisch-szenisches Spiel

Jan geht von einem Baum (von Spielern dargestellt) zum anderen. Und plötzlich weiß er, was er schenken möchte: einen Baum! Das ist es!
Jan sucht sich den schönsten Baum aus ... und beginnt ihn abzusägen ...

Aber was ist das? Der Baum stirbt ab und mit ihm alle anderen Bäume! Schrecklich traurig wird Jan. Was hat er nur angestellt?

④* Traurig wirft er seine Kugel dreimal hoch!

⑫ Jan ist im *Traurigland!*

Er denkt noch immer an die abgestorbenen Bäume. Traurig ist er und traurig sind alle Leute hier, die langsam und gebückt umhergehen und sich ihre Tränen mit großen Taschentüchern wegwischen ...

Nein, das hat keinen Sinn, hier zu bleiben, sagt sich Jan und wirft wieder seine
④* Kugel dreimal hoch ...

⑬ Jan ist im *Fröhlichland!*

Viele Kinder (Jungen und Mädchen) sind hier.
Sie spielen mit ihren Luftballons ...

Wie sie Jan sehen, winken sie ihm zu:
„Komm, wir wollen tanzen!"

Und so tanzen sie gemeinsam einen fröhlichen Tanz (z. B. in Anlehnung an 69 Bändertanz).

Als Jan am nächsten Morgen aufwacht, ist er sehr froh, weil er nun weiß, was er schenken möchte: einen Tanz!
Das (Weihnachts-/Geburtstags- o. a.)Fest ist da. Viele Leute kommen, und alle tanzen den Tanz, den Jan als Geschenk mitgebracht hat.

⑬ Alle sind sehr fröhlich und glücklich ...

Tänze mit verschiedenen Materialien

Für wen: alle Altersstufen

Material:
- für Tanz mit Instrumenten: tragbare Rhythmusinstrumente; rhythmusbetonte Musik im Gehtempo, → CD 29, 30
- für arabischen Tanz: Chiffontücher; beliebige arabische Musik im Gehtempo → CD 10
- für Flamenco-Tanz: (gelbe und rote Rhythmik-/Chiffon-)Tücher; Musik: Sevillanas = (meist 4-teilige) Flamencomusik → CD 27
- für Bänder-Tanz: ca. 80 cm lange Bänder an Stab befestigt; zweiteilige Musik → CD 32

Tanz mit Instrumenten

Die Teilnehmer haben ein tragbares Rhythmusinstrument und imitieren simultan den Gruppenleiter hinsichtlich verschiedener
- *Raumformen:* am Platz stampfen, zur Kreismitte und zurück gehen, in und gegen Uhrzeigersinn gehen, am Platz drehen u.a.
- *Bewegungsformen:* gebückt, gestreckt gehen u.a.
- *Rhythmen:* zur Musik einfache, vom Gruppenleiter vorgegebene Rhythmen mitspielen.

1. Erweiterung: Einzelne Instrumentalgruppen werden nach dem gleichen Prinzip von einem Teilnehmer angeführt.
2. Erweiterung: Gebundene Tanzform: „Samba-Umzug" 9.

Arabischer Tanz

Die Teilnehmer gehen mit einem Chiffontuch (als Schleier) über dem Kopf oder als Kleidungsstück um andere Körperteile gebunden mit 3 Schritten gegen Uhrzeigersinn (♩♩♩–), klatschen dreimal im Stehen (♩♩♩–), wobei das Gewicht auf dem rechten Fuß ist, mit dem begonnen wurde. Dann folgen wieder 3 Schritte, diesmal mit links beginnend, usw. Währenddessen tanzen einige frei mit ihren Tüchern oder mit sich ständig drehenden Fingern und Händen in der Kreismitte. Sobald einer dieser Teilnehmer aufhören möchte, tauscht er mit einem beliebigen Kreistänzer Rolle und Platz.

Flamenco-Tanz: Sevillanas

Paarweise in größerem Abstand einander gegenüberstehend, werden 2 Reihen gebildet, eine mit roten, die andere mit gelben Tüchern ausgestattet. Diese werden mit gestreckten Armen linksseitig mit beiden Händen gehalten. Im 1. Teil gehen beide Reihen aufeinander mit Stampfschritten zu und wieder zurück. Im 2. Teil bewegt sich die Reihe mit den roten Tüchern frei, während die anderen dazu Klatschen, im 3. Teil entsprechend umgekehrt. 4. Teil wie 1. Teil.

Bänder-Tanz:

Im A-Teil der Musik gehen die Teilnehmer gegen Uhrzeigersinn (Variante: mit Seitanstellschritten). Die Bänder werden dabei in der rechten Hand gehalten.

Tanz Mit der linken Hand werden die Stäbe, an denen die Bänder befestigt sind, des jeweilig linken Nachbarn gehalten. Im B-Teil bleiben alle stehen. Der Gruppenleiter schwingt seine Bänder auf eine beliebige, aber gleichbleibende Art, die die anderen simultan mitvollziehen. Während des wieder folgenden A-Teils (s. o.) wird ein neuer Vortänzer aufgerufen, der ggf. auch in der Kreismitte stehen kann, usw.

Variante: Tanz mit Chiffontüchern.

70 Darstellende Tänze: Menschen und Tiere

Für wen: vorwiegend Kinder; aber auch Jugendliche

Material:
- für Stiertanz: „España cañi" ggf. andere Pasodobles; Klanghölzer, Stielkastagnettenpaare; ggf. rotes Tuch → CD 28
- für Cowboytanz: beliebige Country-&-Western-Musik im schnellen Gehtempo → CD 30

Stiertanz: España cañi

① 2/4-Takt = 2 Zählzeiten pro Takt: Alle auf der Kreisbahn stehenden Teilnehmer spielen mit ihren Klanghölzern oder Kastagnetten zum Rhythmus der Musik (18 Takte).

② Die Teilnehmer gehen gegen Uhrzeigersinn leicht gebückt und halten dabei die Klanghölzer bzw. Stielkastagnetten als „Stierhörner" an die Stirn (16 Takte).

③ wie ① „Rhythmus" (10 Takte).

④ Alle gehen mit nach oben gestreckten Armen mit kleinen Stampfschritten zur Kreismitte und gebückt (als „Stier") wieder zurück (2 × 8 Takte).

⑤ wie ①, es werden jedoch nur (hörbare) Akzente mitgespielt (12 Takte).

⑥ Alle machen eine Rechtsdrehung am Platz mit kleinen Stampfschritten in „Flamenco-Haltung": eine Hand wird über dem Kopf, die andere hinter dem Rücken gehalten. Die Stielkastagnetten hört man dabei laut klappern (6 Takte).

⑦ wie ② „Stiere" (16 Takte).

⑧ wie ① „Rhythmus" (8 Takte).

⑨ wie ② „Stiere" (16 Takte).

⑩ wie ⑥ „Flamenco-Drehung", dann Arme hochgerissen: „Olé!" (4 Takte).

1. Variante: Diese Gestaltungsidee ist auch auf andere Pasodobles übertragbar, wobei Folge und Länge der einzelnen Tanzabschnitte natürlich entsprechend variiert werden müssen.

2. Variante: Die Stierhörner können auch mit ausgestreckten Zeigefingern dargestellt werden; das Rhythmusspiel wird dann durch Klatschen ersetzt. Während des Tanzes kann auch ein „Stierkämpfer" mit einem roten Tuch improvisierend agieren. Bei älteren Teilnehmern kann die Darstellung des Tieres durch die eines stolzen Matadors ersetzt werden, wobei beide Arme zur Kreismitte hin gestreckt werden.

Cowboytanz

Vorspiel: Die im Kreis stehenden Teilnehmer (= Cowboys) steigen pantomimisch auf ein Pferd, rücken ihren Sattel zurecht, halten mit der nach vorn gestreckten linken Hand die (imaginären) Zügel (32 Zählzeiten: instrumental) und

① „reiten" in kleinen Gehschritten gegen den Uhrzeigersinn. Die rechte Hand wird dabei zu jedem Schritt auf den rechten hinteren Oberschenkel geschlagen (= Antreiben des Pferdes), die Reiterbewegung entsprechend mit dem Körper dargestellt (32 Zählzeiten)

② Die „Cowboys" schwingen ihr Lasso am Platz, zuerst rechts, dann mit der linken Hand (32 Zählzeiten)

③ wie ① (32 Zählzeiten)

④ Die „Cowboys" machen Rast, essen etwas, nehmen einen Schluck aus der Flasche (36 Zählzeiten: instrumental)

⑤ wie ① (32 Zählzeiten)

⑥ Die „Cowboys" schauen mit dem Fernrohr in die Ferne, nach rechts und links. Sie sehen Gefahr auf sich zukommen (36 Zählzeiten)

⑦ wie ① (36 Zählzeiten)

⑧ Die „Cowboys" gehen mit langsamen Schritten breitbeinig zur Kreismitte und rückwärts zurück; dabei wird in jeder Hand ein imaginärer Revolver gehalten (36 Zählzeiten)

Nun steigen die „Cowboys" vom Pferd und wischen sich den Schweiß von der Stirn (instrumentale Überleitung zu schnellerem Tempo)

⑨ Die „Cowboys" reiten in wildem Galopp (frei durch den Raum), über die Prärie und rufen: „Yipiiih"

Darstellende Tänze: Umwelt und Jahreszeit 71

Für wen: ältere Kinder; Jugendliche

Material: – für Tramper-Tanz: beliebige Country-&-Western-Musik → CD 29
– für Winter-Tanz: „Jingle Bells" → CD 31

Tramper-Tanz

Jeder Abschnitt hat 32 Zählzeiten/8 Takte (Vorspiel: 16 Zählzeiten)

① Im Kreis ohne Handfassung werden jeweils im Wechsel zwei Seitanstellschritte nach rechts und zwei Tramper-Zeichen am Platz gemacht (4 Durchgänge).

② 4 Schritte zur Kreismitte, abwechselnd nach rechts und links schauen, dabei Hand an Stirn halten;
4 Schritte rückwärts zurück, wieder nach rechts und links schauen; Wiederholung dieses Abschnitts.

① siehe oben

③ 4 Schritte zur Kreismitte, dort mit linker Hand leicht seitlich an Oberschenkel schlagen, dann mit rechter Hand schnipsen, wieder an Oberschenkel schlagen und dann schnipsen;

4 Schritte rückwärts zurück und wieder im Wechsel „patsch-schnips", „patsch-schnips".
① wie oben; usw.
Variante für Kinder: Abschnitt ① wie oben im Wechsel zu Abschnitt ②, bei dem jeder frei durch den Raum läuft und dabei pantomimisch „Auto fährt". Möglich ist auch die Darstellung eines Motorradfahrers, der einen ihn an den Schultern fassenden Mitfahrer hat.

Winter-Tanz: Jingle Bells

① „Pferdeschlitten" (Strophe): Die Teilnehmer laufen paarweise nebeneinander mit Handfassung in Trippelschritten gegen Uhrzeigersinn. Einige haben Schellenbänder umgebunden.
② „Gasse" (Refrain): Die Paare stellen sich einander gegenüber und bilden so eine Gasse, durch die – von hinten angefangen – sich ein Paar nach dem anderen im Seitgalopp mit beiden Händen gefaßt hindurchbewegt und sich vorn wieder aufstellt. Am Ende des Refrainteils kann dann ein neues Paar vorn stehen.
③ „Skilaufen": Die Paare laufen nebeneinander „Ski" (Schleifschritte).
④ wie ②
⑤ „Schlittschuhlaufen": Mit Kreuzhandfassung vor dem Körper laufen die Paare synchron Schlittschuh, links beginnend (Schleifschritt).
⑥ wie ②
⑦ „Schneeschaufeln": Aufstellung wie ②, dabei synchrones Schaufeln.
⑧ wie ②
⑨ „Schneeballschlacht": synchrones Formen und Werfen von Schneebällen.
⑩ wie ②
(Gestaltung von einer Sonderschullehrergruppe)
Variante: Bei anderer Musik können einige Gestaltungsideen wiederholt, weggelassen oder variiert werden.

72 Tänze zur Sensibilisierung einzelner Körperteile

Für wen: alle Alterstufen
Material:
- für Gruppentanz: beliebige (zweiteilige) Musik im Gehtempo → CD 7, 32
- für Paartanz: Musik im Gehtempo, z. B. Square-Dance-Musik → CD 29, 30
- für Einzeltanz: rhythmusbetonte, z. B. afrikanische oder indianische Musik → CD 12, 7
- für Entspannung: ruhige, meditative Musik → CD 17

Gruppentanz mit Solo-Improvisation und Imitation

① Die Teilnehmer gehen mit Handfassung gegen Uhrzeigersinn.
② Ein Tänzer macht am Platz (ggf. in Kreismitte) mit einem beliebigen Körperteil eine gleichbleibende Bewegungsfolge vor, die von den anderen simultan mitvollzogen wird.

③ wie ①, wobei der jeweils letzte Vortänzer einen neuen Vortänzer aufruft, usw.
1. Variante: als Sitztanz. Im ersten Teil schwingen alle rhythmisch die gefaßten Hände vor und zurück. Der zweite Teil bleibt unverändert.
2. Variante: Jeweils ein Teilnehmer macht in der Kreismitte eine von den anderen mitvollzogene Bewegungsfolge vor, bis er zu einem beliebigen Zeitpunkt zu einem anderen Teilnehmer geht und mit diesem Platz und Rolle tauscht.
Der Tanz kann z. B. als „Geisterbeschwörungstanz" unter Einbeziehung von Masken, Schellenbändern, Bemalungen, Verkleidungen etwa zu afrikanischer oder indianischer Musik durchgeführt werden.

Kommunikativer Paartanz

Die Teilnehmer finden sich paarweise, frei im Raum verteilt, zusammen und tanzen z. B. Rücken an Rücken miteinander. Sobald ein anderer Körperteil aufgerufen wird, z. B. Zeigefinger, Hinterkopf, Fuß u. a. sucht sich jeder einen neuen Partner und tanzt mit diesem in der neuen Position.

Einzeltanz und Entspannung

① Die Teilnehmer tanzen zu möglichst sehr bewegungsstimulierender Musik frei im Raum. Sobald ein bestimmter Körperteil, z. B. Kopf, Schultern, rechtes Bein u. a. oder eine Position, z. B. im Stehen, Sitzen, Liegen u. a. aufgerufen wird, bewegen alle nur den entsprechenden Körperteil in der entsprechenden Position.
② Nach Beendigung der Bewegungsphase legen sich alle bequem hin und hören Musik. Die Länge der Bewegungs- und Entspannungsphase, die z. B. auch im 3–4-Minuten-Abstand wiederholt werden kann, hängt von der Gruppensituation ab.

Schrittänze

73

Für wen: ältere Kinder; Jugendliche
Material: – für Volkstanz: „Nebesko Kolo" aus Kroatien → CD 32 vereinfachte Notation siehe 52
– für Pop-Tanz: beliebige (geradtaktige) Pop-/Discomusik → CD 10

Volkstanz: Nebesko Kolo

Aufstellung: Kreishand- oder Schulterfassung; ggf. offener Kreis.
Takt 1– 4: 4 Seitanstellschritte nach rechts
Takt 5– 8: 4 Seitanstellschritte nach links
Takt 9–12: 4 Spreizsprünge am Platz
Takt 13–16: 8 Spreizsprünge am Platz in doppeltem Tempo
Takt 17: Schlußsprung; ggf. mit Ruf „juh"!
Erweiterung: Die Musik kann auch (in vereinfachter Form) selbst gespielt werden. Durch Textierung oder Silbensingen der Melodie läßt sich schließlich ein Singtanz durchführen 52.

Pop-Tanz

Aufstellung: in Reihen ohne Fassung, gemeinsame Blickrichtung
Gestaltungselemente (jeweils 4 Takte/4 Zählzeiten pro Takt), die nach Bedarf zusammengestellt, wiederholt, variiert, erweitert werden können.

Element A:
① Schritt am Platz mit rechtem Fuß/Kick mit linkem Fuß, dabei schnipsen/Schritt am Platz mit linkem Fuß/Kick mit rechtem Fuß, dabei schnipsen.
② wie ①
③ 4 Gehschritte am Platz
④ Rechten Fuß vorsetzen, Gewicht auf links lassend, dabei Arme nach vorn strekken (Abwehrgeste) und verharren

Element B:
① Halbe Drehung (rechtsschultrig) mit 3 Schritten, auf 3. Schritt klatschen
② Halbe Drehung (linksschultrig) mit 3 Schritten zurück, auf 3. Schritt Hände vor das Gesicht halten (Variante: mit rechts in die Ferne zeigen)
③ wie ①
④ wie ②

Element C:
① 4 Gehschritte vorwärts
② Am Platz pantomimisch Sänger/in mit Mikrofon darstellen (Variante: Gitarrist)
③ 4 Gehschritte rückwärts
④ wie ②

Element D:
①–② 4 Seitanstellschritte nach rechts (rechts-an …), dabei Arme in dieselbe Richtung bewegen, als ob man mit dem Besen kehren würde; die Finger werden jedoch bei jedem Schritt ausgestreckt.
③–④ wie ①–② nach links

Kick: Spielbein aus Kniegelenk heraus vor das Standbein in die Luft „kicken“
Seitanstellschritt: seitlicher Schritt und Nachstellen des anderen Fußes mit Gewichtsübertragung
Wiegeschritt: einen Fuß (hier: seitlich) mit Gewicht aufsetzen, dabei den anderen Fuß(ballen) leicht anheben; dann gegengleich mit entsprechender Gewichtsübertragung
Spreizsprung: Sprung mit einem Bein nach vorn, mit dem anderen zur gleichen Zeit nach hinten
Schlußsprung: Sprung am Platz; nach dem Sprung stehen beide Füße nebeneinander.

Meditationstänze

Für wen: alle Altersstufen
Material: – langsame, getragene Musik → CD 15
– 2 Kerzen (Teeleuchten) in Glasbehältern

Tanz in freier Raumform

Eine Person führt die Gruppe in einer sich ständig wiederholenden Schrittkombination (z. B. ④ Zählzeiten) durch den Raum:

①–③ 3 Schritte vorwärts (rechts – links – rechts)
④ Mit linkem Fuß zurückwiegen

Tanz in gebundener Raumform

Einstimmung (⑧ Zählzeiten = 1 Bewegungsfolge): mit Handfassung auf Kreisbahn stehen.

①–⑤ 5 Schritte gegen Uhrzeigersinn, mit rechts beginnend
⑥ Mit 6. Schritt (linker Fuß) halbe Drehung in Uhrzeigersinn
⑦ 1 Schritt in Uhrzeigersinn (rechts)
⑧ Mit linkem Fuß ein Seitschritt nach links, dabei Körper mit Blick zu Kreismitte wenden und
① wieder zurückwiegen auf den rechten Fuß, dabei Körper gegen Uhrzeigersinn wenden (= Anfangsschritt)

1. Variante:
①–③ 3 Schritte gegen Uhrzeigersinn (rechts – links – rechts)
④ Mit linkem Fuß 1 Schritt zurück
⑤ Rechten Fuß anstellen
⑥–⑦ 2 Schritte gegen Uhrzeigersinn (links – rechts)
⑧ Mit linkem Fuß zurückwiegen

2. Variante:
①–② 2 Schritte gegen Uhrzeigersinn (rechts – links)
③–④ Wiegeschritt (rechts – links), dabei Körper mit Blick zur Kreismitte wenden
⑤ Rechten Fuß vor linken Fuß kreuzen
⑥ Linken Fuß nachstellen
⑦–⑧ Wiegeschritt (rechts – links)

Kerzentanz

Alle tragen in jeder Hand eine Kerze (in Glasbehältern). Eine Person führt die Gruppe mit langsamen Schritten oder am Platz stehend an, indem sie eine sehr langsame Bewegungsfolge mit den Armen/Kerzen vormacht, die von den anderen simultan mitvollzogen werden. Nach 8 Zählzeiten geht die anführende Person ans Schlangenende und die nächste Person führt eine Bewegungsfolge vor …

1. Variante: Im Kreis, wobei die vormachende Person in der Mitte steht und dann im Rollenwechsel den Platz eines anderen Gruppenmitglieds einnimmt.

2. Variante: „Treppentanz“: Entsprechend dem Grundthema des Pachelbel-Kanons (S. 78) 6 Treppenstufen abwärts gehen und 2 Stufen rückwärts wieder hoch, dann entsprechend weiter auf der 3. Stufe (von oben), z. B. in Ablösung mit einem dort bereits stehenden anderen Gruppenmitglied …

Rhythmisches Musikmalen

75

Für wen: vorwiegend Kinder; teilweise auch Jugendliche

Material:
- festes Malpapier, z.B. Rückseite von Tapetenrollen
- zwei (verschieden farbige) Wachsmalstifte
- für freies und gebundenes Malen: beliebige rhythmisch-melodiös eingängige Instrumentalmusik → CD 17
- für Sprechzeichnen: Instrumentalmusik im Dreiertakt; 1 Triangel

Freies Malen: Schlittschuhläufer

① Einstimmung: Die Teilnehmer laufen mit einsetzender Musik auf möglichst glattem Boden „Schlittschuh", indem sie mit Schleifschritten über den Boden gleiten. Sobald die Musik unterbrochen wird, läuft jeder an den Rand der „Eisfläche". Mit wieder einsetzender Musik können auch zusätzlich Impulse wie „Paarlauf", „Pirouette", „in einer Acht laufen" u.a. gegeben werden.
② Die Teilnehmer malen anschließend die „Spuren der Schlittschuhläufer" auf: entweder beidhändig, nur mit der rechten oder mit der linken Hand. Die aufgemalten Linien sollen nicht unterbrochen werden, sondern fließend dem Rhythmus der Musik folgen.
Variante: Mit anderer Thematik, z.B. „Vögel kreisen in der Luft".

Gebundenes Malen

Die Einstimmung kann wie beim freien Malen erfolgen. Für das Malen selbst werden hier jedoch bestimmte zu malende Figuren vorgegeben, z.B. Acht, Oval, Kreis, Schlangenlinien u.a.

Sprechzeichnen: Bäume schaukeln

① Einstimmung: Die Teilnehmer stehen als „Bäume" verteilt im Raum und wiegen, in jeder Hand einen Stab mit Bändern haltend (ggf. auch Chiffontücher), leicht hin und her. Dazu wird rhythmisch im Chor gesprochen, gerufen, gesungen, geflüstert, gebrummt ...: „Schaukel hin, schaukel her, alle Bäume schaukeln sehr."
② Vorbereitung: Anschließend schaukeln alle „Bäume" nach Musik vom Tonträger. Bei jedem Triangelschlag geht jeweils ein Teilnehmer zu der am Boden ausgerollten Tapetenrolle und nimmt dort die Schaukelbewegung wieder auf. Die neu Hinzukommenden stellen sich jeweils daneben und passen sich rhythmisch synchron der Schaukelbewegung an.
③ Die Schaukelbewegung wird zeichnerisch aufgegriffen, wobei der Malstift auf dem Papier halbkreisförmig hin und her gleitet, je nach Impuls beid-, rechts- oder linkshändig. Dazu wird der obige Vers gesprochen. Anschließend wird weiter zu Musik gemalt.
Erweiterung: Mit anderer Thematik, z.B. „Schiffe schaukeln sehr ...".
Das Sprechzeichnen kann auch mit anderen Figuren durchgeführt werden, z.B. Kreis 4.

Assoziatives Musikmalen

Für wen: alle Altersstufen

Material:
- festes großflächiges Papier/Tapetenrolle
- mehrere Malstifte für jeden
- für freies Malen: Reifen in Teilnehmerzahl; 1 Triangel; 1 Becken; leicht bewegte, nicht zu kontrastreiche (z. B. barocke) Musik → CD 15, 17
- für Malen mit Kontrasten: harmonisch eingängige, eher ruhige Musik, z. B. von Deuter, Chris Hinze; dissonant-aufwühlende (Neue) Musik, z. B. von Stockhausen, Penderecki o. a. → CD 34

Freies Malen: Vogelträume

① Einstimmung: Die Teilnehmer sitzen als „Vögel" in einem am Boden liegenden Reifen (= Nest) und hören Musik. Auf ein Triangelzeichen hin laufen alle mit ausgebreiteten, hin- und herschwingenden Armen (= Vögel fliegen) frei durch den Raum. Sobald ein Becken erklingt, lassen sich alle in dem nächstliegenden Reifen nieder, usw.

Nach einigen Durchgängen („Flügen") hören die Teilnehmer, ggf. neben den Reifen mit geschlossenen Augen liegend, über einen etwas längeren Zeitraum Musik: „Die Vögel träumen, was sie auf ihrem Flug sehen und erleben." Nach Beendigung der Musik erzählen die Teilnehmer (freiwillig!) ihren „Vogeltraum".

② Jeder malt sein Traum-Bild, dazu erklingt ruhige Musik im Hintergrund. Anschließend werden die Bilder besprochen.

Variante für ältere Teilnehmer mit anderer Thematik, z. B. „Mit einer fliegenden Untertasse (= Reifen) unterwegs".

Freies Malen mit Kontrasten: Überraschung

Jeder malt so, wie er möchte, zu einer harmonisch eingängigen Musik: Bilder, Linien, Flächen o. a. Nach einiger Zeit gibt es eine „Überraschung". Die Musik klingt plötzlich ganz anders (dissonante Musik). Danach kommt wieder die gewohnte Musik. Jeder malt dabei so, daß man nachher den „Überraschungsteil" im Bild wiedererkennt.

Der Hinweis auf die musikalische Überraschung soll vor allem bei wahrnehmungsschwachen (behinderten) Teilnehmern die Aufmerksamkeit auf die unterschiedliche Musik lenken.

Im Rahmen therapeutischer Intentionen geht es mehr um das Auslösen verschiedener Gefühle durch Musik und deren bildliche Umsetzung. Bei psychisch gestörten Teilnehmern (Neurotiker, Psychotiker) ist zu beachten, daß die dissonante Musik mitunter derartig heftige Emotionen hervorrufen kann, daß eine fachkundige verbale Aufarbeitung vonnöten ist.

Musikalisch-themengebundenes Malen

77

Für wen: alle Altersstufen

Material:
- festes, großflächiges Papier/Tapetenrolle
- mehrere Malstifte für jeden
- für freies Malen: beliebige, ggf. auch Film-Musik
- für gebundenes Malen: „Das große Tor von Kiew"/„Die Hütte auf Hühnerfüßen" aus „Bilder einer Ausstellung" von Mussorgsky/Ravel (Orchester), Tomita (Synthesizer) → CD 33–35 und Emerson, Lake & Palmer (Pop)
- für formgebundenes Malen: 2- oder mehrteilige Musik → CD 31

Freies Malen: Filmplakat

Es soll ein neuer Fernseh-/Kino-Film gezeigt werden. Bisher ist aber nur die Musik vorhanden. Es fehlen noch Name (Titel) und Filmplakat, das den Film ankündigen soll. Die Musik gibt eine Idee, um was für einen Film es sich handeln könnte und was für ein Plakat dazu gemalt werden kann. Es ist eine Viertelstunde Zeit. Zum Schluß schreibt jeder einen Filmtitel unter das Bild.

Je nachdem, ob man den Teilnehmern das freie Phantasieren überlassen will oder ob man einen gezielteren, direkten Bezug zur Musik herstellen möchte, muß entsprechend Musik ausgewählt werden.

Für ersteres eignet sich jede beliebige Musik; hinsichtlich der zweiten Intention bietet sich eher Darstellende (Film-/Programm-)Musik an, die eindeutigere Assoziationen zuläßt, z. B. Western-Szene, Eisenbahn, Stadt, Bauernhof, Natur, Tiere, Krimi. Hierbei handelt es sich dann schon in Ansätzen um inhaltlich gebundenes Musikmalen.

Gebundenes Malen: Das große Tor von Kiew

Drei Musikgruppen sollen in Kiew, einer ukrainischen Stadt, ein Konzert geben. Jedes der drei Konzerte findet in einem anderen Gebäude (Haus/Halle) mit jeweils unterschiedlichen Eingangstoren statt. Wie könnten die drei Tore aussehen? Gleich ist die Musik von den einzelnen Gruppen zu hören. Jeder malt zur jeweiligen Musik ein großes Tor, das seiner Meinung nach am besten zu der entsprechenden Musikgruppe paßt.

Variante mit anderem Thema: „Die Hexenhütte" aus „Bilder einer Ausstellung" 29.

Formgebundenes Malen: Rollschuh-/Eislauftanz

Zu unterschiedlichen Formteilen der Musik werden entsprechend zugeordnete (Raum-)Formen gemalt, zum Beispiel:

Teil A: Kreis, Teil B: freie Wellenlinien.

(Thematisierung: Rollschuh- oder Eislauftanz, bei dem Spuren hinterlassen werden.)

Variante: Teil A mit rechts, Teil B mit links malen.

Erweiterung: Das Malen verschiedener (Raum-)Formen kann auch für die Erarbeitung strukturierter Tänze genutzt werden.

Kommunikatives Musikmalen

Für wen: alle Altersstufen
Material: – großflächiges, festes Papier
– 1 ggf. 2 Malstifte für jeden
– bewegte (→ CD 31) oder ruhige, „sphärische“ Musik, z. B. von Kitaro, Hamel → CD 17

Begegnung: Auf dem Eis

Jeweils 2 Teilnehmer sitzen sich gegenüber. Zwischen ihnen liegt festes, großflächiges Papier. Bei einsetzender Musik malt jeder mit einem Stift, von seinem Blattrand aus beginnend, Linien auf das Papier, die nicht unterbrochen werden sollen. Jeder entscheidet dabei, in welcher Form und inwieweit er Kontakt mit dem Partner aufnimmt.
Für jüngere Teilnehmer bietet sich eine Thematisierung an, z. B. 2 Schlittschuhläufer begegnen sich auf dem Eis.

Führen und Folgen: Spiegelplanet

① Einstimmung: Die Teilnehmer sitzen paarweise einander gegenüber; zwischen ihnen liegt großflächiges, festes Papier: „Wir sind auf dem Spiegelplaneten, wo die Spiegelwesen ganz langsame (Zeitlupen-)Bewegungen machen. Die Spiegelwesen bewegen sich immer zu zweit, wobei einer die Bewegungen vormacht und der andere als Spiegelbild diese gleichzeitig nachmacht.“
Jeweils ein vorher bestimmter Teilnehmer führt nun sein Gegenüber so langsam wie möglich in eine beliebige Standposition. Sobald diese von allen erreicht ist, werden die Rollen getauscht, mit der Aufgabe, wieder in eine Sitzposition zurückzukommen.
② Die „Spiegelwesen“ malen ihre Bewegungen in Form ununterbrochener Linien auf, sobald die Musik einsetzt. Jeweils einer führt, der andere folgt entsprechend simultan.
Wichtig ist der Hinweis, daß nur sehr langsame Malbewegungen gleichzeitig mitzuvollziehen sind; lediglich sich wiederholende Malbewegungen, z. B. Kreis, lassen sich auch in schnellerem Tempo simultan imitieren. Zunächst wird nur einhändig, mit geübteren Gruppen und älteren Teilnehmern dann auch zweihändig gemalt.

Bilder ergänzen

Die im Kreis sitzenden / am Boden hockenden Teilnehmer malen frei zu Musik. Immer wenn diese unterbrochen wird, rückt jeder Teilnehmer auf den Platz seines rechten Nachbarn und malt dessen Bild mit neu einsetzender Musik weiter, usw., bis jeder wieder beim eigenen Bild angelangt ist.

Spiel mit Instrumentensymbolen/-Zeichen

79

Für wen: vorwiegend Kinder
Material:
- verschiedene (z. B. Holz-, Fell-, Metall-)Instrumente
- dazugehörige Instrumentensymbole/-zeichen (Instrumententeile/grafische Abbildungen)
- Zeigestock, Tafel

① Die Teilnehmer haben verschiedene Instrumente, die immer dann gespielt werden, wenn der Spielleiter eines der entsprechenden Instrumente oder auch deren grafische Abbildung auf kleinen Kärtchen hochhält.
② Es werden drei Gruppen zusammengestellt, z. B. jeweils mit Holz-, Fell-, Metallinstrumenten. Jeder Gruppe wird ein Symbol für die entsprechende Instrumentenfamilie zugeordnet. Je nachdem, welche(s) Symbol(e) der Spielleiter hochhält, spielt entsprechende Instrumentengruppe (z. B. Farbsymbole).
Erweiterung: Je höher ein Symbol gehalten wird, desto lauter spielt entsprechende Gruppe.
③ Die Instrumentensymbole (Kärtchen) werden nebeneinander an der Tafel oder Wand fixiert. Der Spielleiter zeigt mit einem Stock die Reihe der Abbildungen entlang, von links beginnend, so daß die Spieler ihren Instrumentaleinsatz erkennen können.
Erweiterung: Die Instrumentalabbildungen werden zusätzlich auch untereinander angeordnet und so bei entsprechendem Zeigen gemeinsam gespielt.
④ Es werden gemeinsam, in kleinen Gruppen, einzeln Klangpartituren mit Instrumentenzeichen erstellt, z. B. auch unter Beachtung bestimmter Formprinzipien wie Rondo.
Instrumentenzeichen (Beispiele nach Neuhäuser 1975):

Xylophon 

Metallophon 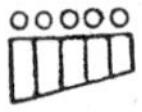

Pauke mit 2 Schlegeln 

Klanghölzer 

Triangel 

Kugelrassel 

Instrumentenpartitur (Beispiel):

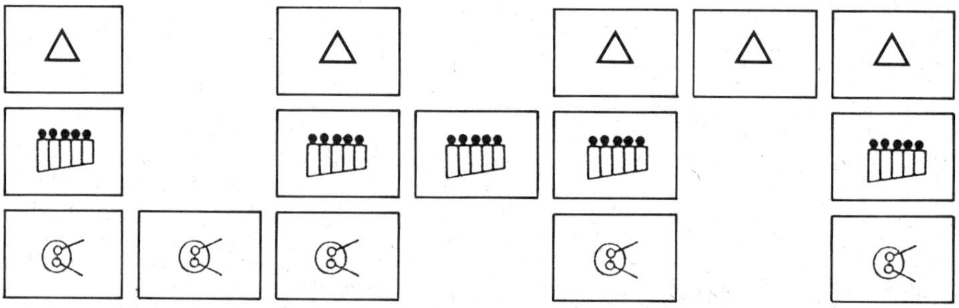

Spiel mit grafischen Klangzeichen

Für wen: alle Altersstufen
Material: verschiedene Instrumente, Tafel, Zeigestock

Es werden mit den Teilnehmern grafische Zeichen gefunden, die in Erweiterung zu den Instrumentenzeichen [79] die Art und Weise des Spielens angeben. Dabei können die Spielideen aus [79] und [81] aufgegriffen und darauf aufbauend eigene Klangpartituren erstellt werden.

Klangzeichen (Beispiele):

Klanglänge: je länger der Klang, desto länger das Klangzeichen

Klangstärke: je lauter der Klang, desto größer/dicker das Klangzeichen

Klangdichte (Tempo): je schneller die Klangfolge, desto dichter die Klangzeichen

Klanghöhe: je höher der Klang, desto weiter oben die Klangzeichennotierung

Gleitklänge (Glissandi): schnelle gleitende Auf- und Abwärtsbewegungen

Bewegungsklänge (Tremolo): schnelle Wiederholung auf gleicher Klanghöhe

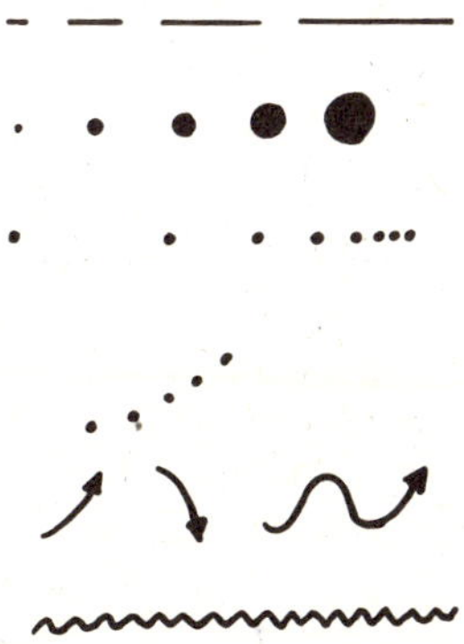

Klangpartitur (Beispiel):

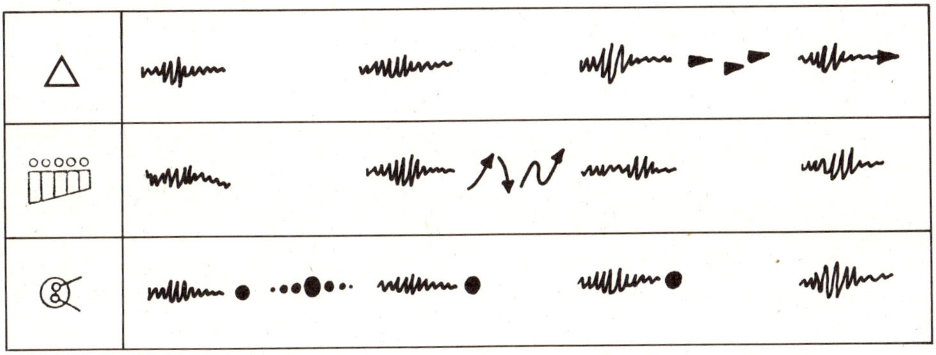

Grafische Notation von Klängen und Geräuschen

81

Für wen: Kinder, mit thematischer Variation auch Jugendliche
Material: – verschiedene Klang-, Geräuscherzeuger in Teilnehmerzahl
– feste Papierbögen und Malstifte in Teilnehmerzahl
– Zeigestock, Tafel

Die Riesenschlange beim Arzt

① Die Teilnehmer sitzen in einer Reihe nebeneinander am Boden; jeder hat ein beliebiges Instrument (Geräuscherzeuger) und einen Bogen Papier mit Malstift vor sich liegen.
Die Teilnehmer stellen Teile einer riesigen Schlange dar, die wegen Bauchschmerzen zum Arzt muß. Der „Arzt" (Spielleiter) geht an den einzelnen „Schlangenteilen" (Teilnehmern) vorbei, mit einem Zeigestock am Boden entlangfahrend. Immer dort, wo gerade der „Arzt" ist, hört man den entsprechenden „Schlangenteil" ein beliebiges Geräusch/einen Klang produzieren.
② Der „Arzt" läßt sich die Untersuchungsergebnisse aufzeichnen: Jeder zeichnet seine gespielten Geräusche/Klänge auf das Papier.
③ Der „Arzt" macht eine Kontrolluntersuchung, wobei die „Schlangenteile" ihr bereits produziertes Geräusch (Klang) entsprechend der Notation wiederholen.
④ Der „Arzt" kommt zu dem Schluß, daß die Schlange krank ist, weil sich die einzelnen Teile verschoben haben. So rücken alle Teilnehmer ohne (in einem zweiten Durchgang ggf. mit) Instrument einen Platz weiter nach z.B. rechts. Der erste in der Reihe geht an das andere Ende.
Der „Arzt" untersucht erneut die Schlange, wobei diesmal alle nach einer neuen Notation, nämlich der des Nachbarn spielen müssen. Ist der „Arzt" zufrieden oder müssen die Teile vielleicht noch einmal verschoben werden, oder wird gar ein neuer Arzt (Teilnehmer) benötigt?
Variante mit thematischer Veränderung für ältere Teilnehmer: z.B. „Überprüfung eines Computers".

Klingende Häuser

Die Umrisse mehrerer Häuser werden skizzenartig nebeneinander an die Tafel gemalt. Aus jedem Haus kommen verschiedene Klänge und Geräusche, die an entsprechender Stelle grafisch notiert werden. Je nachdem, auf welches Haus gezeigt wird, setzen die Teilnehmer die jeweilige Grafik klanglich auf ihren Instrumenten um (vgl. auch Friedemann 1971).
Variante: Tafelbild wie oben. Der Gruppenleiter oder ein Teilnehmer spielt nach der einem bestimmten Haus zugeordneten Grafik. Anschließend muß erraten werden, um welches Haus es sich handelt.
Erweiterung: Die Teilnehmer erstellen eigene Klanggrafiken. Dabei können die Häuser auch betitelt werden, z.B. Musikgeschäft, Tennishalle, Bahnhof, Streit im Einfamilienhaus.

Grafische Notation von Musik: Computer- und Hexenzeichen

Für wen: ältere Kinder, Jugendliche
Material:
- festes, großflächiges Papier für jeden
- Zeichen- oder Malstift für jeden
- für Computerzeichen: rhythmusbetonte elektronische Instrumentalmusik aus dem Pop-Bereich, dazu kontrastreiche, z. B. Neue Musik ohne festes Metrum von Penderecki, Stockhausen o.a. → CD 6
- für Hexenzeichen: „Die Hütte der Baba Yaga" aus „Bilder einer Ausstellung" von Mussorgsky/Ravel (Orchester) oder Tomita (Synthesizer) → CD 33–35

Computerzeichen

Die Teilnehmer sind „Printer" (Drucker) eines Computers, die mit dünnen, dicken Strichen, Punkten, Zacken usw. (rhythmusbetonte) Musik auf das Papier übertragen.
Zwischendurch spielt der Computer verrückt. Dies hört man an der ganz andersartigen (geräuschhaften) Musik. Die Aufzeichnungen des Computers sehen dabei entsprechend anders aus.
Zunächst wird eine eher gleichförmige, rhythmusbetonte elektronische Popmusik abgespielt, die mehrmals von anderer geräuschhafter Musik unterbrochen wird. Anschließend werden die „Computerausdrucke" miteinander verglichen und beschrieben.

Hexenzeichen

① Die Teilnehmer verklanglichen die Geschichte der Hexe Baba Yaga 29.
Gemeinsam wird dazu eine grafische Notation erstellt:

Inhalt	*Verklanglichung*	*grafische Notation*
A: Die Hexe ist schlechter Laune.	laute, energische Klänge	große ausgemalte Kreise, Rechtecke
Sie schwingt sich mit ihrem Besen in die Luft.	wie oben, dazu Glissandi (Gleitklänge)	ab-, aufwärtsführende Wellenlinien
B: Sie braut einen Trank im blubbernden Topf der Hexenküche.	klappernde, reibende, schnarrende, blubbernde Geräusche	Wellenlinien, Kreise, Punkte, Striche
A: Die Hexe fliegt mit ihrem Trank wieder davon.	siehe A	siehe A

② Anschließend hören die Teilnehmer die entsprechende Musik vom Tonträger und malen dazu ihre eigenen Hexenzeichen.
Erweiterung: Der Gruppenleiter gibt eine Klangpartitur des Stückes vor (siehe auch Drews/Hansen 1977, 87), die zuerst im Sinne antizipierenden Hörens (gedankliche Vorwegnahme des Stückes) betrachtet und dann während des Hörens mitverfolgt wird.

Anhang

Akkordgriffe für Gitarre

Dur

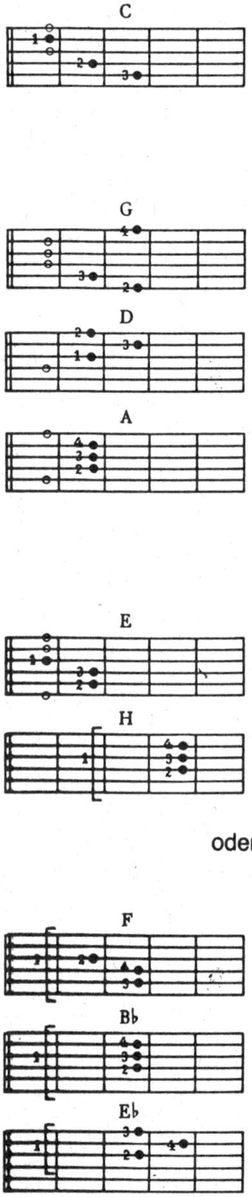

Dur-Akkorde = große Buchstaben

Septakkorde

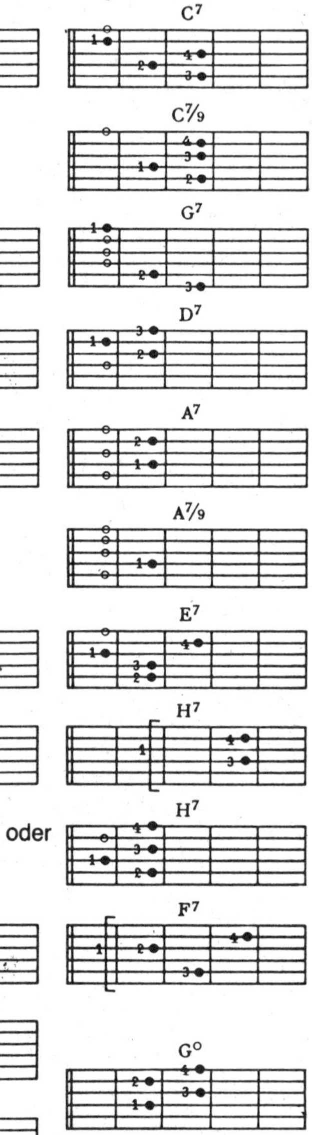

G° = G vermindert

Moll

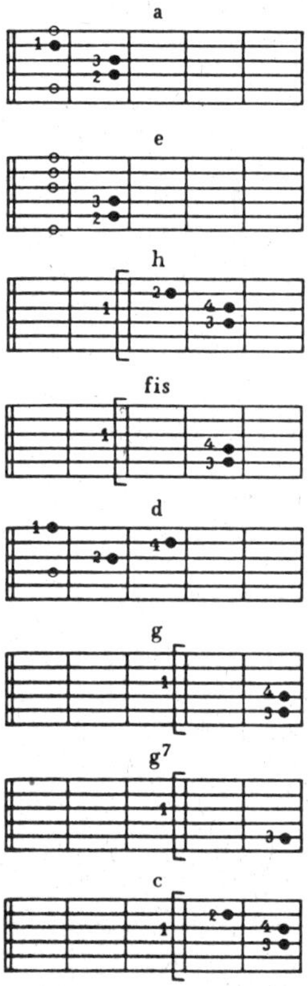

Moll-Akkorde = kleine Buchstaben

○ = leere Saite
● = gegriffene Saite
1 = Zeigefinger
2 = Mittelfinger
3 = Ringfinger
4 = kleiner Finger
(1–4: linke Hand)
[= barré-Griffe (Quergriffe)
7 = Septakkorde
G/C = Quartsextakkord (C-Dur/G-Baß)

Akkordbegleitung mit umgestimmten Leersaiten für Lieder und Spielstücke mit nur einer Harmonie/einem Akkord: ↓ = tiefer, ↑ = höher auf den betreffenden Ton stimmen.

Leersaiten

	(tiefes)					(hohes)
normal gestimmt:	E	A	D	G	H	E
D-Dur	↓ D	A	D	↓ Fis	↓ A	↓ D
d-Moll	↓ D	A	D	↓ F	↓ A	↓ D
E-Dur	E	H ↑	E ↑	Gis ↑	H	E
e-Moll	E	H ↑	E ↑	G	H	E
A-Dur	E	A	E ↑	A ↑	Cis ↑	E
a-Moll	E	A	E ↑	A ↑	C ↑	E

Die anderen Akkorde können mit Hilfe eines Kapodasters gespielt werden. Es handelt sich um eine Klemmvorrichtung, die an beliebiger Stelle über das Griffbrett gespannt wird.

C = A im 3. Bund mit Kapodaster
F = E im 1. Bund mit Kapodaster
Fis = E im 2. Bund mit Kapodaster
G = E im 3. Bund mit Kapodaster
H = A im 2. Bund mit Kapodaster

Akkorde für Tasteninstrumente

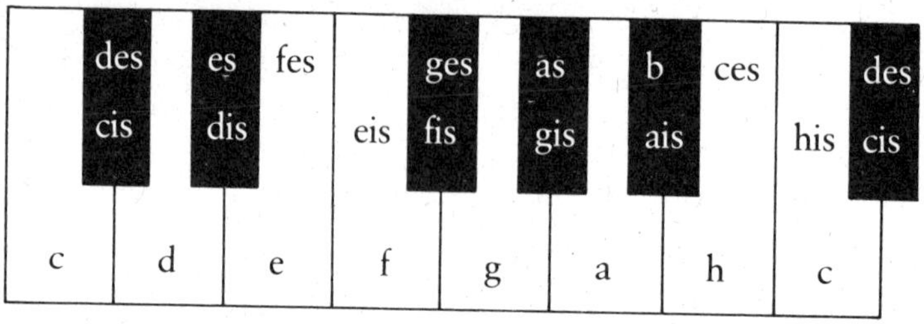

	Dur-Akkorde	*Sept-Akkorde*	*Moll-Akkorde*
c:	c e g	c e g b	c es g
d:	d fis a	d fis a c	d f a
e:	e gis h	e gis h d	e g h
f:	f a c	f a c es	f as c
fis:	fis ais cis	fis ais cis e	fis a cis
g:	g h d	g h d f	g b d
a:	a cis e	a cis e g	a c e
b:	b d f	b d f as	b des f
h:	h dis fis	h dis fis a	h d fis

Materialausstattung und Bezugsquellen

Die Musikinstrumente und Schallplatten sind im üblichen Fachhandel erhältlich. Die mit Ziffern versehenen Materialien weisen auf weiter unten aufgeführte spezielle Bezugsquellen hin.

Instrumentarium

Standardausstattung:

- Gitarre/Blockflöte/Klavier/Keyboard (elektronisches Tasteninstrument)
- Stabspiele: Sopran-, Alt-Xylophon, Alt-Metallophon, Sopran-, Alt-Glockenspiel, Klingende Stäbe (chromatisch) = Einzeltöne
- Gruppensatz Klanghölzer[2] (Claves): ca. 18 cm lange, 2 cm dicke Rundhölzer; leicht selbst herstellbar
- Wooden Agogo: einsetzbar wie Röhrenholztrommel und Guiro
- Schellenring/Schellenstab: Holzring/-stab mit Flachschellen
- Schellenkranz: leicht selbst herstellbar mit Rundschellen
- Rahmentrommel/Tamburin
- Gruppensatz Trommeln: möglichst längliche Form, die zwischen Beine geklemmt werden kann und so beidhändiges Spiel ermöglicht, z. B. Holztrommeln[3/14], türkische Alu-Trommeln[4], Ton-Trommeln[5], aus Teppichrollen und Schuhkarton als Fell leicht selbst herstellbar
- Pauke

- Rasseln; leicht selbst herstellbar
- Kuhglocke/n: ohne Klöckel, mit Schlegel außen angeschlagen
- Guiro: auch leicht herstellbares Schrapinstrument, z. B. mit Kerben versehenes Bambusrohr
- Cabasa: zylinder- oder kugelförmiges mit Ketten- oder Muschelnetz[5] überzogenes, rasselähnliches Instrument
- Stielkastagnette/n
- Hängendes Becken
- Triangel
- Flexaton: Effektinstrument, das vergleichbar der „Singenden Säge" einen jaulenden Klang erzeugt
- Waldteufel (Kreischbecher): knarrende Geräusche erzeugendes Effektinstrument; leicht selbst herstellbar, z. B. aus festem Yoghurt-Becher, Nylonschnur, kleinem, an einer Stelle rund-eingekerbtem Rundhölzchen
- Lotosflöte: gleitende Töne erzeugend; vergleichbar der Posaunentechnik
- Kazoo/s: nach Kammblasprinzip funktionierende Summinstrumente
- Vogel-, Lockpfeifen[6] und anderes, auch selbst angefertigtes Klang- und Geräuschmaterial

Erweiterte Ausstattung (Ergänzungsmöglichkeiten):
- Stabspiele: Baß-Xylophon/weitere Alt-Xylophone, -Metallophone, -Glockenspiele/Klingende Stäbe, vor allem Baß-Stäbe (C F G)
- Psalter: meist dreieckförmiges Saiteninstrument, dessen Leersaiten mit einem Bogen angestrichen oder gezupft werden
- Zupfinstrumente, die auch ohne besondere Spieltechniken spielbar sind, wie einfache Zupfbretter[13]
- Auto-Harp[1] (Brettzither oder Akkordharfe): ohne besondere Voraussetzungen zu bedienendes reines Begleitinstrument. Das Herunterdrücken einzelner quer über die Saiten verlaufender Stäbe ersetzt das Greifen von Akkorden. Das Stimmen ist allerdings langwierig.
- Blasinstrumente: Sopran-Blockflöte/n; Steckflöten[13] (= Einzeltöne)
- Röhrenholztrommel: erzeugen zwei unterschiedliche hohe Holz-Klänge
- Holzblocktrommel/n in verschiedenen Größen
- Tempelblock/s: vergleichbar der Holzblocktrommel, jedoch runder und voller im Klang; als 5er-Set an Ständer zu befestigen
- Schlitztromel/n/Kalimbaphon u. a.[15]: aus einem hölzernen Resonanzkasten bestehendes Rhythmusinstrument, dessen Oberseite mit verschieden langen Klangzungen versehen ist. Diese werden, vergleichbar dem Xylophon, mit Schlegeln angeschlagen.
- Schellentrommel: mit Flachschellen
- Schellenbänder; leicht selbst herstellbar: einzeln erhältliche Rundschellen werden auf ein Band oder Lederriemen aufgezogen.
- Fellinstrumente: weitere Trommeln/Congas/Bongos (ggf. aus Ton[5])/Pauken/Schlagzeugtrommeln
- Schüttelrohr: zylinderförmige Rassel

- Agogo-Bells: vergleichbar mit zwei verschieden großen, miteinander verbundenen Kuhglocken, jedoch längliche Form
- Multi-Guiro: metallenes Schrapinstrument, auch als Rassel spielbar
- Stampfstäbe: selbst herzustellende, an der Unterseite geschlossene Bambusstäbe, die (rhythmisch) auf einen flachen Stein geschlagen werden, aber auch als Blasinstrument nutzbar sind. Durch entsprechendes Zuschneiden der Länge kann die Tonhöhe fixiert werden.
- Zymbeln/Gongs/Becken/Triangel in verschiedenen Größen
- Vibra-Slap: Effektinstrument, das schnarrendes Geräusch erzeugt
- Samba-/Trillerpfeife; Samba-Percussionsinstrumente[16]
- Kalimba: aus einem handlichen Resonanzkasten bestehendes melodisches (industriell) oder rhythmisches (Original[5]) Instrument. An der Oberseite sind verschieden große Klangzungen angebracht, die mit den Daumen angezupft werden.
- Klangschale/n[4]: um den Rand der metallenen Schalen wird mit einem Stab gerieben, so daß ein sphärisch-schwebender Klang entsteht. Durch Anschlagen wird ein langer Glockenklang erzeugt.

Rhythmik-Material[3/12]

- Tücher: Gruppensatz, einfarbig, in Grundfarben (80 × 80 cm)
- Chiffontücher[12]: Gruppensatz, verschiedenfarbig
- Seile: Gruppensatz (2,5 m lang; 6 mm ∅)
- Reifen: Gruppensatz (2 cm dick, 60–80 cm ∅)
- Stoff-(Sand-)Säckchen: Gruppensatz (10 × 15 cm); ggf. selbst angefertigt und mit verschiedenem Material gefüllt
- Kugeln/Bälle: Gruppensatz (ca. 8 cm ∅); ggf. Bocciakugeln
- Luftballons: rund
- Japanische Papierbälle
- Bänder: verschiedenfarbig, zwischen 2–4 cm Breite und 60–120 cm Länge
- Stöcke: Buchenrundstäbe[2] (ca. 80–100 cm lang, 2 cm ∅)

Ausstattung für Menschen-Schattentheater[7]

- Scheinwerfer (500–1000 Watt); ggf. Overhead- oder Diaprojektor
- Vorhang: durchscheinend (ca. 3 × 6 m), z.B. aus Nesselstoff oder zusammengenähten Bettlaken

Ausstattung und Material für Schwarzes Theater

- Schwarze Plastikplane (Polyäthylen)[8] für Bühnenauskleidung
- UV-A Schwarzlichtröhren (15 Watt/45 cm lang oder 18 Watt/60 cm lang)[9]
- Fassungen mit Kabel[7]: für die Schwarzlichtröhren
- Leuchtmaterialien[9]
- Schwarze Kleidungsstücke, Masken[7]
- Weiße Kleidungsstücke: Handschuhe, Socken u.a. aus Kunstfaser[7]

Sonstiges Material für Szene und musikalische Spiele[7]

- durchsichtige, möglichst dünne Plastikplane (ca. 4 × 5 m)
- Klebeband (Tesa-Krepp)

- Schaumstoffwürfel
- Taschenlampen: Gruppensatz
- Teppichfliesen: (ca. 40 × 50 cm), evtl. als Restposten kostenlos
- Kerzen/Teeleuchten und Glasbehälter: doppelter Gruppensatz
- Schminke[7/10]
- Requisiten: Masken; Hüte; Kleidungsstücke; Faschingsmaterial, z. B. Nasen, Perücken; Stoffreste; Decken; Gold-, Kreppapier u. a.

Material für Musikmalen[7]

- Tapetenrollen/Kartonpapier: Tapetenrollenreste, evtl. kostenlos
- Malstifte: mindestens doppelter Gruppensatz; aus Wachs, Filz, Kohle, Aquarell, Blei u. a.

Bezugsquellen

[1] Albin Höllinger (ggf. andere größere Musikalienhandlung) Holtenauer Str. 85, 24105 Kiel, Tel: 0431/567894

[2] Bastlergeschäfte, -zentralen; Holzhandlungen

[3] Wehrfritz GmbH (Rhythmik-Material, Orff-Instrumente) Postfach 1107, 96473 Rodach, Tel: 09564/9290

[4] Asian Sound, Michael Ranta, Venloer Str. 176, 50823 Köln, Tel: 0221/528775

[5] Dritte-Welt-Läden (außereuropäische Rhythmusinstrumente)

[6] Fachgeschäfte für Jagdausstattung (Vogel-, Lockpfeifen)

[7] Kaufhäuser oder entsprechende Fachgeschäfte

[8] Garten- oder Bau-Fachgeschäfte oder Großhandlungen

[9] JB-Gruppe, Jürgen Bartenbach (Leuchtfarben; Schwarz-Licht), Grüwellstr. 22, 44329 Dortmund, Tel: 0231/891078
Information über Schwarzes Theater: Projekt Traumfabrik. Postfach 120547, 93027 Regensburg, Tel: 0941/401025

[10] Kryolan-GmbH – Breude GmbH (Theaterschminke), Papierstr. 10, 13409 Berlin, Tel: 030/4911249

[11] Dieter Balsies (Beratung und Vertrieb für Tänze), Ahlmannstr. 18, 24118 Kiel, Tel: 0431/563459

[12] Spielzeuggarten Hans Staneker (Rhythmikmaterial), Karl-Brennenstuhl-Str. 14, 72074 Tübingen (Pfrondorf), Tel: 07071/81265

[13] Landshuter Werkstätten (elementare Zupf-, Blasinstrumente), Sonnenring 4, 84032 Landshut-Altdorf, Tel: 0871/31811

[14] Afroton, Michael Röttger (afrikanische Instrumente), Rüsselsheimer Str. 22, 60326 Frankfurt, Tel: 069/973031-0

[15] Schlagwerk Klangobjekte (Schlagwerk-Schlitztrommeln), Brunnenstr. 7A, 73312 Geislingen/Steige, Tel: 07331/67241

[16] Schalloch (Percussionsinstrumente aller Art, z. B. Samba, Afro ...), Karolinenstraße 4–5, 20357 Hamburg, Tel: 040/438494

Musik vom Tonträger

Musik, die auf entsprechende Praxisbeispiele zugeschnitten ist

- „Rock around the clock" von B. Haley [12] → CD [11]
- „Wassermusik-Suite Nr. 3 in D-Dur", Allegro von G. F. Händel [20] → CD [13]
- „Kleine Kammermusik für 5 Bläser", op. 24 von P. Hindemith, 2.–4. Satz [21] → CD [14]
- „Kanon in D-Dur für Streicher und Basso continuo" von J. Pachelbel [22] → CD [15]
- „Bolero" von M. Ravel [23] → CD [16]
- „Die Schöne und das Tier" aus „Mutter Gans" von M. Ravel [28] → CD [18]
- „Bilder einer Ausstellung" von Mussorgsky/Ravel (Orchester), Tomita (Synthesizer), Emerson, Lake & Palmer (Pop) – [29]/[77]/[82] → CD [33]–[35]
- „Die Moldau" von F. Smetana [56] → CD [19]–[26]
- „Sevillanas": spanischer Flamenco, beliebige Fassung [69] → CD [27]
- „España cañi": spanischer Pasodoble [70] → CD [28]
- „Jingle bells" [71] → CD [31]
- „Nebesko Kolo": kroatischer Volkstanz [13] → CD [32]

Musikarten, die in einzelnen Praxisbeispielen angesprochen sind

- Folklore: USA (Country & Western, Square Dance) → CD [29], [30], Indianer (Nordamerika) → CD [7], Indios (südamerikanisches Andengebiet), Mexiko, Südamerika (Samba) → CD [9], Afrika (Trommelrhythmen) → CD [12], Orient → CD [10], China → CD [8], Rußland, Spanien (Flamenco) → CD [27], Mitteleuropa (plattdeutsche Lieder, alpenländische Musik)
- Pop-Musik: Discomusik, Neue Deutsche Welle/New Wave, Rap, Rave, elektronische Pop-Musik (Computermusik, Break-Dance, Techno) → CD [6], [10], [11]
- Neue Musik: von Stockhausen, Penderecki, Ligeti u.a.
- Klassische Musik: von Haydn, Vivaldi, Grieg u.a. → CD [13], [15]
- Darstellende Musik: verschiedene Programm-Musik → CD [18], [19]–[26], [33]–[35]
- Filmmusik: Krimi, Western, Naturfilm u.a.
- Meditative Musik: von G. Deuter, Kitaro, G. Winston, Hamel u.a., auch getragene klassische Musik, z.B. von Vivaldi, Pachelbel → CD [17], [15]
- Solo-Instrumentalmusik: verschiedene Einzelinstrumente → CD [14]
- Beliebige Musik: zweiteilig/geradtaktig → CD [6], [7], [9], [32], im Dreiertakt → CD [5], mit Tempokontrasten, mit Lautstärkekontrasten → CD [6]
- Werbemusik: verschiedene Werbespots
- Umweltgeräusche: Verkehr, Maschinen, Eisenbahn, Natur, Tiere u.a.

Literatur

(Die für die Vertiefung jeweiliger Themenbereiche besonders geeignet erscheinende Literatur ist mit * gekennzeichnet.)

*Aissen-Crewett, M.: Darstellendes Spiel mit geistig behinderten Kindern. Modernes Lernen, Dortmund 1988

*Albrecht, G.: Ma Mère L'Oye (Mutter Gans) – Bilderbuch. Atlantis, Zürich 1981

*Amonde, O.; Anan, K.: Das Lied der bunten Vögel. Fischer, Münsingen/Bern 1989

*Amrhein, F.: Die musikalische Realität des Sonderschülers. Situation und Perspektiven des Musikunterrichts an der Schule für Lernbehinderte. Bosse, Regensburg 1983

Bergmann, A.; Reusch, A.: Bis die Sohle fällt vom Schuh. Diesterweg, Frankfurt/M. 1981

Breckoff, W. u.a.: Musikbuch – Primarstufe A (Lehrerband). Schroedel, Hannover 1971

*Canacakis, J. u.a.: Wir spielen mit unseren Schatten. Vorschläge für Familie, Freizeit, Schule und Therapie. Rowohlt, Reinbek 1986

Engel, U.: Rhythmisch-musikalische Erziehung anhand eines Indianerliedes. Unveröffentl. Unterrichtsvorbereitung. Landesinstitut Schleswig-Holstein für Praxis und Theorie der Schule (IPTS 44), Kiel 1986

Fallak, W.: Tanzen mit Behinderten. Bausteine für elementare Tanzerfahrung. Modernes Lernen, Dortmund 1988

Fehrs, G.: Die Yangtse-Schiffer. Unveröffentl. Unterrichtsvorbereitung. IPTS 44, Kiel 1986

*Flatischler, R.: Die vergessene Macht des Rhythmus: TA KE TI NA – Der rhythmische Weg zur Bewußtheit. Synthesis, Essen 1984

*Friedemann, L.: Kinder spielen mit Klängen und Tönen. Möseler, Wolfenbüttel 1971

*dies.: Einstiege in neue Klangbereiche durch Gruppenimprovisation. Universal Edition, Wien 1973

*dies.: Trommeln – Tanzen – Tönen. 33 Spiele für Große und Kleine. Universal Edition, Wien 1983

*Gaß-Tutt, A.: Tanzkarussell 1/2. Fidula, Boppard 1972/78

*Geißler, U.: Tausendfüßlers Taschentuch. Spiele mit Seilen und Tüchern. Ökotopia, Münster 1990

*Gembris, H.: Musikhören und Entspannung. Theoretische und experimentelle Untersuchungen über den Zusammenhang zwischen situativen Bedingungen und Effekten des Musikhörens. Verlag der Musikalienhandlung Karl Dieter Wagner, Hamburg 1985

*Hegi, F.: Improvisation und Musiktherapie. Möglichkeiten und Wirkungen von freier Musik. Junfermann, Paderborn 1986

Hehlmann, W.: Wörterbuch der Pädagogik. Kröner, Stuttgart 1967

Heinrich, C.: Waldgeister und Stadtgespenster – Unterrichtsvorbereitung. Die Sonderschule in Schleswig-Holstein, Heft 2–3, 1986, 46–54

Holborn, C.: Bolero/Die Moldau. Unveröffentlichte Unterrichtsvorbereitungen. IPTS 44, Kiel 1988

Ihering, B. v.: „Wie gut die Kinder heute spielen ..." – Der Maestro und die Jungmusiker: Beobachtungen bei der Probenarbeit mit Sergiu Celibidache hinterm Scheunentor von Salzau. Die ZEIT, Nr. 35 vom 26.08.1988

*Keemss, T.: Werkstatt: Percussion. Anleitungen und Hörbeispiele zur Spielpraxis. Fischer, Stuttgart 1986

*Keller, W.: Ludi musici 4 – Minispectacula. Texte (Libretti) und Stoffe zur Gestaltung von Musik-Wort- Tanz-Spielen für verschiedene Altersstufen. Fidula, Boppard 1975

*Keysell, P.: Pantomime mit Kindern. Otto Maier, Ravensburg 1975

Klein, M.: Die Ballonreise. Gruppe & Spiel, Heft 1, 1987, 10–14

Kopp, F.: Erleben, Erlebnis. In: Zöpfl, H. u.a. (Hrsg.): Kleines Lexikon der Pädagogik und Didaktik. Auer, Donauwörth 1973^5, 55–56

*Krimm-von Fischer, C. (Hrsg.): Musikalisch-rhythmische Erziehung. Herder, Freiburg 1974

*Lander, H.-M.; Zohner, M.-R.: Meditatives Tanzen. Kreuz, Stuttgart 1987

*dies.: Bewegung und Tanz – Rhythmus des Lebens. Handbuch für die Arbeit mit Gruppen. Grünewald, Mainz 1988

Lemmermann, H.: Musikunterricht. Klinkhardt, Bad Heilbrunn 1977

Loos, G.: Hören-Zuhören-Zugehören. Musikther. Umschau, 7, 1986, 165–179

Lutz, R.: Musik und Genuß. Ein Wegweiser zum Genießen von Musik? In: Droh, R.; Spintge, R. (Hrsg.): Musik in der Medizin. Springer, Berlin 1987, 413–422
*Martini, U.: Musikinstrumente – erfinden, bauen, spielen. Klett, Stuttgart 1993[5]
*Maruhn, H.: Wie fang' ich's an? Methodische Handreichungen der Tanzvermittlung im Elementar- und Primarstufenbereich. Fidula, Boppard 1986
Meier, D.: Die Schöne und das Tier. Unveröffentl. Unterrichtsvorbereitung. IPTS 44, Kiel 1985
*Meyberg, W.: Trommelnderweise – Trommeln in Therapie und Selbsterfahrung. Großer Bär, Hemmoor 1989
Meyer, H.: Arbeit mit Orff-Instrumenten im Musikunterricht. Diesterweg, Frankfurt/M. 1985
*Meyerholz, U.: Reichle-Ernst, S.: Einfach lostanzen. Zytglogge, Bern 1992
*Müller, E.: Du spürst unter deinen Füßen das Gras. Autogenes Training in Phantasie- und Märchenreisen – Vorlesegeschichten. Fischer Taschenbuch, Frankfurt/M. 1983
*dies.: Auf der Silberlichtstraße des Mondes. Autogenes Training mit Märchen zum Entspannen und Träumen. Fischer Taschenbuch, Frankfurt/M. 1985
*Müller, I.; Schuhmann, R.; Süßmilch, U. (Hrsg.): Musik- und Bewegungserziehung. Ehrenwirth, München 1981
Münchow-Mommsen, R.: Indianer. Unveröffentl. Unterrichtsvorbereitung. IPTS 44, Kiel 1987
Neuhäuser, M.: Klangspiele. Diesterweg, Frankfurt/M. 1975
Niemeyer, W.: Musikmalen in Schule und Haus. Herbig, Bremen 1990
Pahlen, K.: So singt die Jugend der Welt. Südwest, München 1969
*Paola, Tomie de: Die Regenblume – eine indianische Legende. Carlsen, Reinbek 1985
Pedersen, H.: Unveröffentl. Manuskript. Bozen (Italien) 1985
Regner, R.: Die künstlerisch-pädagogischen Grundideen des Orff-Schulwerks – und was aus ihnen geworden ist. Vortrag beim Sommerkurs im Orff-Institut, Salzburg 1987
ders.: Über das Einfache. Vortrag beim Sommerkurs im Orff-Institut, Salzburg 1988
*Reinhardt, F. u. U.: Schwarzes Theater. Anleitung und Spielideen. Don Bosco, München 1991
Robra, F.: Indianer-Tänze und Lieder. Materialien zu einem Projekt. Eigendruck, Kiel 1985
*ders.: Und also sang die Sonne. Tänze und Lieder der Indianer Nordamerikas, dazu Tonkassette: Der Morgensonnenhase. Eres, Lilienthal o. J.
Schön, O.: Ganzheit. In: Zöpfl, H. u.a. (Hrsg.): Kleines Lexikon der Pädagogik und Didaktik. Auer, Donauwörth 1973[5], 78–79
*Schumacher, K.; Schäfer, M.J.: Theaterspiel und Musik – Gruppentherapie mit Problemkindern. Fachbuchhandlung für Psychologie, Frankfurt/M. 1984
Schuppe, I.: Die goldene Gans. Unveröffentl. Unterrichtsvorbereitung. IPTS 44, Kiel 1986
Schwarting, J.: Klingende Geschichten für Vorschul- und Grundschulkinder. Fidula, Boppard 1976
Seidel, A.: Musik in der Sozialpädagogik. Breitkopft & Härtel, Wiesbaden 1976
*Seidel, G.; Meyer, W.: Spielmacher – Spielen und Darstellen in der Grundschule. Curio, Hamburg 1990
Sievritts, M.: Darstellende Musik (Materialheft zu Schallplattenkassette). Cappella Musikproduktion und Verlag GmbH, Wiesbaden 1980
*Soltmann, M.-L.: Im Kreis um die kosmische Mitte. Meditatives Tanzen. Bauer, Freiburg 1989
*Storms, G.: Spiele mit Musik. Diesterweg, Frankfurt/M. 1979
Student für Europa (Hrsg.): Liederbuch; Liederkiste; Liederkarren; Liedercircus; Liederkorb; Liederbaum; Liederwolke. Student für Europa, Berlin (dann Bund-Verlag, Köln), 1980–1986
Teml, H.: Entspannt lernen. Veritas, Linz 1991[3]
Tischler B.: Musik bei neurosegefährdeten Schülern. Bosse, Regensburg 1983
Tischler B./Moroder-Tischler, R.: spielend tanzen (Buch mit CD). Balsies, Kiel 1997[2]
Vogel, B.: Musik zwischen Pädagogik und Therapie. Neckar, Villingen-Schwenningen 1980
Vogelsänger, S.: Graphische Darstellungen als Hilfsmittel der Werkinterpretation. In: Meyer, E. (Hrsg.): Neue Ansätze im Musikunterricht. Klett, Stuttgart 1972, 52–88
*Warskulat, W.: Instrumentenbau aus Umweltmaterialien und ihr Einsatz in pädagogisch-therapeutischen Praxisfeldern. Eres, Lilienthal/Bremen 1978
*Zimmer, R. (Hrsg.): Spielformen des Tanzens. Vom Kindertanz bis zum Rock'n Roll. Modernes Lernen, Dortmund 1988